生活因阅读而精彩

 生活因阅读而精彩

隋文帝秘史

肖潇 著

中国华侨出版社

图书在版编目(CIP)数据

隋文帝秘史 / 肖潇著. —北京:中国华侨出版社,2014.6
("翰林书院"帝王史系列)
ISBN 978-7-5113-4691-9

Ⅰ.①隋… Ⅱ.①肖… Ⅲ.①杨坚(541~604)-传记
Ⅳ.①K827=41

中国版本图书馆 CIP 数据核字(2014)第 113408 号

"翰林书院"帝王史系列:隋文帝秘史

著　　者	肖　潇
责任编辑	文　慧
责任校对	王京燕
经　　销	新华书店
开　　本	787 毫米×1092 毫米　1/16　印张/20　字数/254 千字
印　　刷	北京军迪印刷有限责任公司
版　　次	2014 年 8 月第 1 版　2020 年 5 月第 2 次印刷
书　　号	ISBN 978-7-5113-4691-9
定　　价	68.00 元

中国华侨出版社　北京市朝阳区静安里 26 号通成达大厦 3 层　邮编:100028
法律顾问:陈鹰律师事务所
编辑部:(010)64443056　　64443979
发行部:(010)64443051　　传真:(010)64439708
网址:www.oveaschin.com
E-mail:oveaschin@sina.com

总序

滚滚长江东逝水,浪花淘尽英雄。是非成败转头空。青山依旧在,几度夕阳红。白发渔樵江渚上,惯看秋月春风。一壶浊酒喜相逢。古今多少事,都付笑谈中。

这首词是明代杨慎《说秦汉》的开场词,深沉悲壮,意境高远。后来罗贯中将其收入《三国演义》,更被广为传诵。

虽为《说秦汉》的开场词,但作者的视野却没有局限在秦汉两代上,而是高屋建瓴地从历史事件和人物经历中,概括出一些始终能让人产生共鸣的思想感情,比如"空"。古来多少英雄是非成败,犹如大浪淘沙转眼成空。字里行间抒发了对历史变迁、英雄故去的感慨:无数英雄豪杰长眠地下之后,生前的所有是非得失、荣辱成败又有什么意义呢?在横亘古今的"青山"面前,"夕阳红"不过是人生短暂的美好时光而已。一个"空"字,无限感慨,几多惋惜,尽在其中。

本序言为何以这阕词为引子?是因为笔者认为这阕词可称为"史论"。它综观历代兴亡盛衰,以英雄豪杰的成败得失抒发感慨,体现了一种旷达超脱的人生观和历史观。在这种人生观和历史观指导下,我们认识和了解本套书的诸多帝王才更有宏观感和穿透力。

中国正统朝代的皇帝,加上一些农民起义建立的政权,皇帝总数不少于四百位!如何在这么多君王中选出十二个,实在不是简单的事。丛书撰写组最终在名气、正史、评价等综合因素考虑下,遴选出了如下十二位帝王,作为"帝王秘史"

的第一辑。这十二位帝王分别是：

统一六国，结束战国乱世的秦始皇嬴政；

起于亭长，击败西楚霸王项羽的汉高祖刘邦；

平定内乱，北击匈奴的汉武帝刘彻；

统一北方，奠定魏国基业的魏武帝曹操；

一统华夏，被西方称为"中国最伟大皇帝"的隋文帝杨坚；

文武双全，堪称帝王典范的唐太宗李世民；

毁誉参半的历史上唯一一位女皇帝武则天；

弯弓射雕，横扫欧亚的一代天骄成吉思汗；

乞丐出身，推翻元朝残暴统治的明太祖朱元璋；

开创明朝辉煌时代的明成祖朱棣；

南征北战，在位 61 年的康熙皇帝玄烨；

在位 60 年，有"十全老人"美称的乾隆皇帝弘历。

这十二位帝王，毫无疑问都开创或推动了一个时代的文明与繁盛。无论是时势造英雄，还是英雄改变时代，他们都是华夏星空中熠熠生辉的历史"明星"。本丛书的每一分册，都在有限而真实的史料基础上，以生动的语言和独特的视角，叙写他们百转千回、波澜壮阔的一生，展示了他们的成功与失败、高潮与低谷、坚定与疑惑、气魄与迷茫……

每位帝王都曾抒写过一段历史，或雄壮或悲戚，给后人无穷的想象和感叹。你可以击节，可以唏嘘，更可以和篇首那阕词中通晓古今、豁达潇洒的"白发渔樵"一样，把古今多少英雄的是非恩怨、成败荣辱都化作可助酒兴的谈资，纵论古今、品评人物，笑谈之中，人生不亦乐乎！

是为序。

目录 Contents

第一篇　意外的权力

第一章　混乱的年代

一座佛寺　　　　　　　　003
杨忠的机遇　　　　　　　008
赐姓普六茹　　　　　　　012
那罗延的传奇　　　　　　016
宇文泰的遗嘱　　　　　　020
宇文泰的儿子们　　　　　023

第二章　仕途坎坷

两姑之间难为妇　　　　　028
随州之行　　　　　　　　031
家事　　　　　　　　　　034
意外的谋杀　　　　　　　037
周武帝宇文邕　　　　　　040
目标北齐　　　　　　　　044
"更杀一围"　　　　　　　048
小怜玉体横陈夜　　　　　051

第三章 / 权柄，从天而降

危险的长相	055
时机	059
太子的"惨痛"过去	062
宇文赟的施政纲领	065
周宣帝的一天	068
杨坚的磨难	071
老同学	074
牵前与推后	077

第四章 / 改朝换代

李德林的建议	081
横生枝节	085
尉迟迥的愤怒	088
更胜一筹	092
自古鸿门多凶险	096
临危受命的人	099
决战	103
大后方	107

第二篇　盛世开皇

第五章 / 历史性的时刻

劝进	115
隋朝建立	118

	端倪	122
	书生不足以议此	126
	三个女子	130
	四面受敌	134
	营建大兴城	137
	举国汉化	141

第六章 / 治国大计

	三省六部制	145
	《开皇律》	149
	土地与农民	153
	科举的雏形	157
	面面俱到	160
	君与臣	164
	成由俭，败由奢	168

第七章 / 平陈

	陈朝建立	171
	玉树流光照后庭	175
	平陈大计	179
	发兵的借口	184
	全面进攻	187
	破城	191
	骊山献俘	196
	"隔江犹唱后庭花"	200
	江南大乱	203

第三篇　千秋功过

第八章　巅峰与转折
息兵　　　　　　　　211
盛世开皇　　　　　　215
封禅　　　　　　　　217
佛教再兴　　　　　　221
朝令夕改　　　　　　224
仁寿宫　　　　　　　227
房玄龄的预感　　　　231

第九章　伪装与斗争
太子杨勇　　　　　　236
晋王杨广　　　　　　240
独孤皇后的喜好　　　244
杨素的私心　　　　　248
流言蜚语　　　　　　251
坍塌的保护伞　　　　254
废立太子　　　　　　258

第十章　贤臣凋敝
人杰高颎　　　　　　263
李德林的沉浮　　　　268
子承父业的苏威　　　272

贺若弼、韩擒虎、史万岁　　276
猜疑、冷落、谋反……　　279
能臣杨素　　281

第十一章　流星般的王朝

破碎的亲情　　285
独孤皇后的葬礼　　290
杨广的担忧　　293
死因成谜　　297
身后之事　　301
性格的悲剧　　305

第一篇　意外的权力

第一章 / 混乱的年代

一座佛寺

在隋文帝杨坚心目中,始终有一盏长明灯火,时而炽烈,时而温和,由一位慈眉善目的妇人双手托起,放在他床边的小桌旁,那双手又在他的头顶轻轻抚摸片刻。他就在这灯火边回忆着白日里种种见闻,伴随着点灯人温柔的嘱咐,那是他一生之中都在怀念的温暖的光。

开创了大隋帝国的杨坚,生在一个名副其实的乱世,长在一座只有女尼和他居住的佛寺,佛门清净之地,长日暮鼓晨钟,缕缕香火间伴着女尼诵佛之声。那声音不疾不徐,不轻不重,单调而平和。女尼为了清修,对这个小男孩虽然有母性的喜爱,却不会过多地与他说话,这让他没有一般孩子的多言善语,年纪不大就给人以严肃沉稳的印象。

童年时的杨坚并不姓杨,他姓普六茹,小名那罗延,这个名字来自印度,意为金刚力士。那时的人们信奉佛教，家里生了小孩，往往取个菩萨、力士的名字，希望孩子身体强健，逢凶化吉，前途无量。那罗诞生在贵族之家，因缘际会，被一位女尼抚养，这位如同母亲一样的女尼曾对他说："儿当富贵，佛法当灭，由儿兴之。"受激励教育长大的孩子，比在压抑环境中长大的孩子多一份自信，杨坚一直相信自己命中自有富贵，即使在朝不保夕的困境中，他想起女尼的"预言"，就会凭空产生一份对未来的期望。

佛庙里有一座石佛，杨坚和女尼一样，每日都要虔诚礼佛：点香、跪拜、口中喃喃念着佛的名号。杨坚成长的佛寺建在自家的王府中，环境安宁，寺里洁净，他也曾与家中的长辈、女眷去城中的其他佛寺进香，那些寺庙不若自家佛寺的清净，进香许愿者络绎不绝，人们的信仰在生离死别中愈发坚定，人世的悲苦让高大寺庙中供奉的石像更显平和慈悲。

在那个年代，王侯将相风光一时，却可能在第二天成为他人砧上鱼肉，更遑论乱世中的普通百姓，只能过着朝不保夕的生活，祈求神佛的力量保佑自己和家人平安，保佑自己能够吃一顿饱饭，保佑自己不在战乱中枉死。最重要的还是保佑自己能在下一世托生到一个和平喜乐的时代，即使没有大富大贵，也享受合家团圆、丰衣足食、生老病死这些再普通不过的生活。

杨坚目睹着信徒们虔诚的面容，聆听着他们口中卑微的祷告。看到了芸芸众生的潦倒，看到他们拮据的生活，看到了乱世对百姓的伤害，当有一天他高居庙堂之上，穿着金丝银缕的龙袍，住着巍峨壮观的宫殿，心中却有难以名状的罪恶感。他会不由想起儿时所接触的普通百姓，他们想求一顿饱饭尚不可得，所以，他总以极其苛刻的标准要求自己、要求大臣们厉行节约，为的是真正地爱民惜民，让百姓们能够彻底告别旧日的贫苦。

杨坚从出生就在佛寺，直到十三岁才离开，这是他人生里重要的十三年，单调、清静、安宁的童年带给他严肃老成的性格,他的童年似乎并没有普通孩童的玩耍、戏游、喧闹,但即使这样的一成不变的成长,也已经是那个时代难得的幸运。那个时代,被历史学家称为"失落的三个多世纪",从公元220年到公元589年,这段中国历史只有战乱,没有安宁,杀人如麻的统治者,偏安怯懦的朝廷,走马灯一样轮番登场的王侯将相,渗透着黎民之血的泥土和低沉的空气,人们像生活在一个漆黑的罐子中,即使某日阳光普照,看到的也不过是焦土和白骨,听到的不过是兵戈杀伐与哀嚎怒骂。

那是一个名副其实的乱世。

自东汉末年起,群雄竞起,逐鹿中原,最后天下三分魏蜀吴,再之后三国归晋。晋代的统一不过昙花一现,统治阶层酝酿着大难的种子。灾难早在西晋末年就已初见端倪,那时西晋武帝司马炎所立的太子司马衷是一个智障,晋武帝几次想要废掉这个白痴儿子,又被正妻杨皇后劝阻,他见司马衷的儿子司马遹聪明伶俐,也看到了西晋未来的希望,于是,司马衷这个只能靠别人照顾的白痴太子被留了下来,并于西晋太熙元年(290年)成为皇帝,史称晋惠帝。

对于天下,对于朝廷,对于司马衷本人,这次继位都是一个灾难。司马衷本人什么也不懂,当御史急三火四地对他汇报各地的灾情,说到难民食不果腹,司马衷努力地理解着御史说的内容,半晌才反问道:"何不食肉糜?"——灾民吃不饱饭,为什么不去吃肉粥?这就是这位皇帝的逻辑。大臣们绝望地看着这位皇帝,看着朝政越来越混乱。

司马衷的智商不能理政,只能成为别人任意摆弄的傀儡,他的正妻贾南风是历史上有名的悍妇,她不满朝政由司马衷的姥爷杨骏把持,就联合楚王司马玮发动了政变,杀掉杨骏后,她又反手杀掉了司马玮,把朝政把持在自己手中，从此在后宫呼风唤雨，臭名远扬。为了保证自己的地位，她还杀了不是自己所生的司马遹，这一举动，让司马家族的其他人或义愤填膺，或趁火打劫，司马家族的男性轮番兴起战乱，你打我，我打你；今天联合，明天反目，这段历史被称为"八王之乱"。

晋惠帝司马衷总是在深夜被人粗暴地叫醒，然后稀里糊涂地在一张诏书上签字，才能继续睡觉。这张诏书的内容，无外乎哪个人犯了大罪，立即处死。这个人不是他的皇兄皇弟，就是他的皇叔，或者是朝廷的重臣。他这位皇帝在众人心中越来越没有分量，在公元306年，他被东海王司马越毒死，结束了浑噩又悲哀的一生。

在那之前，他的妻子、儿子、诸多亲戚都已在更迭的时局中丧命，昔日富饶的国土也在频繁的战乱下沦为焦土，民不聊生。《晋书》记载，当时"流民四散，十不存二"，偌大的中国，四处逃难的百姓却找不到一个安稳的落脚之地，而一直对中原虎视眈眈的外族人，却看到了极好的机会。

公元304年，匈奴将领刘渊在山西称汉王，西晋将领王弥、石勒投降。永嘉二年（308年），刘渊在山西平阳称帝，国号为"汉"。此后，刘渊率兵与西晋进行了长达五年的战争，建兴四年（316年），晋愍帝司马邺投降，建国五十年的西晋灭亡。而这一切，只是匈奴、鲜卑、羯、氐、羌这些少数民族祸乱中原的序幕，这段历史被后人称为"五胡乱华"，一共持续了一百三十六年。

五胡入主中原后，纷纷建立政权，彼此攻伐不断，华夏大地上一时之间王国林立，前前后后有十六个少数民族政权：夏、前赵、后赵、前秦、后秦、西秦、前燕、后燕、西燕、南燕、北燕、前凉、后凉、西凉、南凉、北凉。

在这期间，汉人也建立了冉魏、成汉、代国三个政权。频繁的政权更迭加速了民族融合，中原百姓在苦难中呻吟、挣扎、死亡，这种现状加速了佛教的传播，越来越多的人信仰庙里的神佛，似乎只有他们，才能结束人间无边的苦难。

而司马家族的历史还没有结束。西晋灭亡后，司马睿在江东称帝，建立东晋。江东地区一向被豪门贵族把持，司马睿努力迎合豪门贵族，得到他们的支持，才在这里立稳脚跟，东晋政权持续了一百多年，其间少不了与北方各族的战争，东晋的皇帝也不过是豪门贵族眼中的符号，并没有太多的权力。公元420年，相国刘裕废掉晋帝，建立宋。此后的一百多年间，南方有宋、齐、梁、陈四个朝代更替，这段历史被称为"南朝时期"。

北方混乱的局面由鲜卑拓跋部改变，北魏的皇帝拓跋焘统一了北部中国，而北魏第七任皇帝孝文帝，是一位有为君主，他不但维持了北部中国的统一，还带着百官迁都洛阳，全盘接受汉族文化，命鲜卑贵族说汉语、穿汉服、娶汉人，连自己的姓氏"拓跋"，也改为"元"。孝文帝元宏的一系列措施，成为民族大融合的基础，成为中华大一统的先声。

历史飞快地前进，当佛寺之中的杨坚，听到女尼和长辈们零星地说起过去的历史，对那些他并不知道的朝代，并不认识的人，不会产生太多的感慨。在那个年代，儒学散佚，人们所需要的只有生存，所信奉的只有胜者为王。年幼的杨坚也早早地懂得了这种残酷的生存法则，他更爱听自己的父亲杨忠的故事，那才是他人生的教科书。而在他津津有味地聆听父亲所经历的重重风波，一股自豪不禁涌上心头，他的背后，是数年不变的石佛，哀悯地注视着一个天真的孩子有一天走出这座佛堂，成为一个老谋深算的官吏、权臣、帝王……

杨忠的机遇

说到杨坚一家的发迹,还要回溯到北魏孝文帝时期,首先需要说明的,是杨坚家的历史。

在《隋书》和一干正史上,杨坚被写成"弘农杨氏"的后代,这个家族在汉代出现过鼎鼎有名的关西大儒杨震,杨坚一直标榜自己是杨震的子孙。事实上,这只是历代帝王为自己脸上贴金的做法。那个年代的人不论说话还是书写,都会避开自己的祖先、父母的名讳,在名字上,更不能和自己的祖先使用同一个字。杨震的曾祖父叫杨忠,而杨坚的父亲也叫杨忠,以常规就可以知道杨忠、杨坚不可能是杨忠的后代。

根据学者们的考证,杨坚的可靠的祖先是前燕北平郡的太守杨铉,杨铉是汉人,但在鲜卑族政权的统治下,从日常生活到思维习惯,都有鲜卑化倾向。他的儿子杨元寿是北魏武川镇的将领,杨元寿的儿子杨惠嘏、孙子杨烈、曾孙杨祯都是武官。本来,这无功无过的一家能够平安地传承下去,但在公元 523 年,一次大起义改变了杨家人的命运轨迹,把杨祯的儿子杨忠,推向了历史的前台。

这次起义被称为"六镇起义",六镇,指的是沃野、怀朔、武川、抚冥、柔玄、怀荒六个军事重镇,是北魏统治者为了保障首都平城(今山西大同)的安全而设立。六镇的军事地位极其重要,所以六镇的武官享受着极高的待遇，朝廷赏赐不断，地位非同小可，深受北魏皇帝的倚重。将士们整日操练骑射，保家卫国，吃穿不愁，生活滋润。

但是，孝文帝元宏迁都洛阳后，六镇的地位一落千丈，再也没有昔日的风光。官兵将士们守的是塞外城池，每日刀割似的烈风，满眼萧瑟枯草，还经常遭遇彪悍的敌人袭击，辛苦自不必说，却再也得不到朝廷的重视。汉化了的朝廷对他们这些胡不胡、汉不汉的粗鄙武人越来越轻视，六镇的将士常年得不到升迁，朝廷也只会把一些汉人、罪犯、归附的少数民族部落打发到苦哈哈的六镇。于是，不满的情绪一再酝酿，终于在公元523年爆发。

公元523年，柔然部落侵略六镇，六镇的兵士奋起抵抗，但朝廷对此却漠然置之。那一年正赶上饥荒，吃不饱饭还要打仗的兵士们要求长官开仓放粮，却遭到了冷漠的拒绝，长官要求兵士继续作战，但不许他们使用粮仓里的粮食。兵士们义愤之下杀了长官，夺了粮仓，紧接着，起义的洪水席卷六镇，杨祯也在与起义军的对抗中丢了性命，而北魏政权，也在起义军的冲击下摇摇欲坠，新一轮的北方战乱即将开始。

那一年，杨祯的儿子杨忠十八岁，在混乱的时局中，他离开了出生、长大的武川镇，只身南下，流落到山东。在颠簸的生涯中，他在泰山脚下遇到一位叫姚苦桃的贫苦女子，结为夫妻，从此有了一个家。杨忠和姚苦桃的平民生活虽不富足，倒也是乱世中难得的安稳。但这种安稳旋即被打破，又一场大乱，再一次改变了杨忠的生活。

在北魏王室因国内起义不断而焦头烂额之际，与北魏对立的梁朝隔岸观火，此时的梁朝在梁武帝萧衍的治理下，国泰民丰，看到强敌北魏陷入内乱，君臣欢喜，当即派了一支大军攻打山东，抢劫了大批财宝和大量人口，杨忠作为俘虏被押到江南，在梁朝首都建康（今南京），开始了他人生中另一段可遇而不可求的机缘。

梁朝以礼仪治国，文化氛围浓郁，一直生活在武镇又在战乱中颠簸的杨忠从未见过如此繁华的都城，如此文雅的百姓，他以羡慕的目光看着建康的一切：博学的大儒，彬彬有礼的市民，精美的宫殿和街市，缭绕不断的香火。杨忠欣喜地投入到这种氛围之中，迅速充电，扩充自己贫瘠的知识储备，耳濡目染，他由一个粗鄙的武人，渐渐地懂得了礼仪，有了城府，学到了各种知识。

在劫持而来的俘虏中，杨忠很是显眼。他人高马大又是个美男子，虽然文化程度低却一表人才，让人产生爱才之心。于是，他成了梁朝的军官，在梁朝居住了五年。这五年是他人生的学习期，他在一个文化氛围浓重的都城，在一个强大的军队里，享受着乱世的安稳，珍惜着来之不易的学习机会，从而实现了人生的质的飞跃。

五年之中，北魏朝廷又有了新的动向，被起义军冲击得奄奄一息的朝廷，被山西军阀尔朱荣控制，北魏的北海王元颢只好投降梁朝，被封为魏王。公元528年，梁武帝派梁朝大将陈庆之护送元颢回洛阳继承王位，杨忠恰恰被编入护送军的队伍之中。在江南羁旅五年，杨忠无时无刻不想回到北魏，能得到这个机会，他喜上眉梢。

但护送却不是一件顺利的事，北魏时局混乱，各地军队将领不愿承认梁朝派来的下任皇帝，元颢一路都遭遇着北魏军队的袭击，时时都有全军覆没的危险。杨忠虽然称得上久经战乱，但真正在战场上杀敌还是头一遭。命运垂青于他，他又一次上了宝贵的一课：他跟随的大将陈庆之，是个有胆有谋的军人。

陈庆之手下只有七千士兵，用这么少的人，从建康一路前往洛阳，面对围追堵截本就是一件凶险无比的事，但陈庆之镇定自若。一次，七万大军将元颢、陈庆之围在睢阳，陈庆之带着七千人马奋勇杀敌，以少胜多。这支军队一路所向披靡，令杨忠豪情顿生，尽管前路艰险，却毫不畏惧。面对几倍、几十倍于己的敌军，陈庆之慢条斯理地喂马，简短有力地激励将士拼死一战，勇气与意志创造出了奇迹。陈庆之的军队战胜了无数敌人，终于将元颢平安送入洛阳城，赶走了当时的北魏皇帝，让元颢坐上了皇位。

在与敌人的殊死搏斗之中，在陈庆之那大无畏的精神感召下，杨忠得到了最宝贵的人生经验。他曾亲身感受到陈庆之如何以七千军队战胜三十万大军，这种经历铸造了杨忠非凡的自信：在逆境中，人的意志和勇气能够决定一切。这种信念贯穿了杨忠此后的戎马生涯，他也将这信念毫无保留地传授给了自己的儿子杨坚。

历尽千辛万苦才终于回国的元颢，并没有好好珍惜来之不易的皇位，反倒成了一个昏庸的君王，且对对他有恩的陈庆之蓄意刁难。没多久，尔朱荣手下的大将独孤信杀回洛阳，元颢身首异处，陈庆之匆匆逃回梁朝。这位名将对梁朝忠心耿耿，立下很多功勋，荣耀终老，美名远扬。而杨忠并没有跟随陈庆之，他想在自己的国家建立一番事业，对那个曾给了他启蒙教育的美好的南朝虽然心有不舍，但他还是决然地留在了洛阳。

但是，此时的北魏比杨忠南下之时更加混乱，想在纷扰的时局中找到一方立足的土地难上加难。不过，此时的杨忠不再是当年那个手无寸铁、随波逐流的流民，南朝的学识、在陈庆之麾下的戎马生涯擦亮了他的眼睛和头脑，他牢牢地站在旋涡之中，观察、选择、决定着自己的人生，他终于不再被他人、被时局所左右，第一次成为自己人生的主角。

赐姓普六茹

乱世之中，既有危险又有机会，而杨忠本人正像他的名字，忠于自己的国家，终于国家的将领，虽有飞黄腾达的壮志，却无自立为王的野心，结合他的强壮和头脑，使他迅速成为他人拉拢的对象，很快，杨忠成了尔朱度律手下的一名战将。这也是杨忠审时度势的结果，——他自身有才能，并不想为不值得的对象卖命。很快，杨忠发现尔朱家的人有勇无谋，就积极地寻找着下一个政治阵营。

政局仍在变换，一个叫高欢的将领找机会灭掉了尔朱家，成为北魏政权的把持者，而当时的北魏皇帝孝武帝担心高欢有一天会废了自己，就命一个叫贺拔胜的武将出镇荆州，发展势力，为的是有一天能与高欢抗衡。而贺拔胜原本是武川镇的旧将，在将士之间很有口碑，这就让武川籍的将士们纷纷脱离自己原本的阵营，投奔贺拔胜。

此时杨忠与曾是敌对方的独孤信结下了很深的友谊，独孤信有极好的政治眼光，且与杨忠、贺拔胜都是武川镇出身，他建议杨忠和他一起投奔贺拔胜。在不间断的征战中，杨忠与独孤信的友谊越来越牢固，独孤信是他的长官，他相信独孤信的判断。于是，二人成了贺拔胜手下的得力将领。

命运的巧合似无心似有意，没多久，贺拔胜的弟弟贺拔岳去世，贺拔胜命独孤信和杨坚前去关中安抚弟弟的部下，二人从荆州到了关中，发现贺拔岳的部下已经推举了深孚众望的宇文泰为新的统帅，而宇文泰同样出身自武川镇。杨忠敏锐地意识到，宇文泰是一个人杰，他将关中治理得井井有条，他的威名传遍北方，一直传到北魏孝武帝耳朵中。

孝武帝整天担心高欢对自己不利，听说宇文泰为人不错，干脆带着自己的人马跑到了宇文泰所在的长安，宇文泰自然接纳了这位前来投奔的皇帝。高欢气急，又在洛阳立了北魏的后人为帝，从此，北魏分裂为东魏和西魏，东魏由高欢把持，西魏由宇文泰主持局面。孝武帝出奔时，护卫他的正是独孤信以及独孤信手下的杨忠。如此一来，二人又一次到了长安，正式成为宇文泰手下的将领。

高欢不能容忍明明在自己囊中的北魏一分为二，他和宇文泰展开了长期斗争，而贺拔胜镇守的荆州成了首当其冲的要地，高欢的部下一次次攻打荆州，贺拔胜无力抵挡，只能渡江投降梁朝。宇文泰知道荆州的重要，命独孤信带兵收复，独孤信和杨忠浴血奋战，终于夺回了荆州城。没想到不到半年，高欢的大军再一次攻城，独孤信和杨忠难以支撑，去长安的道路又被高欢的人牢牢封死，无奈之下，他们只好和贺拔胜一样，驾几条小船渡过长江，投靠梁朝。

再次到达建康，杨忠感慨万千，此时距当年他离开健康已有六年，这六年来，杨忠迅速成长，已经是名震一方的宿将。爱才的梁武帝萧衍对贺拔胜、独孤信、杨忠珍惜有加，授予重任。远在长安的宇文泰也知道这三人的重要，不断派人到梁朝与萧衍协商，希望让三人回到关中。软磨硬泡、好说歹说，又是贿赂又是求情，萧衍才恋恋不舍地放他们回国。

公元536年，三十三岁的杨忠回到了关中，结束了他的辗转生涯，在宇文泰的牢固的统治下安了家，与妻子团聚。对给了他安定生活的宇文泰，杨忠心中充满感激，也将这种感激化为行动。宇文泰既欣赏杨忠的才能，更喜爱他的忠诚，于是，杨忠迅速得到宇文泰的提拔，开始了他的辉煌生涯。

宇文泰胸怀大志，英明神武，他在公元535年创立了府兵制，成为后来关陇集团立国的根本，而且，他打破民族间的藩篱，大量吸收汉族士兵加入军队，并给予汉族将领高官厚禄，让汉族人的地位陡然变得重要起来，更缓和了北方一直以来尖锐的民族矛盾。杨忠是汉人的后代，也在这种制度下得到了升迁的机会，成为宇文泰的心腹。

宇文泰最欣赏杨忠的勇武和忠心，在危急时刻，杨忠总能以身护主，并以自身的气概震慑敌人。公元538年，东魏与西魏的军队交战，宇文泰率领的军队一次次被东魏军队打压，敌众我寡，情况危急，这时，杨忠带着几个手下死死守住河桥，掩护大部队的撤退。杨忠挥舞兵器，一次次斩杀攻上来的敌人，杀红眼的杨忠让东魏士兵不敢上前，只能眼睁睁地看着西魏的军队平安撤退。这一役，人们对杨忠留下了最为深刻的印象，化险为夷的宇文泰更是将大都督、云州刺史等官职加到杨忠身上，对杨忠，宇文泰有说不出的满意。

在宇文泰和手下的将臣们的共同努力下，西魏得以与东魏抗衡，牢牢地把持了关中地带，宇文泰大封手下的将领，其中最重要的就是"八大柱国"与"十二大将军"。这些人和他们的后代，在中国历史上鼎鼎大名：

八大柱国为：宇文泰，元欣，李虎（唐高祖李渊祖父），李弼（隋末起义军瓦岗军首领李密曾祖父），赵贵，于谨，独孤信（杨坚岳父，李渊外祖父），侯莫陈崇。

十二大将军为：元育、元赞、元廓、宇文导、宇文贵、李远、达奚武、侯莫陈顺、杨忠、豆卢宁、贺兰祥、王雄。

这些人成为西魏的实际掌控者，关中的贵族以这些人为核心，形成了后世所说的"关陇集团"。而杨忠不但在十二大将军中占了一席之地，还因战功卓著，被宇文泰赐了鲜卑姓氏"普六茹"，从此叫作普六茹忠。

从杨忠到普六茹忠，一条辉煌的世家之路已铺在他脚下，乱世之中能有如此成就，杨忠自认是一个幸运者。而更加幸运的事是中年的杨忠喜得贵子，他盼望已久的后代终于降生，妻子姚苦桃为他生了一个男孩，杨门有后，这个孩子今后将袭承他的官职，延续他的成就，他对这个孩子寄予厚望。他给男孩选择了一个质朴有力的汉字作为名字：坚。他希望这男孩有无坚不摧的生命力，在乱世中茁壮成长。

那罗延的传奇

西魏大统七年（541年）六月十三日深夜，杨坚出生。

按照那个时代的贵族风俗，小孩子都有个"外语"名字，这名字可能来自匈奴语、鲜卑语、梵语，等等，外来语音译，为的是取个吉利意思。杨坚小名"那罗延"，却另有一段渊源，这要说说他小时候的离奇遭遇。

杨坚出生在冯翊般若寺，身为军人的杨忠为了保证妻儿平安，在妻子生产前将她送入寺院，为的是神佛庇佑。传说杨坚出生的那一天，紫气东来，寺院内外都被霞光镀上一层辉煌吉利的紫色，让人以为神灵降临。杨坚出生后，有一白衣尼姑从河东来，称杨坚不是凡人，要放在身边亲自教养，于是，杨坚与佛寺的渊源由此开始。

关于杨坚的神奇传说还有很多，都是古代帝王为了证明自己来历不凡而编造出来的，例如，传说杨坚的长相富贵难言，头顶生有五个肉柱，手心的掌纹呈"王"字，——如果真有人长成这个模样，恐怕会被当成怪物。杨坚的长相可以从唐代著名画家阎立本的《历代帝王图》看出个大概，头上没有肉瘤，是一个严肃高大的男子。

还有传说，说杨坚的母亲姚苦桃有一次把小杨坚抱在怀中逗弄，突然看到杨坚头上长出龙角吓得手一抖，孩子摔在了地上，小杨坚放声大哭。尼姑连忙跑了进来，跺脚叹息道："这一跌，让我儿得天下晚了数年。"这也是一种牵强附会的说法。

在神乎其神的传说之中,只有一件事是肯定的:杨坚的确是在寺庙里被尼姑养大的。尼姑叫智仙,在民间颇有神奇的名声,而当时的贵族们喜欢在家中建佛寺请僧侣,以保家宅平安,智仙就是杨忠请到府上居住的。这些被贵族们供养的僧尼,大多有一定的知识和见闻,懂得占卜,能与主人家商量大事,语断吉凶。杨忠将儿子交给这位见多识广的女尼抚养,一是希望儿子成为佛家弟子,得佛庇佑;二是希望智仙能教给儿子一些知识,让武将后代的杨坚也能识文断字,不只做一介武夫。

女尼智仙于杨坚有着慈母的关怀和宠爱,杨坚也依恋地叫她"阿阇梨",对她的养育之恩一直念念不忘。除了女尼智仙,父亲杨忠的言传身教也对杨坚有着难以估量的影响。因为西魏与东魏的对立,杨忠常年都在战场上,而与强大的东魏比起来,西魏处于守势,不得不时时小心,靠着关中险要的地势勉强自保。

严峻的形势,令西魏君臣不敢麻痹大意,贪图享乐,主事者宇文泰是一代明主,他励精图治,不但改革了兵制,加速了民族融合,还清醒地意识到了文化的重要性。他知道西魏的贵族大多是武川镇的后裔,十个有八个是大字不识一个的粗人,只知舞刀弄枪。而想要国家大治,必须有文化素质过硬的大臣,于是,宇文泰在长安兴办太学,令贵族子弟进入官家学校读书,为的是保证未来的西魏有更多的人才,实现国富兵强,长治久安。

十三岁的杨坚走出庙门,就进入太学读书。西魏办学的资本并不充足,在战乱频繁的北方,读书人本就不多,书本严重缺乏,宇文泰东找西找,才终于让太学有个高等学府的样子。在太学读书的都是杨坚这样的贵族后代,这些二世祖们来学校既是为了学点文化装点门面，更是为了跟未来的贵族们搞好关系，从小就开始培养今后共事的感情。

杨坚从小就是个严肃的孩子，不喜欢跟人开玩笑，也不喜欢跟其他小孩玩耍，他自己也曾说，从小只喜欢与他的姐夫窦定荣聊天，因为窦定荣这个人为人稳重，从无轻薄无聊的言辞。由此可见，杨坚从小就有坚定严肃的性格。而家人朋友也都知道杨坚的这种秉性，即使至亲之人，也不敢随便和他开玩笑。

进入太学，对杨坚无异于一种考验，他必须融入其他学生中去，与他们做朋友，为的是自己的家族未来的前途。在这一点上，杨坚做得很好，他结识了很多伙伴，如他的姐夫窦定荣，后来帮他登上帝位的刘昉、郑译等人。此外，他读书很用功，经常受到老师们的称赞，同级的学生，或多或少都对他感到佩服。

这种佩服来自于杨坚全身上下散发出的威慑力，他只有十三岁，但性格如此沉稳，做事如此有条理，言谈举止完全超出他年龄，为人处世自有威仪和高贵，隐隐有一种领袖风范。就连宇文泰看到杨坚，都不禁对老部下杨忠说："你的儿子，可一点都不像从武川镇出来的人。"杨忠也很为有这样一个儿子自豪。

杨忠的老上司独孤信也对杨坚赞不绝口，更是将自己最爱的女儿独孤伽罗嫁给杨坚做妻子。独孤家的地位远远高过杨家，娶了这样一位儿媳，杨忠喜出望外。而杨坚本人也听过独孤小姐的芳名，对这桩婚事很是满意。

西魏贵族们都知道，独孤信家的女儿个个美貌优秀，独孤信本人就是一个美男子，他优良的基因传到女儿身上，她们不但容貌姣好，更在父亲的教育下颇有计谋，加上西北女性的独立刚强，实在是难得的女性。宇文泰为他的儿子宇文毓娶了独孤家的一位女儿，独孤家的另一位女儿嫁给了李渊的父亲李昞，加上杨坚娶到的独孤伽罗，独孤家有三位女儿成为皇后。

更重要的是，杨坚从此有了独孤家做靠山，仕途更会一帆风顺，他的父亲和他已经能够预见到他的锦绣前程。十四岁，杨坚从太学毕业，就被任命为京兆功曹。杨坚也决心在自己的岗位上一展拳脚，让杨家的未来更加辉煌，可是，天意难测，风波陡起，西魏的政局突然大变，令杨家人猝不及防。杨坚被卷入政治旋涡之中，大好前程陷入一片迷雾，再也看不清前方究竟是天堂的美景，还是地狱的屠刀。这一切，都因为西魏的执政人宇文泰突然去世。

宇文泰的遗嘱

宇文泰是西魏权臣，北周开国的奠基人，在他戎马倥偬、出将入相的一生中，有说不尽的权谋、干戈、风波，也有说不尽的豪情、文治、武功，在盖棺定论的那一刻，所有人都承认他是一位英雄，一位俊才，一个了不起的人物。

宇文泰常年与强敌东魏抗衡，而西魏尚有柔然、突厥等外敌，也和南朝常年交战。在外战上，宇文泰最大的贡献是攻破南梁，立萧氏子孙萧詧为梁王，也就是历史上的后梁。在内政上，宇文泰最大的贡献是整顿了西魏松弛的政令，他任用贤臣苏绰，提出"清心、敦教化、尽地利、擢贤良、恤狱讼、均赋役"等措施，改革军制，兴办学校，加强汉人的地位，与周边民族友好往来，使西魏呈现出蒸蒸日上的喜人景象。

常年的操劳加速了宇文泰的衰老，公元550年，五十岁的宇文泰在北巡途中突然染上重病，他把侄子宇文护叫到身前，情深意切地对宇文护嘱咐后事："我的身子恐怕是不行了，可惜我的孩子们还年幼，都不能担当大任，而国家的敌人还在对我们虎视眈眈，今后的大事，我只能交托给你，希望你能辅佐我的孩子完成大业。"

临死前，宇文泰担心自己的孩子们不能服众，才希望一直喜爱的侄子能够帮助自己，宇文护含泪许诺，叔侄握手道别，一代人杰放心地阖上了双眼，撒手人寰。人死万事皆空，宇文泰再也不能干涉世间的一切，也看不到宇文护如何在他死后弄权独霸，不但杀掉了他的两个儿子，还杀掉了一大批他信任的功臣。

尽管有宇文泰的遗命，宇文护却知道想要掌控局面不是一件容易的事，西魏的局面本就错综复杂，以前有宇文泰强有力的控制，如今群龙无首，自然要有一番争执。八柱国、十二将军，各有战功，很多人比宇文护有更大的功勋和更雄厚的资本。如何在这些人中取得地位，是宇文护面临的第一个难题。

宇文护也是颇有头脑的人，他首先拉拢宇文家的至交于谨、李弼和侯莫陈崇，取得这三位柱国的支持，对抗赵贵和独孤信。在宇文泰在世之时，就对权倾一时的独孤信很是忌惮。宇文护知道想要坐稳自己的位置，必须想办法除掉独孤信等人，他决定打他们个措手不及。

宇文泰刚刚去世，于谨就在群臣的会议上公开表态支持宇文护，并义正词严地对其他大臣说："当初宇文公力挽狂澜，匡扶王室，国家才能振兴，吾辈才有今日的高官厚禄。如今苍天不佑，宇文公去世，他的儿子还年幼，他临终时将后事托付给宇文护，我们大家怎么能不支持他呢？"宇文护立刻说："我愿意完成丞相的遗愿，尽我所能辅佐世子，我资质愚钝，还请各位多多指正。"

群臣尚未反应过来，于谨已经跪倒在地，向宇文护磕头。位高权重，声望斐然的于谨是西魏的大功臣，群臣一向佩服，见他跪拜也不由得随着他向宇文护磕头。宇文护先声夺人，很多大臣糊里糊涂地接受了他这个继承人，等到回过味的时候，宇文护早已权柄在手，开始了下一步计划。

宇文泰在世的时候一直维持着"魏"的国号，认为时机尚未成熟，没有称帝。宇文护不管三七二十一，直接将西魏皇帝赶下台，在公元557年，拥立宇文泰的嫡子宇文觉称帝，建立北周政权。这一举动无人反对，众大臣一直以来跟着宇文泰，把西魏皇帝当作朝廷的摆设，如今宇文泰的儿子当皇帝，他们觉得"顺理成章"，心甘情愿地成为北周的大臣。

令他们不满的是宇文护的跋扈，宇文护完成了宇文泰的遗嘱，完成了宇文泰没能成就的"大业"，但北周的状况却不容乐观，宇文护对待功臣们的态度更让人不敢恭维。为了稳固自身的地位，宇文护设计夺走了赵贵和独孤信的权柄，没过多久，干脆干掉了为北周立下汗马功劳的赵贵和独孤信，并给他们扣上了"谋反"的帽子。名重一时的两大柱国身首异处，唇亡齿寒，一时间朝臣们人人自危，与独孤信关系密切的杨忠更是担忧不已，不断嘱咐自己的家人谨言慎行，害怕灾祸波及杨家。

权力的滋味是美妙的，宇文护尝到了独揽大权的甜头，又除掉了可能危及自己的强大敌人，自以为从此高枕无忧。但他也有自知之明，知道追随自己的人并不是对自己忠心，而是保护着宇文泰的利益，拥护着宇文泰的儿子，所以，他一手遮天，却也不敢废掉宇文泰的儿子取而代之。他希望渐渐培养自己的势力，有朝一日将宇文觉挤掉，由自己称皇称帝，身登大宝。

宇文护如意算盘打得不错，但事实不能尽在他的意料之中，很快，宇文护发现他有了新的敌人，这个敌人竟然就是他亲自拥立的侄子宇文觉。他倒抽一口冷气，慌忙应对着这个心腹大患，也是他在宇文泰死前，含泪发誓会竭力拥护的人。

宇文泰的儿子们

宇文护专政，最担忧的不是朝臣，而是宇文泰的嫡亲后代，这些人以宇文觉为首。

宇文泰死时，宇文觉年纪不大，却也有了自己的观察力和判断力，他很快发现堂哥宇文护的野心，即使被他扶上王位，他对这位堂哥也没有感激之情，反而对宇文护更加忌惮。事实很明显，朝政全都把持在宇文护手中，他这个皇帝和被赶下台的西魏皇帝一样，只是个摆设，根本没有实权。

北周孝闵帝宇文觉，是宇文泰的长子，因为年龄尚小，又在英武的父亲的荫庇下成长，没有机会磨炼自己的城府。面对宇文护的专政，他也收不住自己的脾气。表面上，他对宇文护维持一定的恭敬，背地里却早已跃跃欲试，他自认自己是皇帝，不愿凡事都被宇文护辖制，他的这种心思被死心塌地地支持宇文家的大臣察觉。

这位大臣叫李植，他是十二将军之一的李远的后代，李家人是宇文泰的心腹，李远、李穆、李贤三兄弟都是誓死跟随宇文泰的功臣，宇文泰对这一家人信任有加，恩宠不断，甚至把自己的儿子宇文邕和宇文宪交给李家抚养，可见他对李家人的爱重。李植是李远的长子，哪里看得惯宇文护的所作所为，年轻人气盛，他常和宇文觉一起谋划，准备偷偷邀心腹之人一举除掉宇文护。

李植想做这等大事，却也知道父亲、叔父等人不会赞同，只能和有限的几个人私下谋划。如此大事缺少周密的计划，缺少确切的步骤，更缺少得力的人手，自然无法实行，这样反而很快就被老奸巨猾的宇文护看出了端倪。宇文护虽然大吃一惊，却不动声色，很快，宇文觉神不知鬼不觉地去世了，谁也不知道他的具体死因。群臣猜测这一定是宇文护下的毒手，却谁也抓不到凶手的把柄。

策划除掉宇文护这件事的李植也逃不了被杀的命运，威名赫赫的李家人也被他牵连，李远、李穆、李贤都被撤职，幸而逃脱一死。也是宇文护刚杀了赵贵和独孤信，自忖不宜在这个时候继续大杀功臣，才饶得李氏兄弟的性命。

除掉了宇文觉，宇文护自感老臣们的目光炯炯地盯着他，他也不得不按规矩办事，立宇文泰的长子宇文毓为皇帝。宇文毓是个有头脑的贤王，此人从小上进好学，既有学识又有气度，在地方上为官有良好的口碑，宇文泰在世时，还一度想要立他为继承人。如今他当了皇帝，深感时局的不平，但能依仗的人并不多，就连他的老丈人独孤信，也在不久之前被宇文护除掉。

但宇文毓并不畏惧，他一登基，就开始一系列动作。宇文毓召集士人编辑图书，提倡节俭，严禁贪污腐化，完全是一派贤明君主的架势，令朝臣欣喜，百姓歌颂，宇文护暗自着急。宇文护当然不能容忍宇文毓的光辉帝王形象深入人心，他一面假惺惺地表示归政于宇文毓，一面牢牢地握紧兵权，以防不测。宇文毓对宇文护同样严加提防，生怕和宇文觉一样稀里糊涂地遭遇不测，宇文护见他刀枪不入，就暗自收买了皇宫里的御厨李安，命他在宇文毓的食物中下毒。

宇文毓千防万防，还是防不住宇文护的毒手，当他吃到下毒的饭菜，立刻察觉到味道不对，又觉五脏六腑一阵剧痛。宇文毓不愧为宇文泰的长子，临危不乱，知道自己性命不保，头脑却还清明，他迅速地思索着后事。他也有幼子，但他知道如果幼子落到宇文护手中，不过是一个傀儡，国家的大任必须交给一个能沉得住气又有头脑的人。

宇文毓立刻想到了自己的四弟宇文邕。

宇文毓和宇文邕一起长大，兄弟间亲密无间，作为兄长，聪颖好学的宇文毓相当疼爱与自己一样好学的宇文邕，而且，宇文邕也是个有气度有见识的人，两兄弟惺惺相惜。而宇文泰在世时，更是对宇文邕有高度的评价，他曾经说："成吾志者，必此儿也。"宇文泰所说的"志"，当然不只是当个皇帝那么简单，还包括他一系列的文成武略，荡平四夷，重新统一北方，甚至统一中国。老爹宇文泰和自己都看重的人，不就是最好的人选？

宇文毓下定决心，忍着剧痛一字一句地对急急来参见的大臣们口述遗言："鲁公是朕的弟弟，只有他能继承宇文家的家业。"确立了宇文邕的继承权，宇文毓才断了气，在场的大臣无不愕然，对宇文护的狠毒更加记恨在心。

宇文护本想在宇文毓死后，立一个好控制的皇子为皇帝，没想到宇文毓临死还摆了自己一道，对即将继位的宇文邕，宇文护怀有强烈的敌意。无奈群臣情绪激昂，宇文邕的继位势在必行。宇文护也早就知道宇文泰的四儿子宇文邕不可小看，此时也只能走一步算一步，伺机除掉宇文邕。于是，宇文邕顺利继位，他就是周武帝。

继位后的宇文邕却大大地出乎宇文护的意料，他竟然对宇文护感恩戴德，处处讨好到了宇文护都吃惊的地步。宇文邕对宇文护处处尊重，就连和宇文护说话也不敢坐在座位上，一定要站起身，毕恭毕敬；他视宇文护为再生父母一般，凡事都听宇文护的话；他命令国家的诰命不得称呼宇文护的姓名，必须尊称为"晋国公"；就连宇文护的母亲，他也孝顺有加，逢年过节亲自拜见，不时嘘寒问暖……

一开始，宇文护有些怀疑，但一年过去了，两年过去了，三年、四年……宇文邕数年如一日地尊敬宇文护；数年如一日地荒疏政事，喜爱玩乐。他渐渐放下心来，看来，宇文邕不过是一个普通的世家子弟，幼时有小聪明，长大了却因为环境优渥而耽于享受，并且，他打心底里认为自己能当上皇帝，纯粹是宇文护的功劳。这样一个不理政事又对他感恩戴德的皇帝，最符合他的心意，他对宇文邕越来越放心。

宇文护对当朝皇帝放了心，也开始一心一意地享受独揽朝纲的快乐，他也知道想要地位稳固，少不得大臣们的支持。如今朝廷太平，敌人早就被杀死，他乐得多送人情和贵族们联络感情，也想拉拢几个心腹。在北周地位很高，如今被封为随国公的杨忠，也是他想拉拢的对象，为此，他曾经提拔杨忠只有十七岁的儿子杨坚做皇帝的贴身侍卫，晋封为大兴郡公，官职为右小宫伯，如今更希望杨坚向自己靠拢，当自己的心腹。但是，他迟迟看不到杨坚有这种动向。

对于杨坚来说，早在宇文护露出拉拢之意时，他就已经如坐针毡，皇帝身边的位置，是升迁最快的位置，仕途的高门又一次对杨坚敞开。但听到这一消息的杨家人，根本没有心情庆贺，他们如丧考妣，一个比一个心情沉重。

第二章　仕途坎坷

两姑之间难为妇

十四岁入仕，最初两三年，杨坚的仕途可谓一帆风顺。既有父亲、岳父的势力做靠山，又有父亲早就打点好的人脉关系，还有在太学里认识的一群朋友，所有人都认为他的仕途不会有太多的波折。但是，短短两三年后，朝廷急变，岳父被处死，父亲的地位岌岌可危，他身为独孤信的女婿也受到一定的牵连，每日都为前途担忧。

十七岁这一年，宇文护为了拉拢杨家，给杨坚加官晋爵，还将一份美差送上门，接到命令的杨坚却哭笑不得。杨坚不同于普通的世家子弟，他从小就有深思熟虑的习惯，稍一思索，就知道"右小宫伯"这份差事不好当，岂止是不好当，简直是不能当。

依照北周的官制，右小宫伯隶属于大冢宰，大冢宰也就是北周的最高行政长官，如今正由宇文护担任。成为宇文护的直属官员，只要做事做得好，升迁指日可待。但是，右小宫伯又是皇帝的近身侍从，很容易成为皇帝的心腹，一旦被皇帝宇文邕器重，又会反过来成为宇文护的眼中钉。

杨坚知道，宇文护给自己这个官职，是想在皇帝身边埋伏一个眼线，随时了解皇帝的一举一动。谁不知道皇帝和宇文护的危险关系？去做这个差事，注定要得罪某一方。杨坚从小受到的教育，使他并不想跟随权臣凌驾于皇帝；但在当时的北周，谁又敢去招惹动不动就铲除异己的宇文护？杨坚的阅历毕竟有限，这个时候，只能请教自己的父亲。

杨忠也正为儿子的前途担忧，父子俩叹着气，喝着酒，杨坚等待着父亲的回答。杨忠放下酒杯，过往的经历一幕幕地在脑海里出现，他知道官场如战场，步步都可能有危险，但他可以给儿子铺一条道路，却不能代替儿子走他的人生。一番思索后，他语重心长地对儿子说："两姑之间难为妇，汝其勿往。"这句话让杨坚连连点头。

两姑之间难为妇，夹在两个地位高的人之间做人是最艰难的，杨坚难推其咎地走马上任后，唯一的办法就是谁也不投靠，谁也不得罪。但势同水火的两方人，最讨厌想要独善其身的中立派，一旦拉拢不来，很容易就视之为仇敌。杨坚是宇文护派来的"眼线"，与皇帝并不亲近，皇帝自然不把他当作心腹；而杨坚又不肯对宇文护效忠，站在皇帝的对立面，宇文护自然也对他大为不满。于是，杨坚的仕途道路彻底被封锁，宇文护不再理会杨坚，他在右小宫伯这一官职上待了八年，始终看不到晋升的希望。

这八年，对一个初出茅庐的少年来说，是一个极大的考验，考验的是耐力与毅力，定力与能力。在位的皇帝对杨坚是不冷不热；宇文护最初对杨坚还算亲切，发现杨坚不肯合作后，时不时还要找些麻烦。杨坚在两股势力的夹缝中艰难地坚持着，他将个人的情绪全部收敛在那副端正严肃的外表下，在任何人看来，他只是一个无心政治，一心做好本职工作的皇家侍卫。渐渐地，宇文护也放弃了拉拢他的打算，周武帝也不去理会这个一言不发、没什么威胁的"眼线"。

无人理会的日子里，杨坚心里有难以名状的煎熬。他是杨忠的儿子，从小就心怀大志，也相信自己注定有一番作为。如今青春虚掷，年华匆匆，他却仍在原地踏步，在皇帝身边做一个不被任何人重视的侍卫，虽然有不错的俸禄，也有让人羡慕的体面，但这与他想象的未来有巨大的落差，他开始怀疑自己是否有飞黄腾达的一天。

日子尽管痛苦，杨坚还是咬着牙坚持着，他那本就不苟言笑的脸上渐渐添了阅历和威严，尽管只有二十几岁，却如饱经沧桑之人，越发让人望而生畏，谁也不知道这张严肃的脸孔下有怎样的心思。人们也只是凭借杨坚的所作所为，判断他的个性。大臣们见杨坚虽是功臣之后，却没有任何争权夺利之心，更不对宇文护趋炎附势，不由对他高看几分。就连当时的皇帝周武帝宇文邕，也对这个侍卫印象深刻。

任何经历都是财富，在杨坚咬着牙坚持默默无闻的时候，他给人留下的印象越来越好，竟在无形之中给自己带来了不错的口碑，也为他日后的行事带来了诸多便利。所有人都认为他是个能当大事，又无心于权势的人，而他自己对这一切并不清楚，只知道未来的路还很漫长，至少现在的他，看不到任何峰回路转的可能，为此，他陷入了更大的痛苦之中，继续在薄冰之上，战战兢兢地走他的官宦之路。

随州之行

公元565年,一直在周武帝和宇文护之间两面为难的杨坚,听到了一个真正的好消息。宇文护心情一好,竟然任命杨坚为随州刺史,并将他晋升为大将军。杨家人都以为苦尽甘来,在家中庆贺一番。杨坚意气风发地辞别了妻子,走出京城前去位于湖北的随州赴任。

一路上,好不容易能喘口气的杨坚不禁对未来有了诸多设想。随州地处偏远,却是个军事重地,占有极其重要的战略位置,也是个建功立业的好地方。而随州刺史的上级长官,正是周武帝宇文邕的弟弟宇文直。宇文直虽然是宇文泰的儿子,却与叔叔宇文护关系密切,是宇文护的亲信,他掌管着湖北一代的军事,在他的手下任职,被重用的可能性并不大,想到这里,杨坚有些泄气。

但是,能离开令人气闷的长安,仍然是件乐事,杨坚带着礼物去拜见宇文直,希望给对方留下一个好印象,今后能够和睦相处。宇文直却并不把杨坚放在眼里,说了几句场面话就命他回去休息。杨坚又被现实浇了一瓢冷水,好不郁闷。直到三天后,宇文直才想起按照礼节,他应该回访杨坚,于是,他随便叫自己的部下庞晃去看望杨坚。

骠骑大将军庞晃是卫王宇文直的亲信,并得到宇文直的器重。他曾在战斗中被敌人俘虏,宇文直特意备下财物将他赎了回来。庞晃虽然被宇文直引为心腹，却并不欣赏宇文直的能力，只是尽忠职守，不逾本分。他一见杨坚，就觉眼前一亮，觉得杨坚气度不凡，非常人能比。一番倾谈，更是坚定了自己的看法。于是，二人推杯换盏，一顿饭就成了知己。能在苦闷之时得到庞晃的推重，杨坚也觉得有了几分自信，决定好好做这份工作。

杨坚刚刚上任，准备打扫官邸，熟悉吏人和士兵，在他开展工作之时，在京城的宇文护却后悔了。宇文护左思右想，觉得杨坚对自己并不忠心，将他放在重要的边镇，万一他形成自己的羽翼，岂不是极大的威胁？宇文护越想越担心，干脆命杨坚火速回京，随州刺史一职，他会另找合适人选。

杨坚从长安到随州，屁股还没坐热，又被宇文护召回长安，这打击非同小可。看来宇文护对自己没有一丝一毫的信任，甚至不准备给他任何机会。杨坚心中的苦闷无以复加。但权臣当道，即使以父亲杨忠的劳苦功高，尚要低头小心地做人做事，他无功于国，又能有什么办法？他惆怅万分，命人收拾行装，即刻回京。

回程路过宇文直所在的襄州，杨坚灰尘土脸，不想竟然有人前来迎接他。来者正是庞晃，他预备了丰盛的酒席，将杨坚接到自己的住处热情招待。杨坚的心情本来在最低谷，突然有庞晃的接待，不由心生感激。两个人在庞晃的住处喝了一夜酒，倾心相谈，更为对方的不俗之处倾倒不已。

酒逢知己千杯少，转眼窗外的天蒙蒙发亮，杨坚想到马上就要启程回长安，不禁沮丧。这时，庞晃在他耳边低声说："兄长你的长相极其尊贵，相信将来定能成就大业，有朝一日，兄长登上帝位，还请不要忘记小弟。"杨坚瞠目结舌，他没想到庞晃会对一个人生跌在谷底的官宦子弟说这样一番话，但他一向处事不惊，此时只是笑上一笑，推了推庞晃说："别胡说。"

庞晃也不反驳,听外面雄鸡报晓,杨坚就对庞晃说:"你拿箭射一下这只鸡,如果射中了,你说的话就能应验。到时你拿着这支箭去找我。"庞晃搭弓射箭,雄鸡应声而倒。杨坚大喜,拍了下手说:"看来这是天意吧。"他感激庞晃的"慧眼",就把带来的两个婢女送给庞晃。

接下来的路程不再苦闷,杨坚心中充满了新的希望。在北方混乱时局中长大的杨坚,原本就没有太多的忠君观念,何况乱世之中,今天权臣杀害主君,明日军阀自立为王,都是再正常不过的事,换言之,今天有了权柄的人,明天就可能当皇帝。既然宇文家的人能够取代西魏,他杨坚难道就没有可能取代北周吗?再想到庞晃的言之凿凿,他更有底气和自信。

杨坚出任随州刺史,随即被召回,相当于一次公费出游,却连风景都没看清楚。但对杨坚来说,这一次随州之行意义重大,他看到了自己人生的方向。尽管这条路更难走,甚至有杀身之祸,他依然按捺不住心中的热情。可惜,回到长安后,他的官职仍是大将军,却连武帝身边的位置也丢了。宇文护铁了心要将杨坚边缘化,再也不给他任何实际工作,他的雄心壮志再一次遭到无情的打击,不知道这种日子何时才能熬到头。

家事

在无尽的苦闷中,家庭这个避风港,让杨坚得到了最多的安慰。

杨坚的妻子独孤伽罗,是位聪颖的女性,她不但美貌,还有由父亲独孤信培养出来的非凡的政治眼光。当初独孤信将自己嫁给杨坚,她便对这个不苟言笑的丈夫倾心以待。独孤家的地位大大超过杨家,独孤伽罗嫁给杨坚,算是"下嫁",但独孤伽罗相信父亲的眼光,相信自己的丈夫肯定是人中之龙。

在新婚之夜,杨坚与独孤伽罗喝过交杯酒,面对貌美如花的妻子,杨坚很是欣喜。这时,独孤伽罗对他说:"你我今日结为夫妻,从此我会一心一意对待你,不论你高官厚禄,还是仕途坎坷,或者落魄贫穷,我都不会离开你。我将这唯一的心意付给你,希望你也能和我一样,不然,这一生真是毫无滋味可言。"

杨坚没想到妻子会提出这样的要求。在古代,男子以多子为贵,良妻美妾都不能少,但杨坚一来不能得罪有权势的独孤家,二来对如此有个性的独孤伽罗心生恋慕,就答应了她的要求,发誓只与伽罗生儿育女。独孤伽罗大胆的要求,不但在那个时代,在整个中国历史上都称得上数一数二的异类。

杨坚说到做到,一辈子只让独孤伽罗生育他的孩子,对这位夫人又爱又敬。独孤伽罗也的确不是一般的妇人,她不但为杨坚料理家事,还是杨坚政事上的左右手。杨坚被"雪藏"了这么多年,她不像一般妇人那样数落丈夫"不争气",反而时时帮丈夫开解心结,鼓励丈夫要沉住气。有了这样一位贤内助,杨坚才能在最低谷的岁月里保持心境上的平和。等到自己的女儿、儿子相继诞生,他也觉得人生有了新的欢乐,新的指望。虽然外间风风雨雨,杨坚的小家庭却是和和美美。

从随州回到长安后,杨坚得不到任何差事,只能在家里闷坐,等待宇文护能够给他一点职务。这一等就是三年,宇文护像是忘了杨坚这个人。这时,杨坚的母亲姚苦桃生了大病,杨坚就在家中侍奉母亲。杨坚从小被智仙抚养,但毕竟长在王府,和母亲的感情也并不疏远,姚苦桃见儿子如此孝顺,也是满怀欣慰。

姚苦桃病得很重,杨坚端茶送水,又向朝廷上书,希望能在家里专心侍奉母亲。这封上书不但引起了宇文护的注意,也引来了群臣的夸奖,大家见杨坚放着大将军不做,却要在家里侍奉老母,不觉又对杨坚增加了几分好感,认为他秉性淳朴,淡泊名利,至孝至仁。宇文护本来已经忘了杨坚,忽见群臣都在称颂杨坚不禁大为恼怒,更加不肯给杨坚好脸色。杨坚本以为上书一封,可以暂时避开外面的时局,安心在家中韬光养晦。没想到适得其反,又引来了宇文护的敌视。夹着尾巴做人还能得罪人,杨坚为难到了极点。

祸不单行,就在宇文护对杨坚虎视眈眈之时,另一条噩耗传来:杨忠死了。

公元568年,北周随国公杨忠病逝。武川镇出身的小人物,在经历一系列挫折与辛苦之后,靠着自己的智慧和忠勇,在乱世之中占了一席之地,成为北周的贵族,这是他个人的成功,也是杨家人的幸运。他死的时候并不安心,因为在宇文护的专政之下,儿子杨坚的处境仍然危险。但是,谁也不能抗拒死亡，杨忠也只能在担忧之中撒手而去。

对杨坚而言，父亲的离世无疑是最大的打击，慈爱的智仙师父和沉稳有智慧的父亲，是杨坚心灵的两大支柱，而父亲的地位更为重要。在纷扰不清的危局之中，父亲的良言如醍醐灌顶，每每给杨坚以重大启示；在宇文护的敌视下，父亲的功勋与地位如同保护伞，给杨坚以庇护；杨坚的朋友不多，能够信任的亲人也不多，唯有父亲和妻子，能让他无条件地信任……杨忠的离世，让杨坚彻底地暴露在暴风骤雨之中，他少了扶持他的有力双手，也少了劝诫他的智囊，更少了这世间最坚固的情感支撑。

这个打击非同小可，让杨坚的情绪几近崩溃，每天都过得心惊肉跳，他开始频繁地算命，想用术士们的吉言来麻痹自己，建立信心，告诉自己未来尚有希望。

一些江湖术士都说杨坚有帝王之相，靠着这些术士的"忽悠"，杨坚才终于缓过神来。术士们的话固然不能全信，但假乎也让杨坚找到了心理安慰，再加上妻子独孤伽罗时不时地劝慰，他终于渡过了一次"精神危机"。前程远大，前路茫茫，他还要打起精神来，对付宇文护的刁难。

这一次，杨坚没有担惊受怕太久，有人替他除掉了心腹大患。

意外的谋杀

从556年宇文泰去世,宇文护当上了大冢宰,独揽关中政权已经过了二十余年。

这二十九年,宇文护为了维护自己的地位,杀掉了两个堂弟,还杀掉了不少有功之臣,才坐稳了摄政大臣的位置。而皇帝宇文邕自560年登基之后,始终不务正业,白天游玩,晚上看歌舞表演,享受着大好的人生,把所有朝政都交到他的手中,堂兄弟二人"各司其职",和睦相处,从来没有闹过别扭。

宇文护年纪也老了,他内心虽然还有登上帝位的向往,但用了二十几年时间也没能多拉拢几个朝臣为他效力。朝臣们不敢得罪他,却也不承认他,他们依然认为北周是宇文泰的产业,宇文泰的儿子才是这份家财的主人,而他不过是一个临时监护人。

这二十九年来,宇文护对北周的内政外交称得上无功无过。宇文护并不是一个有雄才大略的人,却也不是一个任意胡闹的庸才,加上北周的外敌们各个内政混乱,自顾不暇,所以北周的天下还算安定。宇文护一天比一天狂妄,警惕性也越来越低,甚至与他的老心腹宇文直发生了矛盾。因为宇文直作战失败,宇文护将他免官。

转眼就到了公元572年,宇文护从同州回到长安,按照惯例前去皇宫参见皇帝。他看到宇文邕和往常一样，对他毕恭毕敬，嘘寒问暖。拜见完皇帝还要去拜见太后，太后是长辈，宇文护也维持着小辈的恭敬，而宇文邕每次都站在一旁，坐都不敢坐。这一日，堂兄弟聊了几句，就像太后居住的宫室走去。

宇文邕忧心忡忡地说："兄长啊，太后最近不知怎么了，特别爱喝酒。她年纪这样大了，如果养成了酗酒的习惯，怎么是好？我看只有兄长能劝上一劝了。"

宇文护自然一口答应，宇文邕面露喜色，连忙从怀里掏出一卷纸，上面写着《尚书·酒诰》，他对宇文护说："那兄长您给太后念念这篇文章吧。"宇文护接了过来，心想："单凭几句劝告就能戒酒，还真是天真。"虽然如此，他还是恭恭敬敬地拜了太后，开始为太后朗读这篇《酒诰》，太后听得津津有味，他也越念越投入。

突然，宇文护觉得后颈被什么东西猛然一击，剧痛之下，他大叫一声栽倒在地，立刻就有一武官冲了上来，抽出佩刀，哆哆嗦嗦地在他身上乱砍，宇文护大喊大叫，仍然不相信眼前发生的一切。这时，又有一个人持刀冲了进来，宇文护定睛一看，来者竟然是被他罢官的宇文直，宇文直手中明晃晃的佩刀已经向他砍来。

那一瞬间，宇文护下意识地看向四周，他看到了宇文邕高深莫测的脸孔，那双沉默平静的眼睛紧紧地盯着他，这个当了十二年皇帝、对自己点头哈腰的人竟然有这种表情？也是在那一瞬间，宇文护想到宇文泰曾对人说过的，对宇文邕的评价："成吾志者，必此儿也。"又想到被他毒死的宇文毓即将身亡，还要强撑着把位置传给宇文邕……

宇文护双目圆睁，他的头已经离开了身体。

在最后一刻，他才明白自己的对手有多可怕。

宇文护死亡的消息很快传遍了长安的大街小巷，所有人都不相信飞扬跋扈的宇文护竟然这么轻易地被收拾掉，而一向不甚露面的宇文邕已经稳坐朝堂，有条不紊地命令众大臣缉捕宇文护的同党，诛杀宇文护的家人。人们用畏惧的目光打量着已经当了十二年皇帝的宇文邕，他们从这一刻开始才终于认识这个人。十二年来，他吃喝玩乐，荒疏政事，不过问朝廷上的一切，只对宇文护恭恭敬敬，原来都是装的。

宇文邕在宇文护和所有人面前演了十二年的戏，没有任何人看出破绽，这份不动声色的城府，既让人畏惧，又让人惊叹，在宇文护死亡的同一天，北周大臣也对他们的皇帝心服口服，再也不敢小瞧这个还没在治国上一展拳脚的人。

消息也传到了杨坚家中，杨坚和别人一样吃惊。作为宇文邕的近侍，他曾经每天都有接触皇帝的机会，也曾暗暗留意这位天子，却没看出这是个有才之人，更没有看破宇文邕心中的那些筹划。杨坚连连叹服，他觉得自己的仕途处处碰壁，坐了这么多年的冷板凳，如今一看，他忍受的那些算得了什么，他的城府又算得了什么，宇文邕才是真正的高人，值得他学习效仿！

而且，宇文护垮台，杨坚看到了未来的希望。过去数年中，杨坚虽然没有成为宇文邕的得力助手，却也没有得罪过宇文邕，宇文护的处处刁难，皇帝也都看在眼里。如今铲奸除恶，重振朝纲，杨坚相信皇帝不会忽略自己的存在。这一次，他终于可以时来运转，在北周的朝堂之上占据一席之地。他和长安城的大臣百姓们一样，摆置了酒席和家人庆祝一番。

夜里，杨坚心绪难平，夫人独孤伽罗知晓他的心思，夫妻二人低声议论起周武帝的为人处世，不知这个深藏不露的宇文邕，会是一个什么样的君主。

周武帝宇文邕

铲除仇敌，收回权柄，改元庆祝，大赦天下，周武帝宇文邕意气风发。

此时的宇文邕还不到三十岁，他从成年后就一直在宇文护面前装乖卖巧，一直装到而立之年，终于得偿所愿，为自己的两个哥哥报了仇，真正继承了父亲宇文泰的家业。尽管他当了十二年的皇帝，但对臣民来说，他还是个陌生人。

宇文邕以最快的速度得到了臣民们一致的认可。宇文邕大有宇文泰之风，他当了十二年的皇帝，虽不理政，却将朝廷上的风吹草动看得一清二楚，对北周体制的弊病洞若观火，如今握住政权，也如自己的父亲一般，大刀阔斧地进行了一番改革。

宇文邕明白北方朝廷之所以走马灯一样更迭不休，都是因为武将可以各自为政，士兵们心无所属，今天跟着这个主子吃饭，明天跟着那个主子干活，人心浮动，哪里会产生忠君意识？宇文邕下令，所有军士不再隶属于他们的长官，而是成为皇帝的侍官，从今以后，军事归于皇家，皇权得到了加强。

宇文邕从小就好学，当初宇文泰、宇文毓看好他，也是因为他的博学。如今有了机会，宇文邕开始在全国上下掀起劝学风潮，以儒家学说为立国之本，请有学问的学士在中央讲学，命文武大臣们听讲。太学再一次大受重视，宇文邕还亲自拜访那些有学问的大儒，虚心向他们请教。宇文邕知道，有文化就有底气，更能增强国家的精神凝聚力，他将文教作为执政的重点内容。

宇文邕在宇文护的阴影下生活了十二年，深刻地体会到朝廷有权臣是件多么可怕的事，为此，他取消了大冢宰的特殊地位。从前，大冢宰统帅百官，如今，大冢宰成了与其他高官平起平坐的官职，再也没有"一人之下，万人之上"的威风。独一无二的大权只能在皇帝手中，百官互相牵制，这是宇文邕多年来总结的行之有效的集权办法。

北周贵族大多信佛，周武帝却是个无神论者，对佛教深恶痛绝。他痛恨佛教麻痹人心，让好好的青年不务生产，不思进取，只想躲进寺庙里吃干粮。何况，佛寺占有大量的国家土地，减少了国家的税赋和兵源，对北周的发展造成了不利影响。周武帝决心拿佛教开刀，夺回被寺庙占有的诸多国家资源。

周武帝雷厉风行，三条命令颁布，全国各地执行。高大的佛像，全部捣毁；寺里的土地、财产，全部收回，重新分配；寺里的僧尼全部还俗，青壮年男子一律编入军队。周武帝的灭佛行动，让北周的佛寺十不存八，却大大增加了北周的实力，国库有了钱，百姓有了土地，军队有了人手，国家实力一夕之间跃上了新的台阶。

不过，对于虔诚信奉佛教的百姓而言，周武帝的灭佛行动也给他们带来了极大的痛苦，更有一些潜心修佛的僧尼只能私下逃窜，其中包括养育杨坚长大的智仙。杨坚将自己的"阿阇梨"藏在王府，心中对周武帝又是佩服，又有不满。

一番大动作之后，北周一片繁荣景象，虽然对皇帝剥夺自己信仰的强硬手段颇有微词，但百姓最大的问题是吃饭，朝臣最大的心愿是加官晋爵，周武帝能解决这些问题，臣民还能有多少不满？一时间，北周臣民安居乐业，对周武帝感恩戴德。

周武帝也并不是一帆风顺，他也需要面对时不时出现的麻烦。例如杀掉宇文护的宇文直，称得上是宇文邕亲政的最大功臣，但他的下场却并不好。宇文直本来就是个轻薄狂妄、朝三暮四之人，在宇文护麾下时，因被免官而投靠了宇文邕，如今做宇文邕的手下，仍不知收敛自己的脾气。一次宇文邕出行，他仗着自己的地位在皇帝前面乱跑，气得宇文邕举起鞭子抽打他，从此，宇文直对宇文邕怀恨不已，就找机会造反。造反不成，宇文邕念在他有功劳并未处死他，没想到宇文直竟然第二次造反，宇文邕忍无可忍，终于把自己的弟弟送上了断头台。

英明果敢如周武帝也不是没有烦恼的人，他最大的烦恼来自婚姻。北周四邻环伺，为了周边的稳定，周武帝制定了长远的策略，为了与南朝和突厥和平相处。他请求与突厥和亲，并娶了突厥的公主为妻。对这位突厥公主，他礼让尊重，就是无法真心爱护。

政治婚姻牵一发动全身，倘若突厥公主心有不满，必然影响两国的关系。而皇帝对突厥公主的冷淡，众人都看在眼里，急在心里。最后，有一个七八岁的小姑娘对他说："突厥强大，还希望您能以天下苍生为念，只要我们得到突厥的强助，那么关东、江南都不足为患。"宇文邕听了大吃一惊，自忖连一个小姑娘都明白的道理，自己竟然如此纠结。从此后，宇文邕又拿出他的演戏天赋，对突厥公主体贴有加。

那个独具慧眼的小姑娘是宇文邕的侄女，姓窦，历史上并没有记载她的名字，数年后，她的父亲想为她招一个如意郎君，命她画了一幅孔雀图贴在门上，规定有人两箭射中孔雀的眼睛，才能娶自己的女儿。一位青年嗖嗖两箭正中雀目，于是雀屏中选，娶到了美貌聪颖的窦氏。这青年正是唐朝开国皇帝李渊。

宇文邕还有一个心事，就是他的儿子们各个资质平庸，一看就知不堪大任。但他年纪还轻，儿子可以慢慢培养，他如今最大的梦想，最重要的任务，就是继承父亲宇文泰未竟的事业，消灭高氏政权，统一北方。为此，他开始物色征伐的将领，他最信任的人是亲弟弟宇文宪，此人足智多谋，能征善战，是个贤王、良将，除此之外，还需多多留意新一代的可用之才。

如今的北周，老一代的将领们死的死，被杀的被杀，老的老，还有尉迟迥等人可堪大用，但攻伐大事，贤臣良将多多益善。周武帝在众人中看中了杨坚。那时候的杨坚刚从冷板凳上站起来，既无政治上的功绩，也无武力上的功勋，但周武帝看中的是他的身份：杨忠的儿子。想到杨忠的忠勇无双，杨坚的老成，宇文邕相信重用杨坚不会有错。

公元573年9月，宇文邕为自己的长子宇文赟娶妻，娶的就是杨坚的长女杨丽华，杨坚的身份一下子重要起来，成了未来的国丈。周武帝亲自对杨坚说："今后咱们就是一家人，从此荣辱与共。"杨坚数年来的郁闷一扫而光，那条光芒万丈的大道，又出现在他面前。他在群臣中素有名望，如今又有了尊贵的身份，一时间，杨坚也成了炙手可热的人物。

多年的冷板凳生涯，让杨坚明白人情冷暖，也让杨坚知道低调做人才是最安全的，面对越来越多的吹捧和巴结，杨坚始终谦虚谨慎，私下里结纳一些人，表面上仍是一副淡泊名利，无心朋党的样子，一心做自己的本职工作。周武帝本也担心杨坚的权力过大，见他如此本分也稍稍放心，一心筹划对敌国的征讨。

目标北齐

宇文泰在世时，东魏、西魏并立，东魏的整体实力强于西魏，关中趋于守势。但宇文泰励精图治，戒备森严，东魏屡次进犯都没有讨到太多便宜。宇文泰曾希望在有生之年结束这种局面，可惜壮志未酬，他一心信任的侄子宇文护只知争权夺利，转眼二十二年过去了。世易时移，如今西魏改朝换代，变为由宇文邕执掌的北周，东魏的局面也是一番巨变。

公元547年，东魏权臣高欢去世，他的儿子高洋废掉了东魏皇帝称帝，北齐建立。这个政权的范围包括今天的山东、河南，都是中国富庶的大好地带，比起北周所在的贫瘠的关陇地区，北齐建立初期，国力就异常强大，倘若统治者励精图治，必然会在当时三足鼎立的格局中脱颖而出，成为佼佼者。

高欢的儿子高洋，在继位之初一派英明君主的架势，淘汰冗员，修筑长城，训练士兵，北齐举国上下都很有干劲。当时在世的宇文泰听说高欢去世，以为攻齐的机会到了，带着大军来到边境，结果看到北齐的军队兵甲夺目，阵容严整，沿着山谷发出嘹亮的呐喊，他被这场景震慑住了，只能带兵回西魏。

好景不长，高洋做了几年英明君主，开始沉浸享乐，生活越来越奢侈，做事越来越出格，变成了一个精神错乱的杀人狂。他觉得自己的爱妾曾和别人暧昧，就杀掉爱妾，他害怕元氏复辟，就将元家人全都杀害。满朝文武被他折磨得即将神经衰弱，他却因骄奢淫逸将自己折腾死了，入殓时只有三十一岁。

高洋死后，儿子高殷继位。没多久，高殷被叔叔高演和高湛杀害。高演当了北齐皇帝不到一年也死了，高湛继承了王位。高家人一个比一个荒唐，这个高湛当了几年皇帝，突然听人说他当皇帝不吉利，如果继续占着王位，北齐政权的覆灭指日可待。高湛竟然真信了这种鬼话，把皇位传给了只有九岁的儿子高纬，自己专心吃喝玩乐，三年后玩死了自己，时年三十二岁。

公元568年，北齐由年仅十二岁的高纬挑起大梁。高纬没有辜负高家的错乱基因，也是个颠三倒四的少年，他最大的爱好就是光着身子在街上跑，在阳光和风中享受快乐。北齐百姓都知道皇帝有这种爱好，想笑话他都觉得难以启齿。

高纬羡慕叫花子无忧无虑的生活，就在皇宫里建了一个破破烂烂的"贫民区"，再让王公大臣们穿上又脏又破的衣服，自己也一样穿着乞丐服，像众"叫花子"兜售商品，不亦乐乎。王公大臣们不敢违抗皇帝的命令，看到满朝文武穿着破烂衣服，心头都有不祥的预感。

高纬酷爱艺术，他会作曲，会弹琵琶，演奏水平还不赖。他曾亲自作了一首《无愁》，整天高高兴兴地弹，臣民们看到他这个样子，都怀着复杂的心情称他为"无愁天子"。无愁天子对那些艺人惺惺相惜，不少唱戏的、耍猴的、跳舞的伶人被他授予高官。北齐的文臣武将们上朝，和一些优伶小丑并排站在一起，都觉得面上无光，心灰意冷。

高纬从小缺少教育，只信任他的奶妈和奶妈的儿子穆提婆。这个穆提婆也是个奸佞小人，被高纬封相后，天天怂恿高纬玩乐，自己则在朝中排除异己，残害忠良。高纬身边不是居心叵测的小人，就是只知玩乐的优伶，在这种氛围中，他更加不务正业。高纬还有一个爱妃叫冯小怜，此女美貌异常，能歌善舞，冯小怜和高纬整日琴瑟相和，彼此一分钟也离不开。有了冯小怜，高纬对国事更加不在意，恨不得天上地下，只和冯小怜逍遥快活。

强大的北齐自然不乏忠臣良将，斛律光是北齐名将，声威赫赫，是北周最忌惮的人物。他与北周的军队对峙二十余年，从来没有败绩，要说宇文邕最担心的也就是这个斛律光。斛律光见高纬荒唐，朝政混乱，对穆提婆等人深恶痛绝，忍不住直言进谏。穆提婆等人怀恨在心，不断在高纬面前说斛律光的坏话，说他有可能造反。

北周的武将也正盯着北齐的局势，听说北齐君主昏庸，小人当道，就动了借刀杀人的念头。当时北周的将领韦孝宽是一位智将，他命人编了一些歌谣到北齐去散布。斛律光字明月，韦孝宽就让人编了"百升飞上天，明月照长安"，暗示斛律光是真命天子；又用谐音编出"高（高纬）山不推自崩，槲（斛律光）树不扶自竖"，暗示北齐政权会因斛律光垮台。

这些歌谣被北周的间谍们在北齐国都到处散布，致使民间的小孩都会唱。穆提婆等人愈发掌握了"证据"，哄骗高纬说："连民间的小孩都知道斛律光的野心，皇上您听听他们唱的歌谣吧！"高纬为人荒唐，胆子却小得很，不禁担惊受怕，很快命人暗杀了斛律光，又将斛律光家族满门抄斩，以去"心腹之患"。

斛律光去世，北齐上下一片震惊，百姓都说忠臣含冤，朝廷无道。这消息传到了北周，周武帝听到这个消息，兴奋大叫："天助我也！"当下大宴群臣，大赦天下，举国欢腾。亲者痛、仇者快，可见高纬昏庸到什么地步。而穆提婆再接再厉，继续杀北齐的忠臣，北齐朝政越来越混乱，一直听着消息的宇文邕越来越开心。

宇文泰去世之后，又过了二十几年，曾经的劲敌北齐"今非昔比"，强大的军队尚在，充盈的国库尚存，却有一个只知吃喝玩乐的艺术家皇帝，有一群把持朝政，不断祸害国家、杀戮忠臣的小人，有一位只知享乐，不知天高地厚的宠妃。宇文邕面对的，就是这样一个对手。面对强大的宇文护，宇文邕知道隐忍，面对一片混乱的北齐，宇文邕绝不客气。

征讨北齐，势在必行，北周上下一心，自信满满。周武帝固然想要达成夙愿，而杨坚，终于可以结束他那难忍难耐的冷板凳生涯，他蛰伏多时的雄心，跃跃欲试的胆魄，也将在北齐的战场上，得到第一次发挥。

"更杀一围"

北周武帝建德四年（575年）七月，位居江南的南陈攻打北齐，北齐的军士们向南边集结。宇文邕看准机会，集结陆军十八万，水军三万，逼近北齐腹地。三万水军的将领正是杨坚，他经渭水渡过黄河，与陆上军队遥相呼应，想要双管齐下，一举拿下北齐的都城洛阳。

但是，即使高纬的胡作非为让北齐陷入混乱，北齐仍然是个强大的对手，洛阳城墙高兵足，任由北周将士一次次冲锋，屹然不动。如此冲锋陷阵二十余天，北周损兵折将，却徒劳无功，宇文邕急得生了大病，而北齐的援军又奔驰而来，无奈之下，宇文邕下令撤军。

杨坚率水军作战，取得了几场胜利，如今宇文邕大军撤退，他为了避免孤军奋战，也要赶快撤退。但是，他自渭水而来，顺流而下，一路无阻。若想逆流而上，恐怕"道阻且长"，还有被北齐水军从背后袭击的危险。

杨坚当机立断，命令部下烧掉所有船只，改走陆路，跟上宇文邕的大部队。杨坚的决断大有道理：北齐援军数量庞大，杨坚手下只有三万军队，一旦遭遇，定有损伤，改走陆路，可以加快行军速度，避免损失；而烧掉战船看似浪费，却是权宜之计，既减轻了己方的负担，又不把武器留给北齐的军队。两相权衡，杨坚的确有战略头脑。三万人毫发无伤地返回长安，周武帝对他的表现很满意。

这是杨坚人生当中经历的第一场战事,虽然算不上成功,却也充分显示出了他的军事能力和优良的武将血统。从此,宇文邕对他更加信任,也愿意给他更重要的任务。

第一次讨伐行动以失败告终,将士们难免有些泄气,周武帝却毫不起气馁,立即开始筹划第二次军事行动。皇上热情高涨,也感染了臣民官兵,第二年,北周就再一次集结兵力,准备第二次攻伐。这一次,杨坚的地位得到很大提高,成为右路第三军的总管,不再带领偏师,而成了主力将军。

这一次,周武帝吸取了上次失败的教训,不再直攻重兵防守的洛阳,转而先攻北齐的发源地晋州(今山西临汾)。宇文邕亲自率领十几万骑兵,势如猛虎扑向晋州之时,北齐的无愁天子高纬恰巧在晋州附近的晋阳(今山西太原)打猎。

时间是公元 576 年 10 月,中国历史正上演极具戏剧性的一幕:一方面,周武帝的军队势如破竹攻打晋州;另一方面,高纬带着大臣士兵闹闹哄哄地追逐野兽。一方面,北周的军队冒着北齐的箭雨登上城头;另一方面,高纬带着冯小怜拉弓射箭,接受弄臣们的恭维。一方面,宇文邕命令士兵清点晋州的粮草武器;另一方面,高纬和大臣们清点着猎到的野兽。一方面,宇文邕没有庆祝旗开得胜的时间,连夜开拔,继续向前方开进;另一方面,高纬和大臣们在行宫里庆祝当日的"收获",通宵达旦……

与此同时进行的,是焦急的北齐士兵看到晋州危急,一日三次,快马加鞭地带着告急的书信跑到晋阳向高纬汇报。而这三封极其重要的书信,被高纬身边的一个叫高阿那肱的宠臣挡了下来,他傲慢地说:"皇上玩得正开心,不要拿这些小事烦他!"苦苦挣扎的晋州士兵正等待着来自晋阳的救援。

直到晋州陷落,高阿那肱才终于紧张起来,慌慌张张地跑到围场,将这件事汇报给高纬。高纬听了也着急了，他也知道晋州是晋阳的前哨，晋阳是北齐的重镇，而他现在所在的位置是天池（今山西宁武县管涔山），离晋阳和晋州都不远，他应该马上回晋阳调集军队，夺回晋州重地。

正在高纬想要带着队伍去晋州增援之时，他的宠妃冯小怜却娇滴滴地说："皇上，更杀一围。"高纬的骨头立刻酥了，当即传令："更杀一围！"古代君王围猎，需要将随行的军队分散在围场四周，需要人马鹰犬驱逐野兽，慢慢形成包围圈，然后才能尽兴追逐。这"一围"的时间，少说也要一日。救兵如救火，高纬却把宝贵的时间浪费在打猎上，真是荒唐到家了。

就在高纬不顾晋州危急，带着爱妃和部下继续打猎的时候，宇文邕正骑马巡视战场，鼓励将士们杀敌报国。宇文邕是个天生的君主材料，他能把只见过一眼的小兵的姓名，记个一清二楚，行军之时，偶尔叫出某个士兵的名字，几句嘘寒问暖，把士兵们感动得热泪盈眶。此时宇文邕更是发挥着他优良的记忆力，不断给那些下级将士们打气。

两位君主的差别显而易见，高纬更杀一围，宇文邕趁着这个机会，杀了一围、两围、三围……等到高纬和冯小怜终于过了瘾才回到晋阳，并带领大部队冲向晋州。皇帝亲自出马，北齐的将士们深受鼓舞，立刻热情高涨，发誓要夺回晋州。

宇文邕见北齐的大军来势汹汹，不愿硬碰硬，就留下一个叫梁士彦的将军和一万多士兵守卫晋州，自己先回了长安继续召集兵马。高纬带着大军围住晋州城，这场攻城战北齐军队占了绝对的优势，不论兵力还是补给，都远远超过城中的梁士彦军队。可是，就在这悬殊的差距之下，梁士彦竟然奇迹般地把晋州城守了足足一个月！

小怜玉体横陈夜

梁士彦创造的奇迹，高纬和冯小怜立下了最大功劳。

高纬率领的北齐军队是鲜卑精锐骑兵，数量更有十几万之多，把晋州团团围住，大军一次次冲向高大的城墙，连墙头都被武器削去好几寸。北人勇武，不论守城的北周军队，还是攻城的北齐军队，都咬紧牙关，誓不认输。梁士彦更是视死如归，身先士卒，白日坚守，夜里修缮城墙。

北齐久攻不下，北齐的将领想了个妙法，派人在晋州城墙下挖地道。城墙下的泥土被掏空，一片墙轰地塌了下来，形成缺口，北齐士兵大喜，流水一般冲向缺口，眼看就能攻入城中。梁士彦和士兵们相顾失色，以为大事去矣。

这时，北周军队的大救星冯小怜发话了，她娇滴滴地对高纬说："皇上，臣妾正要梳妆打扮，就让大军稍后再攻城，让臣妾看个热闹可好？"

北周军队的另一大救星立刻说："好！爱妃说的话，怎么能不准呢？"转头对传令官说："暂停攻城！"马上要迈进晋州的北齐军队只好撤了回来。

城头上的梁士彦根本不知道发生了什么事，只看到北齐吐掉已经到嘴的肥肉，垂头丧气地撤了回去，他连忙命士兵百姓一齐上阵砌城墙，填地道，重新组织防御。等到冯小怜换上新装，金钗玉钿、袅袅婷婷地走了出来，北齐的军队已经泄了气，晋州的城墙又一次固若金汤，好好的优势化为泡影。

高纬一再延误战机，让梁士彦有了喘息的机会，不断加强防卫。一个月后，宇文邕又一次率领大军来到晋州，这一次，北方两大政权的决战即将展开。

宇文邕首先视察战场，发现一个不利于己方的情况，在两军之间，横亘着一条几米深的壕沟，这是北齐的重要防线，如果草率进攻，北周必然伤亡惨重。正在他大伤脑筋之时，北周的救星高纬又来帮大忙了。

高纬正在召开战前军事会议，身边一群人七嘴八舌，胡言乱语，其中一个自作聪明的宦官说："皇上，您是天子，周武帝也是天子，如今交战，咱们可不能守着一条壕沟示弱！"高纬听风就是雨，立刻说："没错！快把壕沟填平！"

当北齐的士兵们忠诚地执行着皇帝的命令，运来泥土草木扔进巨大的壕沟时，对面的北周君臣哑然失笑，简直不敢相信对手傻到这个程度。梁士彦如梦初醒，这才明白自己为何能在那样危急的局势下，把晋州城守了整整一个月。如此对手，极大地激起了北周将士们的信心，壕沟一被填平，北周军队雄赳赳地杀了过去。

两军交战，杀气冲天，高纬带着冯小怜观战。冯大美人平时只知道弹琵琶、跳舞、骑马打猎，哪里见过这等吓人的阵势，一看到北周的士兵杀气腾腾，而北齐的士兵稍稍后退，她就吓得浑身打颤，对高纬大声说："军队要败了！皇上！咱们赶快逃跑啊！"

战场上进进退退本来是平常事，高纬对军事一窍不通，又是个胆小鬼，听大美人一吓唬，真的调转马头转身就跑。北齐的士兵们只听到皇帝的队伍里乱哄哄地喊着"战败了！快跑啊！"士兵们立刻泄了气，茫然地跟着高纬逃跑，跑得慢的全被后面追赶的北周士兵杀死。这一战，北周不费吹灰之力，不但守住晋州，还取下了晋阳。

丢了晋阳的高纬带着人马躲进了河北的邺城，也就是北齐的首都，宇文邕也带兵追了上来，北齐到了存亡时刻，高纬则吓得屁滚尿流，准备带着人马投奔突厥。大臣们磕头的磕头，劝说的劝说，才勉强说服高纬留下来与将士们齐心协力共渡难关。

好不容易让高纬下定守城的决心，大将斛律孝卿对高纬进言："皇上，您应该亲自激励将士，让他们更愿意为国家效力。"斛律孝卿亲自为高纬写了一份慷慨激昂的演讲稿，希望这位皇帝能稳住军心，振奋士气。

可喜欢裸奔的高纬却是个羞涩的人，最怕在人前讲话，平日大臣们参见他，都要小心翼翼，生怕不小心吓着他。如今需要在数万士卒面前公开演讲，高纬紧张得心脏都要跳出来了。偏偏他还有点结巴，硬着头皮想要背演讲稿，被十几万双眼睛盯着，那些激昂的句子立刻被他忘得一干二净，他结结巴巴地说了上句，不知道下句，看到士兵们茫然不满的眼神，没来由地大笑起来，他的侍从也跟着哈哈大笑。

士兵哗然，没想到自己即将舍命上战场的时候，皇帝没有一句安慰，却哈哈傻笑。他们一下子泄了气，纷纷说："皇上都不着急，我们还急什么呢？"这样的军队有气无力地上了战场，旋即被北周打败。高纬不知所措，只好把皇位传给他的儿子高恒，带着儿子和宠妃一路逃窜。

因为太过害怕，高纬又把皇位让给了北齐的任城王高湝，自己则想要逃奔到陈朝寻求"政治庇护"。北周的士兵中途拦截了他，这个荒唐的君主身首异处，爱妃冯小怜也被赏赐给北周的将领。任城王高湝倒是有血性的人，亲自招募人马组织抵抗，但在宇文宪和杨坚的合攻下，很快失败，变成了刀下鬼。

唐代诗人李商隐有诗云：

"一笑相倾国便亡，何劳荆棘始堪伤？小怜玉体横陈夜，已报周师入晋阳。"

在高纬和冯小怜的"帮助"下，周武帝宇文邕毫无悬念地战胜了曾经强大的北齐，将北齐治下的五十个州划归为北周版图，中国北方再一次统一。北齐的臣民们早已厌倦了高家的一群荒唐人的统治，换了一个贤明的皇帝做统治者，他们更无理由怀念北齐。只有被赐给北周大臣的冯小怜，虽然凭借美色得到宠爱，却仍然想念着高纬，还曾写下一首诗："虽蒙今日宠，犹忆昔时怜。欲知心断绝，应看膝上弦。"

没多久，冯小怜自杀，为北齐荒唐透顶的末代史画上了一个哀婉的句号。

第三章 / 权柄，从天而降

危险的长相

北齐亡国，年富力强的周武帝宇文邕统一北方，整合了北方的州县、资材、军队、人口，新的大国横空出世，如今的周武帝再也不用惧怕突厥的挑衅，再也不用担心陈朝的威胁，雄心勃勃的他的下一步计划是：打击突厥，吞并陈朝，一统中国，再与四夷决战漠北，缔造新的盛世。

周武帝是个沉得住气的人，他知道计划要一步一步实施，趁热打铁固然快意，但稳扎稳打才是制胜的良方。何况，一场大战下来，北周士卒疲惫，需要休息，北齐尚有残余势力需要追击。周武帝决定培元固本，先稳定北方，再做其他打算。

与北齐一战，杨坚的地位又有提高。第一次伐齐，他是偏师主帅；第二次伐齐，就成了军队主力，与周武帝信任的皇弟宇文宪一道，立下汗马功劳。战后，周武帝任命他为军事重镇定州的总管，进位北周柱国。杨坚的地位可谓尊贵无比，既是太子的老丈人，又是河北地区的军事总管，还是北周的最高贵族，巴结他的人自然越来越多。但是，皇帝对杨坚的信任是有限的，很快，他从兵足马壮的并州，被调到亳州当军师总管。亳州在安徽，是偏远地区，两相比较，下放的意思很明显，杨坚又一次面临冷板凳。

一帆风顺的杨坚遭遇了猜疑，惹祸的不是他的功劳，而是他的长相。

从前，杨坚在父亲死后偷偷找人算命，所有术士都说杨坚有帝王相，将来必然当皇帝。乱世之中，术士们对位高的人说几句吉利话，不是什么新鲜事，但所有术士都敢于冒着风险说这句话，说明杨坚的长相的确有特别之处。为什么总有人觉得杨坚有帝王相？一来他长得的确庄重威严，二来佛寺的成长经历、多年的冷板凳经历让他有超乎寻常的沉默气势，让人望之生畏，胆子小的人甚至不敢直视。这副长相也给杨坚带来了巨大的麻烦。

麻烦早已有了端倪，早在杨坚的女儿嫁给太子宇文赟之时，北周的齐王宇文宪看着杨坚，就觉得不妥，劝宇文邕说："陛下，普六茹一脸反相，我每次看到他，总觉得失去了主意，这样的人不会久居人下，您应该尽快除掉他。"周武帝这个人想当有自信，当然不会因为臣子的面相问题随意杀人，这件事不了了之。

但是，深受宇文邕信任的北周内史王轨也对杨坚心存戒备。王轨为人忠心且有谋略，早在武帝在宇文护面前装傻充愣时，就已经是武帝的心腹，诛杀宇文护的计划，他也参与其中。他对宇文邕说："普六茹有反相，希望陛下留意。"这一回，宇文邕上了心，暗暗观察杨坚的一举一动，见杨坚循规蹈矩，并不结党营私，也不因功自矜，左看右看，都看不到造反的苗头。

多疑是帝王的通病，虽然杨坚没有露出造反的意思，但他位高权重，又有人望，宇文邕不得不小心。于是，他也招来一个著名的术士给杨坚看相，想知道杨坚是不是真的会造反。无巧不成书，宇文邕招来的人，正是曾经预言杨坚会当皇帝的来和。

大凡有名的术士，说话都只说三分，神神叨叨，忽忽悠悠，以此显示高深莫测。来和明白周武帝的意思，就对周武帝说："随公是个本分人，如果陛下任用他为一方将领，必然攻无不破战无不胜，从面相上来看，最多也就做个柱国。"周武帝这才稍稍放下心。回过头，来和到杨坚面前将事情和盘托出，杨坚吓出一身冷汗，对来和感激不尽，许诺他日一定重重回报。

在来和的帮助下，杨坚渡过一次危机，又因战功成了定州总管。到了定州，杨坚发现他的老友庞晃就在定州附近的常山郡当太守，一个亲信就在附近，这让杨坚很是欣慰，也觉得日后的日子会顺利度过。可是，麻烦竟然又来了，这次的麻烦来自一扇城门。

定州城有个西门，一直是封闭的，当年高洋在东魏当政之时，有人曾提议将并州的西门打开，方便路人通过。可高洋拒绝了这个提议，还说了一句："当有圣人启之。"当年高洋不开西门，也许只是为了防守上的需要，那句"圣人启之"，更可能是随口开的玩笑。

杨坚是北周人，哪里知道北齐的这些小道消息，他到了定州，见西门封死，立刻下令将西门打开方便交通，定州人一看，新总管不是正应了高洋那句"圣人启之"？难道杨坚就是圣人？于是，这件事一传十、十传百，一直传回北周的首都长安。

宇文邕心里不是滋味，不止一个人说过杨坚有反相，这次又有了新的传闻，难道这个杨坚真的会篡了北周的政权吗？思来想去，宇文邕依然维持了明君的风度，并不因为几句传闻就杀害功臣，但为了防患于未然，他给杨坚换了工作，把杨坚从定州调到亳州。

杨坚又一次陷入气闷之中，他的事业好不容易有了起色，却因为莫名其妙的理由（一副长相、一道大门）被君主猜疑，又要面临新的冷板凳，这种境遇究竟什么时候能到头？他的朋友庞晃也为他叫屈，在为杨坚送行的酒席上，他再也沉不住气，偷偷对杨坚说："亳州也是个精兵集结的所在，不如动手吧？"倒是杨坚，多年的修炼让他越来越能忍耐，他缓缓对庞晃说："不急，时机未到。"

庞晃放下酒杯，凝视面色沉毅的杨坚，越发觉得这个人深不可测。

时机

杨坚说"时机未到",正显示了他过人的城府。

俗话说"物不平则鸣",如果说杨坚过去受到的冷遇是因为自身地位的尴尬,他不愿与宇文护合作,坐冷板凳也算"咎由自取",如今的冷遇却完全是周武帝无中生有。他当然可以叫屈,甚至可以一气之下造反,但他选择了忍气吞声,一言不发。这是因为杨坚知道周武帝是个可怕的对手,此时不是起冲突的时候。

周武帝比杨坚小两岁,却和杨坚一样有极深的城府,甚至,杨坚不得不承认,武帝比他更有手段。想到周武帝在宇文护面前长达十二年的做戏,他怎么能不佩服。而他现在的忍气吞声,正是在走周武帝的老路子,就是要他人放下戒备,就是要打他人一个出其不意。

何况,周武帝是天子,还是个文成武略、受到臣民衷心爱戴的天子,他杨坚拿什么和武帝比?如今周武帝如日中天,正是事业上的上升期,今后肯定还会有更多的成就,他只能作为臣子辅佐周武帝的事业。这样一想,杨坚有些泄气,难道他的一生就只能做个臣子?而且,武帝对他如此戒备,别说他的官位,就连他的性命也有危险。

在亳州,杨坚思来想去,始终不得安宁,他只能反复告诫自己戒急用忍。

周武帝呢,把他不放心的亲家杨坚打发到边远地带,兴致勃勃地带大军想要征讨突厥。可是，这次出征却成了他最后一次上阵，在出发不久，他和父亲宇文泰一样，突然生了一场大病，一病不起，继而身亡。不同的是，宇文泰去世时已过五十，他却只有三十六岁，对一位有才能的君主而言，死亡来得太早，他临死也不甘心在如此年轻时告别人世。这是公元578年，远在亳州的杨坚听到这个消息，长长地松了一口气。

周武帝宇文邕，被父亲宇文泰、哥哥宇文毓寄予厚望的博学少年，560年继承王位，572年诛杀权臣宇文护，576年消灭北齐政权。在他的帝王生涯中，有十二年的时间韬光养晦，为的是一举从宇文护手中夺回政权。另外六年，他以惊人的速度扩充着北周的地盘，增加北周的实力，统一了北中国，并加强了汉人与少数民族的融合，为今后的大一统奠定了良好的基础。这样一位怀抱雄心壮志的帝王，英年早逝，令人惋惜不已。

宇文邕留下了一个强大的国家，不但有充足的土地和人口，丰盈的国库和粮仓，还有镇守四方的良相猛将，特别是宇文家的几位亲王，各有兵权，成为北周的中流砥柱。而朝堂之上，不乏懂权谋善国政的忠臣，这是一笔庞大的遗产，只要继承人善加利用，宇文泰、宇文邕的事业依然可以继续。

逝者已矣，群臣们自然有说不尽的惋惜和哀悼，而杨坚的心中却升起了新的希望。他万万没有想到，在亳州任职半年，在冷板凳上坐了六个月，命运就出现了新的转机，强大的宇文邕竟然死了。从今而后，他就是国丈，身份更加尊贵，而太子年纪不大，需要人辅佐，恐怕还要借助他的力量，这难道不是一个机会？

高兴的心情一闪而过，杨坚又恢复了他的沉稳。多年来的际遇，令杨坚愈来愈沉稳，愈来愈喜怒不形于色，他知道事情有各种可能性，看似有利的局面未必有利，看似不利的处境未必是绝境，如今，他也并不武断地认为，武帝的死就是他的机会，谁知道事情还会有什么变数？怀着复杂的心情，他赶回京城长安，参加武帝的葬礼。

一进长安，就感受到悲凉沉重的气氛，百姓们自发为皇帝哀悼，公道自在人心，宇文邕的政绩，臣民们看得到，这个在乱世之中让他们看到富强太平的人，他们真心不舍与之诀别。杨坚的脚步越来越沉重。

大臣们哀哀欲绝，看着他们敬爱的君主的华丽的棺木，心中千头万绪。对于这位大智大勇的君主，他们有十二万分的钦佩和爱戴，如今，他们也只能把自己的满腔忠诚，奉献给宇文邕的儿子，希望他能继承父亲的志向，让北周更加繁荣。

太子宇文赟即将即位，此时他正在父亲的棺材前磕头，磕完头，只见他死死地盯着宇文邕的棺材，群臣以为他要说上一番动人肺腑的悼词，没想到宇文赟双目一瞪，揉了揉自己的小腿，指着棺材破口大骂道："老头子死得太晚了！"

一瞬间，大殿上鸦雀无声，群臣以为自己的耳朵出了问题，只有即将成为皇帝的宇文赟还在愤恨不已地大骂。

太子的"惨痛"过去

公元578年,北周太子宇文赟继位,是为周宣帝。他的继位,让刚过了几年好日子的北周臣民们不寒而栗。

在宇文邕的葬礼上,宇文赟当众破口大骂,已经让大臣们吃惊。紧接着,宇文赟大模大样地走进父亲的后宫,将稍有姿色的嫔妃们拉上床,轮番临幸。大臣们早就知道太子宇文赟资质不如乃父,但万万没想到会是个不顾人伦的畜生。宇文邕尸骨未寒,宇文赟就开始兴风作浪,把历史上的昏君、暴君应该做的事,一一搬上北周朝堂。

宇文赟憋得太久了,他一直等待自己继位这一天。回忆起自己当太子时遭遇的种种"不幸",宇文赟仍觉怒火中烧,恨不得掘了老爹的棺材才能解气。他是宇文邕的长子,早早被立为太子,可是,不管是父亲宇文邕,还是满朝文武大臣,都觉得他资质平庸,不堪大任,早晚会败光北周,将来肯定不是个明君,这样的环境,宇文赟能不憋屈吗?

但是,即使知道别人对自己的评价,宇文赟还是不能改掉自己的诸多恶习:他不爱读书,不爱政治,不爱军事,只喜欢吃喝玩乐,打打猎,和美女唱歌跳舞,吹拉弹唱,是他最快活的事。他并不是文盲,相反,他喜欢钻研冷门学问,例如古书上那些华丽又晦涩的字句,他就觉得神秘莫测,别有滋味,至于经史子集,他完全看不进去。老师让他读好《论语》,他说:"难道汉高祖刘邦是读了《论语》才得了天下吗？"

太子如此不思进取，不但宇文邕着急，朝臣们也着急。一次酒宴，内史王轨抚着宇文邕的胡须说："多好的一个皇帝啊，为什么没有一个好儿子呢？"宇文邕也不由得伤感起来。他知道宇文赟不成器，但他其他儿子不是太小，就是更不成器。他不由仰天长叹，回想父亲宇文泰也不是一个文化人，但生下的儿子个个聪明，不说自己，就说宇文毓和宇文宪，也是人中龙凤，智商、情商、文才、武略，都没的说。为什么自己的儿子没一个像样的？到底什么地方出了问题？

想到自己辛辛苦苦建立的功业，很有可能毁在不肖子手中，就算不毁，也有可能被哪个心怀叵测的权臣篡夺，宇文邕暗自着急。他不但把可能威胁政权的人（例如杨坚）尽量边缘化，也在儿子的教育上花了大力气。

宇文赟的灾难由此开始，他清楚地记得父亲每天都监督他的功课，盛夏严寒，他不能睡一天的懒觉，要冒着恶劣的天气读书，宇文邕要以此磨炼儿子的心性。宇文赟哪里领会得了父亲的苦心，心中只留下无尽恨意。一次宇文邕命太子跟随军队去打吐谷浑，宇文赟没上过战场，难免闹出笑话，回到朝廷，迎接他的是父亲的老拳和皮鞭。

体罚是宇文邕的特点，宇文赟稍有不慎，宇文邕就用鞭子棍子教训不肖子。宇文赟正是逆反的年龄，老爹越打，他越不服，看到老爹给他配置的有学问有经验的老师，烦不胜烦。背着老爹偷偷和一群狐朋狗友取乐，其中有个叫郑译的人，是杨坚在太学时的同学，这个人音乐学得好，和宇文赟最投缘，也是宇文赟的心腹。一次他对太子说："殿下，你什么时候能掌管天下，我都等不及了！"宇文赟深以为然。

这件事被宇文邕知道了，宇文赟少不了被打得皮开肉绽，郑译也被远远地发配。宇文邕一边用木板狠命打儿子，一边气急败坏地大叫："你以为你当了太子，今后肯定是皇帝？我难道不能废了你这个太子吗？"有一段时间，宇文邕甚至想过，为了自己的基业不被废物儿子败光，干脆把江山传给弟弟宇文宪吧。但想到自己的辛苦，又心有不甘。

而宇文赟也被父亲的板子打怕了，被父亲的威胁吓怕了，他做梦都怕父亲会废掉自己。正着急的时候，他的心腹们给他出了主意。宇文赟有两个亲信，一个是前文说过的郑译，一个叫刘昉，都是喜欢玩乐的公子哥，最投宇文赟的脾气，刘昉和郑译一样也在太学读过几天书，也是杨坚的同学。他们劝宇文赟从长远考虑，不要惹周武帝生气。

宇文赟也开始演戏，在演戏天分上，他完全是宇文邕的翻版，他开始有板有眼地学习，装成一个孝子和有为青年，宇文邕看到自己的教育有了成效，心中大喜，而儿子越来越像样，他也不再像以前那么担心。他哪里知道，儿子已经把他当成仇人，盼他早点死掉。

回忆过去，经历是"惨痛"的，宇文赟最大的感触就是"疼"、"痛"、"仇恨"，多少次，他咬紧牙关被父亲抽打，迫于父亲的威严不敢反抗，多少次他想随意玩乐，但因害怕父亲的责罚不得不放弃。他哪里是个太子，分明是个苦刑犯；哪里是宇文邕的儿子，分明是他的奴隶！

如今宇文邕终于死了，宇文赟抚摸着小腿上被父亲暴打留下的疤痕，还是咽不下心里的一口恶气。他是个胡作非为的人，已经在父亲的葬礼上大骂不绝，又在葬礼后"检阅"了父亲的后宫，初步尝到了当天下之主的快乐，下一步该做什么呢？当然是把以前想做的事，放心大胆地全部做过去。

宇文邕对儿子的严厉，杨坚自然知道；太子资质差，杨坚也知道。正因为他知道太子不堪大用，心中才总是有非分的念头，即使面对周武帝这样强大的对手，依然没放弃今后"图大事"的希望。如今见宇文赟如此胡闹，他暗自窃喜，却也有些担心：宇文赟如此情绪化，谁也不知道明天他又会做出什么样的事。

宇文赟的施政纲领

新官上任三把火，新"皇"上任，都要做几件事立立威风，抖抖名气，宇文赟也不例外。古代君主继位，贤明点的都要轻徭薄赋、厉行节俭、大赦天下，给臣民们留个励精图治的好印象；糊涂点的只知享受，让臣民们暗暗摇头；暴戾点的，就要把看不顺眼的人都杀掉，让天下人害怕。

宇文赟就是个昏君兼暴君。

坐上皇位，他尽情吃喝淫乐之时，不忘"心系朝堂"。宇文赟这个人倒也不是没有头脑，他知道天大地大，皇位最大，想要稳住皇位，需要做很多工作；他也知道在北方这个大环境中，不知有多少双眼睛盯着皇位，不知什么时候就伸来一双手想夺走皇权。他一定要紧紧看牢自己的位置。首先，他要提拔他的心腹做高官。

宇文赟不算没有头脑，但却没有看人的眼光。即位后，他提拔了一批人做大官，包括刘昉、郑译等一大批昔日陪他斗鸡斗狗的玩伴，这些人家世倒也不差，都是北周的官员的后裔，但他们的共同特点是不务正业，只知阿谀奉承，吃喝玩乐，小心思不少，人情世故很通，但说到治国理政，行军打仗，那是半点不懂，半分不知。这么一伙人紧密团结在宇文赟的周围，把持着朝政，其他朝臣当然被挤到一边，其中不乏李德林这样的贤能大臣。

不过，杨坚倒是时来运转，真正地得到了重用。宇文赟正是用人之时，虽然提拔了一群亲信，但这些人年纪轻轻，毫无建树，难以服众。自己的老丈人杨坚出身名门，名声好，有威望，还是个功臣，这样的人怎能不用？很快，杨坚的官职飞速晋升，已经成为上柱国，朝廷的首席宰相。

提拔一批人的同时，还要打压另一批人，打压那些会对皇位产生威胁的人。

宇文赟首先要杀的就是忠心耿耿的内史王轨。他对王轨这个家伙早就有一肚子的怨气，这个人接二连三地奉劝宇文邕"太子不堪大用"、"您没有好儿子"，当日他要摆出虚怀若谷的样子欺骗老爹，如今宇文赟自然不会客气。王轨豪门出身，家世极好，宇文邕死时，还托付他要好好辅佐宇文赟。但王轨早已知悉宇文赟的根底，知道自己大祸将至。他不是没有机会抽身隐退，但想到他与先帝的君臣之情，又不忍不顾朝政。很快，宇文赟就找个借口杀掉了这个忠义之人。

宇文赟还有一个眼中钉，就是功勋卓著的齐王宇文宪。宇文宪是有名的贤王，人人称颂，又在北周灭北齐的战役中立下了举足轻重的功劳，而且，他正值大有作为的年龄，这样的人，怎么想怎么危险，一定要除掉才能安心。

齐王宇文宪并不是个争权夺利之人，反倒因为自己声望过高，担心影响兄弟间的感情，向周武帝宇文邕提出退休。他不过三十上下的年龄，周武帝大怒，质问道："你让我用谁领兵？"宇文宪得体地回应说："臣侍奉陛下，尽心竭力，如今并非不愿为陛下操劳，而是身患疾病，无法领兵。"周武帝思来想去，觉得宇文宪的功劳实在太多，难得他知道避嫌，也就不再勉强他，答应他的要求，这也是为了避免相互戒备猜疑，维护他们的兄弟之情。

但宇文赟可不相信宇文宪，他毫无理由地将宇文宪扣在宫中，想要杀害宇文宪。宇文宪在皇帝面前据理力争，陈述自己尽忠为国，从无半点不臣之心。宇文赟和手下一群人说不过他，不管三七二十一将宇文宪勒死。消息传了出去，全国百姓无不叹息，暗骂当朝天子残害忠良，昏庸无道。

宇文赟杀掉的不止王轨和宇文宪，宇文宪五岁的儿子也被他送上黄泉，王轨和宇文宪的好友也多有株连，这些人都是忠良之人，却被宇文赟杀头、流放。朝堂一夕间空出了很多位置，宇文赟的狐朋狗友们占了这些位置，原本清明的北周朝廷立刻变得乌烟瘴气。

不过，宇文赟也不是完全没有心眼儿，他还是留了几个性格忠厚刚正的读书人在身边，他隐隐约约觉得，这些人虽然讨厌，却也有可靠的地方。何况他们的官位不高，威胁不到自己，为什么不留下呢？御正大夫颜之仪就是这样一个人。

要说宇文赟还有什么不如意的事，就是他有好几个叔叔都住在长安城里，看到他胡闹，免不得摆出长辈架子劝导他。这些人是赵王宇文招、陈王宇文纯、越王宇文盛、代王宇文达和腾王宇文逌。几个叔叔没犯错误，想杀又不能杀，真是烦死了。这时，身边的狐朋狗友又来出馊主意："既然皇上看他们不顺眼，就让他们离得远点！"宇文赟立即采纳了这个建议，把五个叔叔全都赶出京城，让他们去各自的封地。赵王宇文招拿到诏书后咬牙切齿，大骂奸臣当道，忧心忡忡地离开长安。

把不放心的人杀掉，不顺眼的人赶走，宇文赟心情大畅。而在这个过程中，杨坚是最大的受益人，他欣喜地看到北周的栋梁之材被宇文赟杀掉、弃用，看到北周有实力的王室成员被下放到千里之外，这简直是在为他未来的道路清除障碍。而杨坚的地位也越来越重要，如今他的官职是大前疑，每次周宣帝出巡，他都负责镇守都城长安，可见地位之高，信任之深。杨坚并不敢掉以轻心，仍然维持着一贯的谦虚谨慎和低调，他并不认为自己的日子能太平无事，因为宇文赟这个人，并不是个太平天子。

周宣帝的一天

太阳升了起来，照亮了长安城，周宣帝从美人的榻上起了身，在宫人们的服侍下穿衣洗漱，他快活威风的一天即将开始。

宇文邕总嫌弃儿子不爱读书，但周宣帝认为自己是个博学之人，和父亲一样醉心于汉族文化，他命北周的学士们研究汉典，做出汉朝的衣服器具，现在，侍女们正为他穿一件汉朝风格的长袍，再戴上通天冠，自我感觉极其良好。早饭用的器皿也是新制的，都来自古书上的形容，北周的工匠们实在不知道皇帝要的那些老古董长成什么样，只能挖空心思做得精巧又古怪，满足皇帝的"慕古"之情。

吃完饭就要工作，周宣帝打从心底里厌恶工作，多数时候，他不出现在朝堂，有什么事，让郑译或者刘昉给朝臣们传个口信。真要召见朝臣，就通知朝臣沐浴净身，才能来见自己，不然俗人的味道岂不熏坏了他这样飘飘欲仙的圣人？

如今周宣帝说话不称"朕",而称"天",还给自己塑了雕像摆在庙里供人敬奉。还给自己上了尊号,称"天元皇帝",和他有关的一切东西,都要冠上"天字",发下的命令称"天诏",召集群臣的地方称为"天台",就连惩罚人的杖打也称"天杖",后宫的皇后嘛,不用说,都叫"天后"。

宇文赟最喜欢特立独行,别的皇帝都只有一个皇后,他一下子就立了四个皇后,最近还要立第五个。这第五个天后是自己的侄媳妇,他杀了她的丈夫、迎她进宫,她的公公竟然还敢造反,简直是自取灭亡。

漫不经心地处理了几张公文,宇文赟累了,他决定找点乐子,就到院子里看蚂蚁上树,看得有滋有味。看腻了蚂蚁,就吩咐说要出城游玩,所有人都要随行。皇宫里一片大乱,皇后们和嫔妃们火速梳妆打扮,上马出发,宇文赟还嫌她们太慢。

一行人快马加鞭地向城外奔去,宇文赟下令:"落后的要挨打!"娇贵的嫔妃们咬着牙在马上颠簸,不敢叫一声苦,她们清楚地知道,"挨打"就是要挨宇文赟定下的"天杖",共计一百二十下。宇文赟从前被老爹打,如今最爱打人,旁人稍有不慎,就要挨这天杖责打,即使嫔妃宫女也不例外,需结结实实地被打上一百二十下。最近,宇文赟又觉得一百二十下只是小惩,不能大戒,决定把数目翻番,改为二百四十下。

兴冲冲地从城外回来,侍从们已经备下了好酒。宇文赟最爱喝酒,过去老爹对他的这个习惯深恶痛绝,多次责罚,如今他终于可以喝个痛快。一杯接一杯地喝下去,突然有人来报,有人竟敢说他的坏话。说什么?"朝亦醉、暮亦醉,日日恒常醉,政事日无次。"这不在讽刺自己酗酒吗?说这话的是一个叫杨文佑的侍卫?用天杖打死!

打死了杨文佑,宇文赟和刘昉、郑译等人继续推杯换盏,看着美人们的

歌舞，这些美女都是郑译从民间搜罗到宫中来的，郑译真是个得力的忠臣。他们还为他搜罗了各种金珠玉器，把皇宫装点得美轮美奂，让周宣帝每天过着"神仙一般"的生活。

快乐的一天结束了，宇文赟在美女的服侍下上床休息，想到明天竟然还要工作，不由大叹晦气。恐怕只有等自己成了太上皇，才能尽情享乐吧？他脑中灵光一闪，为什么要等到年老才当太上皇？现在不就可以当太上皇吗？觉不睡了，火速传令下去，把皇位传给自己的儿子宇文阐。

宇文赟皇帝没当多久，就当了太上皇，新继位的小皇帝就是周静帝，只有七岁。满朝文武无可奈何，谁也不敢劝说这位心血来潮的太上皇。太上皇偶尔也处理一下政事，他认为如今是太平盛世，应该减轻百姓的负担，不能用太重的刑罚，于是就把犯人都从监狱里放了出来，废除了周武帝时期的律法。

犯人们得到自由，当然不会放过为非作歹的机会，北周的犯罪率一下子升了好几倍，周宣帝听后龙颜大怒，马上命人颁布新法《刑经圣制》。当初周武帝为了稳定局面，颁布了严苛的法律，如今这部《刑经圣制》，比周武帝颁布的那一部更严苛，老百姓根本受不了。

看到女婿如此胡闹，杨坚也不禁担心起来，小心翼翼地劝说道："陛下，这么重的法律，并不是王化之道，希望陛下体恤苍生。"宇文赟最讨厌别人教训他，板着脸斥退杨坚。谁知这件事被人传到民间，百姓们都说随公杨坚爱惜百姓，皇帝宇文赟不肯纳谏。这件事又被好事者传回宫中，从此以后，周宣帝对自己的老丈人留了心，越看越觉得，这个有声望、有官职、有人脉的丈人才是个大威胁！

杨坚的苦日子又要来了。

杨坚的磨难

杨坚并不以为宇文邕的去世一定是他的时机，只将这件事当作一个转机，万万没想到宇文赟的继位会是他最大的危机。

如今的杨坚位高权重，声望日隆，但他也知道和一个疑心重的女婿相处，这地位就像建在薄冰之上的房屋，随时可能倒塌。他已经万分小心，防止引起女婿的疑心。日前的一次进谏也是他出于公心，不希望北周大乱，没想到女婿会认为他借机邀买人心。他心事重重，不知这个毫无人性的女婿会怎样对付自己。

在皇宫里吃喝玩乐的宇文赟越想越觉得杨坚是个危险人物，这老头在宫外名声太好，早晚是个威胁。更让他受不了的是，他的女儿杨丽华在宫里名声也不错，杨丽华个性柔中带刚，行事公正又有分寸，又不会忌妒其他受宠的嫔妃，所以，很受嫔妃宫女们的欢迎。而且，她并不一味迎合宇文赟，有时还会对他的所作所为劝上几句。过去，宇文赟对这位妻子倒还有几分尊重，如今却越发不入眼。

这一天，宇文赟正在烦恼，本就喜欢喝酒，不免又多喝几杯。皇后杨丽华看丈夫喝得太多，担心丈夫的身体，就多劝了几句。这好心却是火上浇油，宇文赟一下子炸开了锅，指着杨丽华一通大骂。杨丽华是豪门贵女，自有一股刚烈的性子，竟然没有跪地求饶，而是据理力争和宇文赟顶起了嘴。宇文赟气急败坏地命人拿下杨丽华，大叫要杀掉这个皇后。

宫里闹得沸沸扬扬，早就有杨丽华的下人十万火急地跑到杨坚府上，将大小姐和皇帝吵架的事说了出来，请老爷夫人赶快想办法。女儿有性命之虞，杨坚和独孤伽罗急得不知如何是好，想要赶快进宫，还是杨坚先冷静下来，对夫人说：“皇上对我有猜疑，我要是进宫求情，恐怕圣上更要处死皇后。”独孤伽罗点点头，一个人上了马，进宫面圣。

宇文赟还在大发雷霆，杨丽华兀自不肯认错，独孤伽罗进门就磕头，替女儿道歉，诉说夫妻间的不易，请圣上念在昔日情分上收回成命。独孤伽罗一直磕头，额头磕得鲜血淋漓，宇文赟才终于消了气，饶了杨丽华一命。

独孤伽罗终于从宫中回到杨府，杨坚正在门口急得团团转，看到夫人下马，连忙叫人帮夫人包扎血淋淋的额头。夫妻二人相对叹气，心中有侥幸，也有担忧，不知还有什么样的危机，在前方等着这多灾多难的一家人。

此后，杨丽华的日子最不好过，周宣帝动辄对她发脾气，每当想到杨坚可能心怀不轨，就将杨丽华叫到跟前大骂。杨丽华知道自己身系一家人的安危，不敢像之前那样顶撞宇文赟，只敢低声为父亲叫屈。而宇文赟骂到兴头就会大叫："早晚我要杀了你们全家！你们别得意！"杨丽华也只能唯唯地听着。

最危险事情终于发生了，这一天，宇文赟不知又想到了什么，派人召杨坚进宫。他在大殿上等候，事先吩咐左右："你们听着，等会儿普六茹进来，只要神色稍有不对，你们就马上上前杀掉他！"

杨坚早就见惯了大世面，当年他在宇文护、宇文邕面前都能不露半点破绽，如今即使站在鬼门关前面，也能面不改色。一进殿，他就发现殿上侍卫众多，各个面带杀气，女婿更是脸有怒容。他知道凶多吉少，却毫无怯色地向皇帝问安，一如平常侃侃而言，又巧妙地对女婿恭维一番。周宣帝见他如此镇定，似乎丝毫没有异心，只能悻悻地放他回家。

杨坚在鬼门关走了一圈，双腿发软，女婿已经对自己疑心到这个程度，今天虽然放过了他，明天他还有这种幸运吗？他究竟该怎么办？杨坚也想过急流勇退，可是，女儿是皇后，他是国丈，这层关系无论如何也摆脱不了，想退谈何容易？更何况，自己忍耐了这么多年，奋斗了这么多年，好不容易才得到了今天的地位和声望，怎么能放弃这一切？

但是，想要凭借自己今日的地位夺权，也同样不是个好主意。宇文赟虽然昏庸，但宇文家的势力遍及朝堂，宇文赟的叔叔们手握重兵，他即使侥幸杀掉宇文赟，也会很快被强大的宇文家族消灭。杨坚思前想后，既不想就此退出，又不敢争取，正是进退两难的境地。

想了一夜，杨坚决定还是不能放弃这么多年的努力，即使危险，也要坚持下去。而现在第一要紧的事，就是能在宇文赟的怀疑下保住这条性命和全家的安全。怎样才是两全其美的方法呢？杨坚灵机一动，想到了一个人。

这个人就是他的太学老同学郑译。

老同学

郑译是名门后代，祖上都是高官，他本人资质也不错，读书、骑射成绩都很高，在音乐上更有造诣，也因此成了宇文赟的"知音"。郑译本来很有可能成为一代名臣，可惜他聪明不用在正地方，歪脑筋和鬼主意不少，对尽忠为国，廉政爱民，忠于职守等行为一律不感兴趣，只想高官厚禄，良妻美妾，酒色财气，于是整日跟在宇文赟屁股后出坏主意，拼命迎合宇文赟的喜好，官职也越来越高。

这一天退朝，郑译正想着今晚搞什么花样哄皇帝开心，一眼瞥见随国公杨坚正在角落里候着。杨坚是他在太学时的同学，当时关系就不错。那时候杨坚虽然只有十四岁，却是太学里的大人物，天生就有一股震慑力，郑译也乐得和这样的人结交。这么些年来，杨坚起起伏伏，当了高官后还没忘记老同学，私下里也送过不少礼物给自己。看他忧心忡忡地站在那里，郑译迎了上去。

杨坚和郑译很是亲热，不说那些虚话套话，开门见山地说："你知道我早就想到外地任职了，您是皇上的心腹重臣，能不能帮我想想办法呢？"郑译也知道宇文赟最近看杨坚正不顺眼，难怪杨坚这么害怕，他的脑子飞快地转了起来。

郑译是聪明人，虽然靠宇文赟得到高官，每日过得潇潇洒洒，却也明白这不是长久之计。周宣帝为人暴虐，臣民的不满一天比一天深，倘若有一天周宣帝垮台，他少不了以佞臣的罪名被处决。为了自己的安全，一定要趁自己还有权势时多结交几个大人物，卖几个大人情，将来真有什么事，也能保住身家性命。杨坚地位尊贵，又是自己的老同学，于情于理于私心，他都会帮这个忙。

郑译笑着对杨坚说："以随公您的名望，天下人都赞扬您，我怎么能不尽心为您办事呢？只求有朝一日您飞黄腾达，不要忘记我这个老同学。"杨坚喜上眉梢，当即允诺，两个人也不多说，拱手道别。

答应的事就要办好，对杨坚，郑译倒是言而有信。他知道宇文赟的疑心病，不敢贸然求情，而是等待时机。这一日，宇文赟心血来潮，想起老爹宇文邕未竟的事业，打起了江南陈朝的主意，倘若自己能派兵消灭陈朝，这不是丰功伟绩？郑译快人快语道："皇上英明，我们北周早就该平了江东。不过，要说行军打仗，一定要派一个值得信赖的重臣才行。依臣看，这个任务交给随国公正合适！"

宇文赟一听，龙心大悦，连连称赞这是个好主意。他本就为杨坚的事伤脑筋，想杀他找不到理由，留着他自己又不放心，不如让他去外边打仗。宇文赟行事一向迅速，很快就任命杨坚为扬州总管，命他筹划讨伐陈朝的事宜。好不容易能脱离是非之地，杨坚却并不高兴，接下了诏令，他又开始反悔：真的要离开长安吗？

杨坚一直在观察宇文赟，宇文赟每日不是喝酒就是纵情美色，身体一天比一天差，病病歪歪，说起话来有气无力，偏又不知节制，酒色断不了。私下里，杨坚对心腹说："我看天元皇帝这样子，不是个积福积寿之人，恐怕不会活太长时间。"有了这种判断，杨坚更不愿离开长安，他担心哪一天周宣帝驾崩，自己远在扬州，朝政就会落入他人手中。

想来想去，杨坚着实不甘心，他决定冒冒险，不走了。第二天，杨坚上书称自己患了足疾，不能行走。他抱着侥幸心理躲在家中，不知道周宣帝什么时候会识破自己的伪装，也不敢想今后又会有什么样的遭遇。但他抱定决心，不离开这个离政权最近的地方，不能让自己过往的心血付之东流。

一连病了几日，周宣帝那里并无明显的动向，杨坚稍稍安心，继续装病，闭门谢客，连府上的仆人都不知道他的病是假的。这一天，他正在床上想事情，突然听到一阵喧闹，宫里派人传下旨意，命他立刻进宫，他想要推辞，传诏的太监面色严肃，不容他抗拒。杨坚心中大惊，和夫人独孤伽罗相视愕然，不知这一去究竟是福是祸。

皇命难违，杨坚硬着头皮进宫，路上正遇到他的老相识来和，他抓救命稻草一般抓住来和的手，急切地问："我这次是不是有什么祸事？"来和和往常一样，神神秘秘地说："看随公您的面相，就知道是得天命之人。"这句话让杨坚放了心。

走入戒备森严的皇帝寝宫，却没有看到女婿皇帝病怏怏的身影，反倒是老同学郑译和刘昉一起将他迎了进去。郑译和刘昉开门见山地说："太上皇已经不行了，我们要替他立一份遗嘱，请随公辅佐当今圣上，还请您不要推辞。"

喜从天降，杨坚一时不相信自己的耳朵，命运再一次峰回路转，这一次，老同学为他送上一份大礼，让他一直以来的盘算，在这一刻有了实现的可能。他看着郑译和刘昉，惊讶得说不出话。

牵前与推后

北周大象二年（580年）五月初九，周宣帝宇文赟从华丽的床榻上站了起来，传令左右立刻安排去天兴宫巡幸。宇文赟经常心血来潮出去玩，根本不管时辰，左右和嫔妃、大臣们也习惯了，当下匆匆忙忙地打点队伍，启程离宫。

没想到第二天，周宣帝突然大病，连马都骑不了，而且越发有病入膏肓，即将不治而亡的征兆。几个随从不敢怠慢，火速带着宇文赟回宫。又怕皇帝重病，有人趁机起事，所以，整个过程秘而不宣。文武百官们平日也不大有机会看到太上皇，有什么事自有刘昉、郑译等人传达，所以，宇文赟在宫里卧病，前朝竟然无人知晓，大家都以为太上皇仍在吃喝玩乐。

喜欢胡闹的宇文赟躺在床上干喘气，现在的他连说话都费劲，他的脑子时而糊涂，时而又有片刻的清醒，想着自己的儿子还小，今后江山如何打点，真是没有好主意。好不容易能开口，他哑着嗓子命左右叫两个人：御正大夫颜之仪和小御正刘昉。颜之仪和刘昉知道，太上皇要不行了，叫他们两个人，是因为让他们负责起草诏书，宇文赟要说遗嘱。待到进入内室，宇文赟又翻着眼睛说不出话来。

颜之仪着急，刘昉却转着眼珠子，开始打算后事，——不是宇文赟的后事,是自己今后怎么办。刘昉看得清楚,宇文赟活不了几个时辰,当朝皇帝年纪小,今后北周的时局不可预测。只有一点他是肯定的,不论由谁摄政,他这个宇文赟面前的大红人都要垮台。他心里着急,偷偷溜出内室找外面的老朋友郑译商量。

郑译和刘昉是一个心思,他们根本不管宇文赟对他们的恩典,只担心自己的前途。想来想去,都觉得唯有他们当摄政者才能保住身家,可是,他们有自知之明,知道以自己的能耐不足以服众,还需要拉个靠山才行。这时,郑译想到了杨坚,这个老同学是国丈,又是"自己人",应该值得信赖。刘昉想到的人也正是杨坚,两个人一拍即合,火速伪造了诏书一封,命太监传杨坚进宫。

此时,杨坚的脑子也在飞快地转动,他首先想到的是这件事的真实性。有没有可能是周宣帝为了试探自己设下的陷阱?杨坚仔细观察刘昉和郑译的神色,看不出什么不妥;杨坚又想到,这两个人为什么要让他来捡这么个现成的大便宜,这也不难理解,他们都是周宣帝的佞臣,即使想要独揽朝政,朝廷上下也不会同意,所以才想找个有威望的同伙。杨坚进一步想到,这两个人还想让他感恩戴德,从此听令于他们。

刘昉、郑译正有此意,急切地等待着杨坚的回答。城府极深的杨坚面不改色地说:"这是大事,请二位不要为难我。"断然拒绝了二人的请求。刘昉和郑译急了,连连劝说,刘昉更是急得叫了出来:"随公你若要做,就马上做;你不做,我自己来做!"杨坚这才肯定周宣帝的病是真的,眼前的大馅饼也是真的,连忙点头答应。

刘昉和郑译火速行动,招来几个同伙,如御史大夫柳裘,内史大夫韦谟和御正下士皇甫绩等人，一起伪造周宣帝的遗诏，这个时候，昔日和他们一起游玩，被他们奉若神明的周宣帝宇文赟咽下了最后一口气。这个胡闹的皇帝死时只有二十二岁，他用了不到两年时间，把宇文泰缔造、宇文邕壮大的大好江山，搞得鸡飞狗跳，岌岌可危。

但没有人有心思理会这个已经僵硬的尸体，刘昉和郑译遇到了大难题，在他们伪造的诏书上，颜之仪拒绝签字。颜之仪是著名文学家颜之推的弟弟，颜之推著有《颜氏家训》，在中国也是妇孺皆知。颜之仪不若哥哥有名，却也是耿介、博学的官员，一向受到宇文赟的器重，此时他义正词严地说："太上皇如今宾天，皇帝尚幼，辅政之职应由宗室贵戚担任。如今诸王之中赵王宇文招年纪最长，又素有威望，应该立刻召回京中辅政，怎么能把权柄交给外戚？你们都是先帝提拔之人，不思效忠国家，对得起先帝的恩宠吗？"

刘昉和郑译知道读书人牛心左性，不知变通，干脆将他绑了起来，替他签了姓名。杨坚能顺利地得到辅政的地位，全靠这两个人张罗，时人称之为"刘昉牵前，郑译推后"。

这时候，最有权势的皇后杨丽华也行动起来。杨丽华与丈夫的感情虽有不睦，但嫁夫随夫，她本人倒是重视夫家的帝业。她本人并没有为宇文赟诞下子嗣，静帝宇文阐是一个宫女所生，她贵为皇后，是宇文阐的嫡母，如今见宇文阐年幼，怕政权旁落，也希望父亲能帮自己支撑局面。在刘昉、郑译矫诏的过程中，她也出了不少力，所以杨坚才在事后对人感叹说："公主有大功于我。"

杨坚的夫人独孤伽罗有敏锐的政治触觉，她预感到宫内有大事发生，担心丈夫犹豫错过时机，就命人给丈夫捎话说："骑虎之势，必不得下，勉之！"爱妻的话，坚定了杨坚的信心，他决定全力把握这次机会，决不让从天而降的权柄白白溜掉。

第四章 / 改朝换代

李德林的建议

公元580年,北周宣帝宇文赟去世,大臣刘昉、郑译矫诏杨坚为辅政,诏令还未公布,刘昉、郑译、杨坚已感觉到朝廷笼罩的危险气氛,朝臣们各怀心思,一时间长安城暗潮汹涌。

刘昉和郑译忙着想如何分割权力,杨坚想得更远,他知道自己能够暂时占得上风,一是因为刘昉和郑译的帮忙,二是因为宇文家的亲王们不在长安。周宣帝继位后,不耐烦总被自己的叔叔们教训,将他们远远打发到军事重镇镇守一方,这些亲王个个手握兵权,假如他们一齐翻脸,他恐怕不是对手。

杨坚说出了自己的担心,和刘昉、郑译一合计,决定再写一封假诏书。当时长安城正逢一件大事:赵王的女儿千金公主要去突厥和亲,借着这个由头,诏书命赵王、陈王、越王、代王和腾王一齐进京送公主出关。只要把这五个有威胁的人放在眼皮底下，就可以掌控局面。接下来，宣帝的死讯传出，遗诏颁布，一切按部就班地进行，朝臣们纵有疑心，却因无人主事，加上杨坚素来有威望，也就懵懵懂懂，随波逐流了。

刘昉和郑译开始办自己的"大事"，他们提出由杨坚出任北周大冢宰，郑译出任大司马，刘昉出任小冢宰。依北周的官制，大司马管理军事，小冢宰管理司法，而大冢宰地位最高。不过，基于宇文护当年担任的就是大冢宰，周武帝理政后，对这个职位心存忌惮，为了避免今后有宇文护一类的权臣把持国政，宇文邕大大削弱了大冢宰的地位，如今的大冢宰空有高高在上的官衔，并无实际权力。

杨坚立刻明白了老同学们的意思，他们把他推向前台做样子，自己却要把持住实际权力。杨坚哪里肯当他们的傀儡，他决定去找一个自己早已结交下来的帮手求教。

帮手的名字叫李德林，在当时享有盛名，武帝曾为能请李德林做官而扬扬得意，宣帝却有意冷落父亲重用的人。李德林不得志，却有位高权重的杨坚私下结交，心中对杨坚好生感激。如今见杨坚找他商量大事，他义不容辞地为杨坚出主意："随公不可听从刘郑二人的安排，他们是想架空你的权力。"

"那依您的意思，我该怎么做？"杨坚问。

李德林胸有成竹地说："出任大丞相，假黄钺，都督中外诸军事。"

"妙计！"杨坚抚掌。李德林果然是个人才，几句话击中要害，解决问题。大丞相，总揽朝政；假黄钺，就是掌管百官万民的生杀大权；都督中外诸军事，就是掌管军权。杨坚依计而行，以辅政大臣的身份出任大丞相，将各种权力揽在手里，又命郑译为丞相府长史，刘昉为丞相府司马。

郑译和刘昉傻眼了，他们本来想自己掌握大权，只让杨坚当个摆设，没想到杨坚反将一军，让他们当了他的部下，他们一番辛苦，冒着杀头的危险，好处却全让杨坚占去了！郑译和刘昉原以为杨坚是个老实人，没想到如此老奸巨猾，他们相顾无言。有什么办法呢？他们手上既没有兵权，在朝廷上又没有杨坚的名望，只能愤愤不平地接受了这个安排。

杨坚也知道他们心中的不满，对郑译和刘昉给自己的机会，他不是不感激。虽然没有给他们安排更高的官职，却把金银财宝流水一般地赏赐到二人府中，二人见杨坚也并非完全忘恩负义，渐渐气也消了，无奈地接受了现实。

五月二十二日，周宣帝发丧，举国无人真心哀悼，但人们忍不住对时局担忧起来。继位的皇帝只有八岁，辅政的人位高权重，又是外戚，怎能让人放心？短命鬼周宣帝留下一个烂摊子，群臣无力收拾，他们预感朝廷又要大乱。

周宣帝的葬礼结束后，小皇帝宇文阐"亲政"，杨坚的监国生涯正式开始。他命宇文阐搬入宣帝以前住的天台，把宇文阐从前住的正阳宫改为丞相府。正阳宫是东宫府邸，一直是太子住的地方，杨坚明目张胆地把这个地方当作丞相府，居心暴露无遗，群臣这才如梦方醒，露出愤怒的表情。杨坚想要以主人的身份走入正阳宫，群臣却不敢僭越，远远地议论着，没几个人愿意跟随这位新任丞相做这等胆大包天的事。

丞相府搬家，群臣却不跟随，杨坚知道这意味着什么，就对自己的护卫卢贲使了个眼色。卢贲是个武将，因在北周对北齐的战争中立下战功而成了皇城的军官，早就和杨坚私下勾结，这时看到形势不对，就对群臣高声喝道："想要荣华富贵的人，跟着丞相走！"

早和杨坚有旧的人自然跟着杨坚；一些处于观望状态的大臣听到这么一声吆喝，糊里糊涂地随着众人向前走；还有一些盼望升官发财的大臣一看这情形，审时度势，决定不得罪大丞相；也有一些大臣仍然顾念旧主，转过身不愿跟着杨坚，却看到卢贲手下的侍卫举着明晃晃的武器，凶神恶煞般地盯着他们。

在那样一个时代，大臣们习惯了政权更迭，虽然心有怨怼，却也并不觉得权臣当国是什么新鲜事，并没有多少人真的愿意为维护某个政权牺牲性命。何况周宣帝任意妄为，搞得北周怨声载道，群臣因宇文泰、宇文邕而对北周产生的感情，已经被宇文赟消耗得不剩多少，多数人都处于一种麻木迷茫的状态，如今杨坚强势，又有卢贲的武力威胁，他们只好跟着杨坚走上了谋篡的道路。

到了正阳宫，正阳宫的守卫拦住道路，不肯让小皇帝宇文阐以外的人进入东宫。又是对杨坚忠心的卢贲走上前连呼带喝，守卫也不愿得罪辅政的丞相，在呼喝之下退开，让出了大门，杨坚带着群臣走入了新的丞相府。看到下人忙碌地打扫宫室，搬运物品，摆设案几，他才有一种踏实的感觉，确定自己真的站到了权力的巅峰。

他明白，机会来得快去得也快，他必须慎重筹划，才能保住如今的地位。群臣小心地观察着他，只见杨坚镇定自若，威风凛凛，心中有些微的反抗意识，也被这种霸道的气场压得无影无踪。他们暗自惊心，之前只认为随国公谨慎严肃，哪里知道他会有如此魄力？也许这样的人，注定要成为九五之尊，君临天下。

这种心理上的臣服，使杨坚轻易地在朝廷上站稳了脚跟。

横生枝节

杨坚以迅雷不及掩耳之势震慑群臣，一跃成为北周的辅政大臣，很有当年宇文护的架势。不过，群臣担心的事并没有发生，杨坚既没有杀害幼帝的意思，也没有谋害宇文家后代的意思，反而与他们和平相处，对群臣礼让恭谦。而且，杨坚的官职有了变动，成为左大丞相，把"右大丞相"这个官位封给了周静帝的叔叔汉王宇文赞。

宇文赞是周宣帝宇文赟的弟弟，和周宣帝一样只爱吃喝嫖赌，是个纨绔子弟。杨坚看重他地位尊贵，能力低劣，就给了他和自己平起平坐的地位，为的是堵住大臣和百姓的嘴，让他们知道自己一心一意辅佐王室，并没有其他企图。宇文赞当上右大丞相之后，物议果然稍稍平息，但杨坚又碰到新的麻烦。

杨坚以为只有十五岁的宇文赞会和周宣帝一样，在其位不谋其政，每天只想享乐，没想到这个宇文赞心里倒还有点成算，眼见着局势不对，竟然放下过去那些恶习，规规矩矩地来丞相府上班，认真地学习处理公务，很有亲王守住家业的架势。杨坚急于借着这个机会拉拢朝廷上下，制定新的政策，树立自己的威望，有宇文家的人在旁边，做什么事都觉瞻前顾后，不由对宇文赞心生反感。但是，此时又不宜除掉宇文家的人。

刘昉察觉到杨坚的不悦，就带着美女和贵重的礼物，偷偷去宇文赞家拜访。宇文赞最近虽然勤勉，但到底还是个孩子，一看到刘昉带来自己最喜欢的东西，乐得找不到北，把刘昉认作知己。

刘昉语重心长地对宇文赞说："大王，皇帝年幼，根本成不了大事，您是先帝的弟弟，大臣们都希望由您来主持局面。只是如今先帝刚刚去世，群情纷扰，我看，你应该先回王府避人耳目，不要成为别人攻击的目标，等到事情安定，再由我设法迎立您做天子，这不是一条万全之计吗？"

宇文赞一听有这等好事，立刻对刘昉千恩万谢。也不能怪宇文赞傻，一来他本就是好逸恶劳的年轻人，不愿意自己努力，凡事都想坐享其成；二来杨坚能够成为左丞相，不就是因为刘昉几句话吗？他见刘昉对自己亲热周到，真就信了刘昉的空头支票，从此在王府里与刘昉送来的美女享乐，很少出现在丞相府。

刘昉小露一手就搞定了宇文赞，免不了在杨坚面前吹嘘请功。杨坚正是用人之际，对刘昉大加赞赏。他本就不想马上和宇文家的人撕破脸，很想与他们保持"和平共处"的假象。而这个时候，远在外地的五位王爷已经火速回到京城，入了杨坚的圈套。

五位王爷离开京城的时候，对宇文赟的胡作非为忧心忡忡，预感到这个胡闹的侄子不会有好下场，此时回到长安，发现侄子已经入土，长安成了杨坚的天下，气得吹胡子瞪眼。幼帝尚在，宇文家的亲王们个个都是人才，个个有功劳，哪里轮得到一个外戚染指朝政？可是，杨坚已经趁他们赶路的十天半个月时间，火速掌握了军政大权，如今这些嫡系的亲王倒是成了笼子里的鸟，想逃也逃不了。

宇文泰的后代都不好惹，杨坚的笼子里虽然关进五个，仍然有其他势力在为国事担忧。毕王宇文贤是周明帝宇文毓的儿子，他察觉杨坚的不轨之心，偷偷联系五位王爷，又联系外地的军队，想要策动政变，夺回宇文家的政权。

但是，早在五位王爷回京之时，精明的杨坚就在他们身边埋伏了眼线，他们的一举一动都逃不掉杨坚的掌控。宇文贤的计谋被发现。杨坚以谋反罪处决了宇文贤一家人，五王见杨坚如此狠毒，自然不敢轻举妄动，他们知道自己的生死都在杨坚的一念之间，也许明天，杨坚就要将他们一网打尽。

可是，杨坚却对他们和颜悦色，极力拉拢，不但对他们与毕王勾结一事不予追究，还允许他们持剑上殿，给予了充分的信任。五王明白这是杨坚在天下人面前做戏，表面上尊崇王室，实际上是为了提高自己的威名。日子多过去一天，杨坚的位置就越稳固，北周的王室就越危险，但面对老奸巨猾的杨坚，他们又有什么办法？天子年幼，又在杨坚女儿的掌控之下，不能指望，五位王爷只能盼望有在外地的北周武将能够举起反对杨坚的旗帜，率兵攻入长安，拯救危局。

五王日夜盼望的事，也正是杨坚最担心的事。杨坚能在长安稳定人心，但北周吞并北齐，地盘大将领多，不少人对北周王室忠心耿耿，杨坚鞭长莫及，他不知道谁会起兵反对他。如今朝廷不定，再有人趁机起兵，他不免腹背受敌。但杨坚也知道，篡权本来就是凶险万分的事，一旦开始就只能硬着头皮往前走，狭路相逢看鹿死谁手。他不会坐以待毙，而是积极地筹划可能出现的"外患"。

杨坚日夜不停地工作，五王夜里也睡不着觉，没多久，局势还真如五王期望的那样，有了新的变故：进入六月，北周相州总管尉迟迥在相州尊宇文招的儿子为皇帝，起兵讨伐杨坚，杨坚早就做好了应战的准备。因为，他早就察觉尉迟迥有造反的意思，也早就有了应变措施，尉迟迥的造反，完全在他的意料之中。

尉迟迥的愤怒

相州总管尉迟迥是北周的老将，与宇文家关系密切。

尉迟迥的母亲，是北周奠基人宇文泰的姐姐；他的妻子，是宇文泰的女儿；后来周宣帝强抢别人的妻子立为第五位皇后，这第五位皇后就是尉迟迥的孙女。周宣帝不顾人伦的禽兽作为，尉迟迥不以为耻，反倒跟别人吹嘘皇帝是自己的孙女婿，由此可知此人品性。

尉迟迥虽打着勤王的旗号，却不是真的想要匡扶北周，而是对杨坚的所作所为深怀不满，或者应该说，杨坚抢先一步做了他要做的事，他眼红了。他认为论功勋，自己在杨坚之上；论地位，自己比杨坚尊贵；论与北周的渊源，杨坚更是拍马也赶不上自己。何况，杨坚的女儿虽然是皇后，他尉迟迥的孙女不也是皇后？看到杨坚大权在握，尉迟迥哪里甘心。

尉迟迥的野心早有端倪。杨坚派一个叫杨尚希的官员去各地发布周宣帝的死讯，皇帝宾天，官员们必然要哭上一哭以示哀悼。杨尚希发现尉迟迥哭是哭了，却眼珠乱转，一看就是心怀鬼胎。杨尚希对左右说："尉迟迥怕是要造反，我们还是快点逃吧。"于是一队人火速回到长安，把这种情况报告给杨坚。

杨坚立刻下旨，撤销尉迟迥相州总管的职位。

杨坚这一招可谓险棋，当时的尉迟迥是大前疑，位列四辅之首，山西地区的大总管。尉迟家是北周的贵族门第，子弟遍布朝中，官职都很重要，杨坚的大动作，等于是跟尉迟家为敌。而尉迟家根基深，交情多，是朝廷上不可忽视的政治力量，他们能掀起的风浪不容小觑。杨坚却知道他早晚要和北周的权贵们硬碰硬，与其给对方以充分的准备时间，不如先下手为强，乱了对方阵脚再说。

杨坚的撤职令，彻底激起了尉迟迥的怒气。

此时的尉迟迥已经过了七十岁，按理说应该退休养老，但杨坚派来接任相州总管的人竟然也是个年过七十的老翁，此人叫韦孝宽，也是北周的大人物。杨坚为了压得住场子，请出这位老将出马，尉迟迥却认为这是杨坚在蓄意挑衅。而且，杨坚下令去宣旨的使者，竟然在相州的地盘上与尉迟迥手下的长史勾结，发现这件事的尉迟迥一怒之下决意起兵造反，给杨坚一点颜色。但他也不是个冲动的莽夫，反而按兵不动，表面上接受杨坚的安排，暗地里做着准备。

杨坚任命的新任相州总管韦孝宽已经出了长安城，向相州进发。此行的目的是与尉迟迥交接权力，但杨坚和韦孝宽心里都明白，事情没那么简单，尉迟迥未必会乖乖交出相州的地盘。杨坚之所以派这位老将，也正是看中韦孝宽的机变。

韦孝宽从宇文泰时期就被重用，为人深沉有智慧，能征善战，一生为北周立下汗马功劳，周武帝能顺利地平定北齐，少不了韦孝宽的权谋与征战。这位老将军在北周深有名望，如今被派去相州，一路盘算着如何探探尉迟迥的底细。

尉迟迥也不想打草惊蛇，让杨坚察觉到自己的动向，于是派自己的心腹贺兰贵前去迎接韦孝宽，表达自己卸任的"诚意"。贺兰贵在朝歌（今河南淇县）置备了酒席，为韦孝宽接风洗尘。韦孝宽足智多谋，当年曾编几个歌谣就能挑拨离间，促使北齐君主高纬杀掉了北齐重将斛律光，此时沉下心与贺兰贵侃侃而谈，言谈之间偶尔涉及相州的状况，士卒的情形，却也不深谈，以免贺兰贵起疑。一桌酒喝下来，韦孝宽确定，尉迟迥正在招兵买马。

察觉到尉迟迥的动向，韦孝宽决定不能去相州冒险，但他又没有尉迟迥造反的确实证据，也不能立刻掉头返回。于是，韦孝宽开始装病，今天走几步就再也走不动，明天躺在驿馆里疼得直哼哼，寻医问药没个消停，一天的路能走十天。尉迟迥等得不耐烦，只好又派人前去迎接，这次，他派了韦孝宽的侄子韦艺。韦艺虽然和韦孝宽一样姓韦，却是尉迟迥的心腹，他的忠心，尉迟迥很是放心。

韦艺在汤阴（今河南汤阴）遇到了韦孝宽，自然少不了嘘寒问暖，置酒设宴。这一次，韦孝宽却是主人，他把侄子拉入自己的房中，询问韦艺尉迟迥的情况。韦艺哪里肯说实话，只是顾左右而言他，韦孝宽前一刻还在喝酒，下一刻面色一沉，大喝道："你是我的侄子，竟然偏帮外人！要你何用！来人！把他推出去斩了！"

韦孝宽是久经沙场的老将，一旦发怒，杀气腾腾，令人观之变色，韦艺是后生，哪里禁得起这种恐吓，立刻跪地求饶，把尉迟迥的动向一五一十地告诉了韦孝宽。韦孝宽一听，连忙命人快马加鞭，火速把尉迟迥造反的消息报告给长安，这相州他也万万不能去了。察觉这件事的尉迟迥，一面派人追赶逃跑的韦孝宽，一面加快了造反的脚步。

一个好汉三个帮，尉迟迥不但自己要造反，还要联络一些对杨坚心存不满的武将，一起起兵，让杨坚手忙脚乱，其中，最重要的两个帮手是郧州总管司马消难和益州总管王谦。这两个人走上造反的道路，有各自的原因。

司马消难并不是北周的贵族,他来自北齐,父亲是北齐的开国元老,而他本人是高欢的女婿。司马消难贪财好色,做着北齐的高官,左手受贿右手卖官,家里藏了巨额非法收入,经常被朝官弹劾,他仗着自己的身份,并不惧怕朝廷非议。

不过,他的身份也并不安稳,高欢的女儿是纯正的北方姑娘,悍勇善妒,见司马消难总和美女厮混,不禁勃然大怒,扬言要丈夫好看。于是,司马消难家里不断上演家庭战争,司马夫人对丈夫动辄辱骂,司马消难拿皇帝的女儿没办法,只能一忍再忍。

司马消难的日子越来越不好过,家里有悍妇,朝上有政敌,龙位上的皇帝也并不待见他,何况这皇帝昏庸,不知何时会垮台。他干脆心一横,向北周投降。投降后司马消难倒也不敢继续胡作非为,反而招贤纳士,抚慰百姓,有了不错的声名。再后来,司马消难的女儿嫁给了周静帝,他一跃成了国丈,于是被朝廷派往郧州任总管。

司马消难初来北周时,认识了杨坚的父亲杨忠,二人感情不错,杨坚也把司马消难当叔叔看待。以两家的情分来说,司马消难本不应是杨坚的敌人。司马消难起兵的原因和尉迟迥相同:他和杨坚同为皇亲国戚,皇帝的丈人,为什么要屈居杨坚手下为官?

益州总管王谦的起兵原因又有不同。王谦人如其名,恭谦有礼,因为父亲是北周的功臣,荫袭了官职,成了一方总管。他本人并无才略,也无政治上的野心,只是认为自己的身家来自北周,便不愿跟随杨坚,做忘恩负义之人,于是响应了尉迟迥,想要扶助王室。

尉迟迥有了这样两个强援,更有信心,他还想麻痹朝廷,命手下无论如何都要抓到韦孝宽。尉迟迥派出的骑兵日夜兼程,向韦孝宽逃跑的方向追去。

更胜一筹

韦孝宽知道尉迟迥一定不会放过他，早就脚底抹油，逃之夭夭，一路上，他带着垂头丧气的侄子韦艺遇桥烧桥，给追兵制造麻烦。到了驿站，韦孝宽就端出高官的架子，收走驿站里的所有马匹，并对驿站长说："尉迟将军很快就要来这里，你们要备好酒席，好生招待。"驿站长哪里知道发生了什么事，只能按照韦孝宽的吩咐杀鸡宰羊，温酒烹菜。

尉迟迥派来的追兵一路走得磕磕碰碰，好不容易进了驿站，想要更换劳累过度的马匹，驿站长却说马匹全被韦孝宽以皇帝的名义征走了，倒有满桌的好酒好菜在等着他们。韦孝宽一路收马，一路备酒席；追兵一路紧赶慢赶，每到一个驿站，不外乎一桌酒席在等着他们。就这样，追兵根本追不上韦孝宽一行人。

这一天，韦孝宽跑到了河阳，河阳就在洛阳北面，洛阳不是尉迟迥的势力范围，进了洛阳，韦孝宽一行人就安全了，所有人都松了一口气，韦孝宽却沉思起来，开始分析现今的局势。他看到河阳的守军全是尉迟迥的人，而且这些人英勇善战，如果这些人攻打洛阳，洛阳未免会有闪失，绝对不能留下这些祸患。

韦孝宽急中生智，当即伪造了一批文书，说朝廷体恤守军的辛苦，士兵可以凭借文书去洛阳领赏。当兵的人出生入死，不过是为了多几个钱，一听有奖赏，连忙拿着文书，拍马向洛阳奔去。韦孝宽先行派人去洛阳通风报信。守卫洛阳的人是杨坚的亲信窦炽，这个人的侄子窦荣定就是杨坚的姐夫，他们两家有姻亲，可谓一条线上的蚂蚱。窦炽听说尉迟迥要造反，正在洛阳修补城墙，准备闭关迎战，见到韦孝宽的密信，立刻埋伏人手，将尉迟迥的精兵们全部拿下。如此一来，河阳、洛阳的局面全都稳定下来。而这些功劳，全都靠韦孝宽一条接一条的妙计，真可谓"姜是老的辣"。

老辣的不只是韦孝宽，杨坚也是如此。在长安的他正在马不停蹄地收买人心。

杨坚刚在长安站稳脚跟，就开始扩大自己的政治队伍。首先要稳住的是那些原本就有意跟随自己的人。刘昉、郑译这些人自不必说，原本就是杨坚阵营中的要员，杨坚对他们赏赐不断，既是感激，也防止他们起异心；朝廷上的官员，如李德林、虞庆则、元谐、元赞等人，他也不断拉拢；杨家的亲戚、独孤家的亲戚，自然也要多多利用。就连杨坚的儿子杨勇都参与到说客的队伍之中，小小年纪就去叔父杨慧家里，说服叔父支持父亲的事业。

杨坚拉拢的重点，是北周的元老重臣，这些人对时局有举足轻重的影响。

杨坚如今是监国大丞相，辅佐幼帝宇文阐，但人们都知道他是"挟天子以令诸侯"，早晚会篡权；尉迟迥也立了个皇帝，手里握有重兵，打着匡扶皇室的旗号反对杨坚，人们也看得出他不是省油的灯，可以说，尉迟迥和杨坚半斤八两。正因为他们二人都不太正当，各地的大臣武将才两面观望，不知该支持哪一边，生怕一个不小心，跟错了队伍，身首异处。

这个时候，北周的那些权贵大臣们就起了一个人心导向作用，他们不但有巨大的声望，还有手中的兵力，他们就像最有分量的砝码，放在哪一边，哪一边就有胜算。他们也是杨坚必须争取的人，这些元老贵族，就是当年宇文泰大封的将相们，以及他们的子孙。

杨坚首先盯上的人是李穆，李穆是北周老将，如今的并州总管，而并州正在杨坚与尉迟迥的势力之间。李穆早年救过宇文泰的性命，被宇文泰引为重臣，在北周很有威望，于是，他成了杨坚和尉迟迥都想拉拢的对象。李穆在二者之间必居其一，不能中立，也大伤脑筋。

尉迟迥派的人首先来到并州，使者转达尉迟迥的问候，大谈二人之间长期的战斗友谊，希望得到他的支持。李穆的年纪和尉迟迥相仿，一起共事多年，李穆的侄子和儿子也都劝他尽快与尉迟迥联合，但要与杨坚为敌，李穆顾虑重重。李穆的顾虑来自亲情，他的儿子李浑当时正在京城，若他反对杨坚，那他的儿子马上就要遭殃。正在为难之间，没想到李浑生龙活虎地来到了并州，同时来的还有杨坚派来的使者柳裘。

看到儿子，李穆喜形于色，他万没想到杨坚竟然没拿儿子威胁他就范，反倒将李浑送回自己身边。正在欢喜，擅长游说的柳裘又在一旁吹风，说了不少杨坚的好话。在那个年代，大臣们并不十分看重君臣名节，更看重君臣情分，换言之，李穆对宇文泰忠心耿耿，对宇文邕欣赏有加，却不代表他要对宇文赟这样的庸君效忠，更不代表他一定要扶正摇摇欲坠的北周王室，那个年代的武将有兵有粮，他们的选择，更多出于自身的考虑。

李穆面对的情况很明朗，要么帮尉迟迥，要么帮杨坚，功劳再大，今后也要在他帮的人手下当臣子，所以，尉迟迥和杨坚许诺给他的种种好处，在他看来并无差别。而杨坚将李浑送到并州，充分表现了他的诚意和为人的器度，这一点很让李穆折服。武将做事不啰嗦，他将家中的熨斗交给柳裘，请他转交给杨坚，并说："希望随公能熨服天下。"而且，他也对杨坚表现出自己的诚意，命儿子李浑跟随柳裘回长安。

这样一来，李穆坚定地站到了杨坚的阵营中。还在观望的其他元老看到李穆这样做，也开始估量杨坚的分量，不少人和李穆一样站到了杨坚一方。拉拢了一个李穆，等于搞定了一大批元老，而这批元老的政治能量，影响北周的上上下下，不可小觑。

于谨一家也是杨坚争取的对象。于谨是北周的大功臣，宇文泰亲封的柱国，又在宇文泰死后支持宇文护，所以，他们一家人在北周受到了极高的待遇，子子孙孙都是高官。他在周武帝的时候已经去世，但他的家族成员却遍及朝野，不容轻视。这样的力量，杨坚当然想要极力争取。

杨坚能够顺利争取到于家的支持，要感谢宇文家的糊涂。宇文护把持政权之后，不顾于谨的扶持之恩，冷落于谨的儿子于翼。等到周宣帝继位，于谨的儿子于翼看不惯周宣帝的昏庸，直言进谏，差点被周宣帝杀掉，至此，于家遭到冷落，对北周心灰意冷。杨坚和宇文家正好相反，他刚一辅政，就大力提拔于家人，于家人投桃报李，发誓追随杨坚。

又一个大家族被拉拢到杨坚的阵营，更多的人闻风而动，也开始向丞相靠拢。杨坚事半功倍，一下子就在与尉迟迥的对比中占了优势地位。杨坚数年来的阅历、心机如今派上用场，调兵遣将、拉拢人心均得心应手，让人不得不感叹他的手段了得。

自古鸿门多凶险

　　北周正值多事之秋，长安城里各种消息不胫而走，谁也不知道尉迟迥的军队何时打过来，丞相杨坚又要如何应付，各方人马都在行动，杨坚四处拉拢人，尉迟迥积极准备造反。在京城里的五位王爷也有些沉不住气，这毕竟是他们宇文家的事，如今却看着杨坚和尉迟迥摆出争夺天下的架势，他们心里怎能不着急。而当务之急，就是要遏制住杨坚的势头；最好的办法，就是干掉杨坚。

　　为了制造尊重王室的假象，杨坚对五位王爷愈发礼让，对他们的监视也愈发严密，五位王爷也都不是简单人物，表面上与杨坚和和气气，以防他找到借口杀害宇文家的人。背地里，两伙人各怀鬼胎。五位王爷固然对杨坚起了杀心，杨坚对五位王爷也大不放心，害怕他们趁乱在京城里造反，他们的名声都不错，也许真能动员不少人。究竟要如何处理这五个人，杨坚一时也拿不定主意，只能见机行事，走一步算一步。

　　这一天，杨坚带着堂弟杨弘和亲信元胄，突然来到赵王宇文招的宅邸，还自备好酒佳肴，说是想与宇文招喝上几杯。宇文招没想到杨坚突然造访。五王中，赵王宇文招地位最高，声誉最好，也最有头脑，他本来就在暗暗筹划如何除掉杨坚，杨坚却径直走进他的屋子，让他怀疑这是不是杨坚的陷阱，杨坚是不是埋伏了大量人马，一时间也不敢轻举妄动，只能先和杨坚喝酒吃肉，说些有用没用的废话。

而在史书上，这段历史被隋朝的史家写成了鸿门宴的翻版：

杨坚带着杨弘和元胄赴宴，赵王宇文招埋伏了很多士兵在后院，杨弘和元胄很不放心地坐在门边。酒过三巡，宇文招的两个儿子端上了水果，宇文招就拔出佩刀，叉了水果送到杨坚嘴边，杨坚张口便咬，宇文招又叉了第二块递了过去。眼看着那把刀就在杨坚头颅边上晃，元胄坐不住了，对杨坚说："丞相府有事，请丞相速速回府。"

宇文招见元胄说话，发起了脾气，对元胄说："我在和丞相说话，一个下人怎么能插嘴？还不退下！"元胄是武将，根本不理宇文招的恐吓，反而拿着佩刀站到了杨坚身后。宇文招一计不成，又来一计，说要请元胄喝酒，而元胄却软硬不吃，动也不动。宇文招又说自己口渴，命元胄去厨房给自己拿水，想要支开元胄。

元胄依然动也不动，就是不给宇文招搬救兵的机会，宇文招无奈，只好自己起身，想去后院叫那些埋伏好的兵士，没想到刚要起来，就被元胄一把按回座位，宇文招又要起身，没想到元胄又把他按了下去。

这时，腾王宇文逌也来拜访赵王，听说腾王来了，杨坚连忙去迎接，元胄趁机在杨坚耳边说："丞相，情况不对，赶快离开这里吧！"杨坚却说："他们手中没有军队，能做出什么事？不用担心！"根本不听元胄的劝告，又和赵王、腾王进了屋子。元胄无奈，只好继续守在杨坚身边。

形势危急，元胄留心着两位王爷的一举一动，还要竖起耳朵听外面的动静，突然听见后院似乎有兵甲之声，他立刻上前对杨坚说："丞相府公事都在等着您，您怎么还在这里喝酒！"说着拉起杨坚就往外走，把杨坚推出前门，又用身体挡住了前来追赶的赵王和腾王。杨坚终于回过神来，撒腿就跑，赵王看到杨坚跑了，"弹指出血"，恨自己优柔寡断，失去了除掉杨坚的机会。

杨坚死里逃生，回到丞相府之后，立刻以造反为由，杀掉了宇文招和他的儿子。

史书上记载的这一段故事让人疑惑，老谋深算的杨坚突然成了弱智，察觉不到危险；很有才名的宇文招的表现也非常愚蠢；元胄更是成了鸿门宴中樊哙的化身，不论是对杨坚的保护，还是对敌人的态度，都像是樊哙的复刻版。试想宇文招家里既然埋伏了重兵，对杨坚早有杀意，又怎会让杨坚三人跑掉？很明显，这段叙述是隋朝史官的艺术创造。

赵王宇文招家里有一场鸿门宴不假，但这宴席是杨坚摆的，他利用宇文招等人猝不及防的心理，突然出现在宇文招家中，引出了他们的杀心，却没给他们行动的机会，反过来扣了一顶谋反的帽子给宇文招。用这样的方法除掉政敌，还能反过来冒充被害者，对他人叫屈，杨坚的确是个可怕的政治家。而宇文招等人，也以自己的身首异处证明了一句俗语：自古鸿门无好宴。

杨坚除掉宇文招，是形势所迫。尉迟迥已经起兵造反，很多大臣还在观望，五王虽然看着安分，但疑心病重的杨坚越想越不放心，最不放心的就是名望高的宇文招，这个人不但名声好，还有谋略，留在长安是个心腹大患，找不到机会，就制造机会除掉。一同遭殃的还有越王宇文盛。

干掉了两位亲王，杨坚又露出友好的面孔，对剩下的三位王爷更加礼遇，三位王爷失去了宇文招这个主心骨，更加不敢轻举妄动，他们也不认为杨坚对自己怀有善意，战战兢兢地等待杨坚的下一步举动。另有史书记载，三王多次组织刺杀杨坚的行动，多亏杨坚身边有忠心的侍卫，才让他有惊无险地活了下来。想三王当日的情形，恐怕在王府门前走上几步，都要受到杨坚的眼线监视，哪里还有机会靠近尊贵的大丞相？想必这"刺杀"，又是隋朝的史官们为了突出杨坚被宇文家迫害才不得不篡权，而编造出来的艺术故事吧。

临危受命的人

杨坚牢牢地掌握了长安的局面，保证了自己的人身安全。而尉迟迥，也终于正式举起了反对杨坚的大旗，大战即将开始。

公元579年6月10日，尉迟迥登上相州城楼，发表了动员演说：

"杨坚是个庸碌之人，仅仅因为他是皇太后的父亲，就挟制幼主，在京城作威作福，谁不知道他想篡位的野心！我尉迟迥年事已高，但与宇文家族血脉相连，看到这种情况，不能顾惜自己的性命和前途，一定要讨伐杨坚，报答先帝的恩德！今日，我请各位忠义之士与我一齐起兵，事成之后共享富贵，不知各位意下如何？"

尉迟迥所掌管的相州在今日山东一带，原是北齐的属地，他所动员的"忠义之士"，有不少是北齐的官员、士兵。他们失去了原本的官职饷银，本来就有怨气，如今看北周大乱，不由起了火上浇油之心，趁火打劫之意，当下一齐响应尉迟迥的号召，将杨坚骂得猪狗不如，发誓要攻入长安去救他们见也没见过的周静帝。

尉迟迥的军队士气正壮，近十万的精兵出了相州，更有申州、东楚州、东潼州等地的将领与之呼应。尉迟迥大搞同盟外交，又联络了北齐的残余势力和突厥，还将自己的儿子送入陈朝，向陈朝借兵，并答应事成之后就割让江淮地区作为报答。另外，司马消难和王谦也如约起兵，一时之间，杨坚多了几十万的敌人。

尉迟迥等人来势汹汹，杨坚却不慌乱，就在6月10日当天，他命令韦孝宽为行军元帅，就在洛阳安营，负责讨伐尉迟迥。安排自己的太学老同学王谊负责讨伐司马消难，再命老将梁睿负责讨伐王谦。另有邵国公宇文胄也在河南地区起兵，杨坚派自己早就结纳的杨素前去讨伐。更将重要地区的将领全数换上自己一派的人，以防万一。

杨坚部署周密，将士们各有目标，既能各个击破，又方便联合起来抵御来自突厥、陈朝的攻击，而韦孝宽的军队是杨坚部署的重中之重，集结了梁士彦、元谐、崔弘度、宇文忻、李询等名将。杨坚之所以信任韦孝宽，是因为韦孝宽和杨忠一样，都曾是独孤信的手下，两家人的关系一向深厚，而韦孝宽更是北周的战神级的人物，这让杨坚对胜利更有信心。

但是，对这支军队，杨坚也不是完全放心。事发紧急，杨坚还没有时间去结纳所有将领，他不知其中有没有人会被尉迟迥收买，临阵倒戈，只能依靠韦孝宽老将军的调度能力。他将李穆的侄子李询派到军队中，命他留意军队将领们的动向，及时汇报。

李穆既然决定了李氏家族的政治立场，李询自然对杨坚效忠。这一天，他发来密报，说听人说梁士彦、宇文忻和崔弘度三个人接受了尉迟迥送来的黄金，恐怕会起异心。杨坚看到密报后大为担心。梁士彦就是当年在北齐大军环伺之下，将晋州城守了整整一个月的那位将领；宇文忻同样是个用兵高手；崔弘度不但征战厉害，还与尉迟迥有姻亲：他是尉迟迥儿媳的哥哥。这三个人倘若领导士兵哗变，恐怕韦孝宽也压不住。

杨坚急得团团转，想要尽快更换这三个将领，还是李德林劝他镇定，给他出主意："丞相，您与这些将领本来都是公家的贵臣，平起平坐。如今您能命令他们，是因为您挟着天子的威名。那么，您怎么能保证派过去替换的将领，一定比梁士彦他们三人更忠心？何况接受黄金这件事，也可能是道听途说，如果您现在换下他们，他们害怕被处罚，一定会逃跑。为了防止他们逃跑，您必须监禁他们，这样一来，军队上下都会产生惊疑之心。再何况，临阵换将是兵家大忌，您想想当年燕国不信任乐毅、赵国不信任廉颇，换上了骑劫、赵括，结果惨败，这不是教训吗？"

一番话说得杨坚冷汗直冒，连忙问："那现在到底该怎么办？"

李德林沉稳地说："为今之计，丞相应该尽快派遣一位心腹去前线，您的人一到，即使诸将有异心，也不敢轻举妄动。"杨坚深以为然，火速招来最合适的人选，也就是这一阶段和他关系最好、利益最一致的刘昉和郑译，请他们无论如何也要去前线，帮他稳定人心。

刘昉和郑译矫诏的时候胆子挺大，这个时候却成了软脚虾，这两个人一想到前线刀剑无情，哪里肯去。刘昉立刻说："丞相，我倒是想为您效力，但我没有带兵打仗的经验，威望也不够，去了也没用啊，说不定还耽误您的大事，您还是找更妥当的人吧！"一番推辞听上去还挺有道理，杨坚暗暗生气。

再看郑译，也是一脸不愿意，想说的话被刘昉说了，他眼珠一转，对杨坚说："丞相，我也愿意为您效力，但我的母亲年事已高，我不能扔下她不管，这不是不孝吗？我实在有心无力。"如此关键的时刻，两个老同学逃得一个比一个快，可见其不可靠。

杨坚气急败坏地回到家中，对妻子倒了一通苦水，独孤伽罗这时倒是很冷静，对丈夫说："既然他们不可靠，到了前线也起不了多大作用，我倒是有一个人选，你问问他愿不愿意去。"杨坚忙问是谁。独孤伽罗说："高颎啊。"杨坚连连点头，承认夫人眼光不错。

高颎是独孤家的老熟人。他的父亲高宾原本是北齐的官员，在北齐朝廷上遭人诬告，只好投奔到北周。独孤信欣赏高宾的才能，一直让他做幕僚，还赐给他家"独孤"的姓氏。后来，独孤信被杀，昔日的亲朋好友避之莫及，独孤家的后代尝尽了人情冷暖。高宾的儿子高颎却不避嫌，仍然与独孤家的人来往，特别是和独孤伽罗关系密切。

杨坚刚刚当上辅政，正是四处拉拢人手的时候，独孤伽罗首先向杨坚推荐高颎。杨坚就派自己的侄子杨雄去说服高颎加入阵营。高颎是个爽快人，立刻说："我愿意跟随随公，就算随公大事不成，我灭族也甘愿！"比起那些畏首畏尾、瞻前顾后的人，高颎给杨坚留下了深刻的印象，这样重情义又爽快的人，必然不会推三阻四。

杨坚还没开口，高颎主动找上门来，毛遂自荐要前往韦孝宽的所在地，更令杨坚感动的是，高颎有白发老母需要照顾，但他接到任命后竟然没有回家通知老母一声，而是立刻骑马赶路，只含泪吩咐手下禀明母亲。比起刘昉、郑译，高颎的忠心，真不知高出多少倍，这样的人才应该重用。

高颎为人沉稳干练，到前线当了监军，果然稳住了一干心存观望的军官。但是，杨坚知道高颎虽能干，却没有能够服众的资历，为了更保险，杨坚又派了一个人去前线，这个人就是于谨的孙子于仲文。

决战

尉迟迥和韦孝宽老将相遇，各自整军待发，尉迟迥的军队万众一心，韦孝宽的军队却有些心浮气躁。不论将领和士兵都拿不准主意：他们是替皇帝打仗？还是替丞相打仗？心有疑虑，士气就不振。更有尉迟迥偷偷摸摸派人策反领军大将们。幸好杨坚及时派来亲信高颎，才暂时稳住了军心，让将士们不敢轻举妄动。

没几天，杨坚又派了人来前线，将士们看到来的人是久负盛名的于仲文，立刻围了上去。北人直爽，开门见山地问于仲文："杨坚这个人到底怎么样？靠不靠得住？"——这问题问出了所有人的心声，将士们士气不振，就是因为摸不清杨坚的底细，害怕自己白白劳碌一场，得不到应得的回报。

于仲文言之凿凿地说："丞相宽厚仁义，既明事理，又有头脑，我们于家一家都会跟随他成就大事，诸位只要尽力侍奉丞相，他一定会报答诸位的厚意！"

于仲文一番话说得诚恳。近日，于仲文被尉迟迥的军队击败，一个人逃往长安，妻子儿女也被尉迟迥杀害。杨坚见了他，不但不责备他作战失利，反而温言劝慰，而且立刻任命他为河南道行军统帅。于仲文将这件事原原本本地说与诸将，诸将一听，对杨坚的好感立刻上升，本就观望的心定了下来。

军队士气大振，韦孝宽也终于安下心。他本是擅谋略的老将，手下又有高颎、梁士彦、宇文忻等人通力合作，一时间北周军队气势如虹，将尉迟迥打得连连败退，而初出茅庐的高颎，更是在战争中初露锋芒。

高颎刚到前线，韦孝宽的军队正在武德郡（今河南沁阳）驻扎，对手是尉迟迥的儿子尉迟惇，双方隔河对峙，尉迟惇在上游，韦孝宽在下游。刚好天降暴雨，韦孝宽的军队不能前进，处境更加不利。高颎立刻命士兵们搭桥过河。尉迟惇哪里肯给敌人前进的机会，他命手下将一条条原木泼油点火，做火筏顺流而下，想要烧毁正在搭建的桥梁。

没想到高颎早就防着他这一手，在架桥之前，先用泥土在河里筑了拦河坝，将尉迟惇从上游放下来的火筏子都拦了下来。士兵们火速架好木桥，韦孝宽知道时不可待，立刻下了进军命令。先头部队披坚执锐，知道一下桥就会有大战。

抱着必死的决心冲过大桥，却发现迎面没有尉迟惇的军队。原来，尉迟惇自作聪明，不趁着敌人下桥的时候伏击，反倒让自己的军队后退，想要在韦孝宽行军到一半的时候，打他个措手不及。尉迟惇蠢，韦孝宽可不蠢，一看到有机会，就下令军队全速渡河，高颎也亲自做动员，激励士兵们说："昔有楚霸王背水一战，如今我们也是这个情况！"一面说，一面下令放火烧桥，断了己方的退路！

士兵们一看退路没有了，又被韦孝宽和高颎激励，视死如归的劲头涌了上来，个个奋勇争先。尉迟惇被打得不能招架，只能带着手下逃跑。有韦孝宽、高颎这样的强敌，尉迟迥的部队连连失利，最后退到了邺城。不过，尉迟迥手下仍有十三万精兵，不可掉以轻心。韦孝宽率军驻扎邺城城外，知道决战马上就要展开。尉迟迥是三方叛乱的主力，只要将尉迟迥打败，司马消难等人不足为虑。

8月17日，决战在邺城城外展开。

尉迟迥大兵十三万，个个都是能征善战的勇士，只听战鼓擂动，喊杀大作；

韦孝宽领兵十万，调度严整，士兵们个个严阵以待，只等主帅的号令；

邺城的老百姓纷纷出城，跑到战场附近的山冈之上，坐山观虎斗，兴高采烈地看热闹。

这一次，韦孝宽遭遇了强敌，尉迟迥麾下的将士身经百战，数量又占了优势，这支军队的士兵身穿黄色袍子，头戴绿色头巾，被称为"黄龙军"，正是尉迟迥手中的王牌。而尉迟迥的援军也正赶往邺城，敌人凶猛，北周的军队渐渐落了下风。情况危急，高颎和宇文忻、李询等人凑在一起商讨办法，几人议定：既然兵力不敌对方，只能另想方法。

邺城的老百姓们正在山冈上观战，摩肩接踵，少说也有万来人，双方你来我往打得起劲，他们在一旁大喊助威，看得也过瘾。突然，韦孝宽军队中的一队弓弩手调转马头，向他们脚下的山冈冲来，又搭弓射箭，霎时间一片哭喊，中箭的百姓有的应声而倒，有的抱头逃窜，而弓箭如暴雨一般射来，他们再也没有观战的念头，纷纷跑向邺城。

尉迟迥的军队就在邺城前面列阵，突然跑来数万百姓，他们一下子乱了阵脚。这时，宇文忻中气十足地一声大喝："尉迟迥失败了！"本来有些沮丧的北周士兵们听了这句话，双眼一亮，向敌人发起最后的猛攻。尉迟迥的军队看到百姓和北周的军队一齐冲过来，再加上震天的喊声："尉迟迥失败了！"真以为己方已经失败，连忙逃窜。北周军队趁着这个机会，连砍带杀，战场上的局面立刻逆转！

韦孝宽的军队从两翼包抄，开始围歼尉迟迥的军队，梁士彦一马当先，冲进了邺城北门。其余将领不甘落后，纷纷猛攻，守兵见大势已去，开城投降。尉迟迥如何肯投降，只见这位老将登上城头，手握武器，还要做最后的抵抗。

一个叫崔弘度的北周将军也上了城头，却不忙着杀尉迟迥。崔弘度正是李询的报告中，可能接受尉迟迥黄金的将领，也和尉迟迥有姻亲关系。看着尉迟迥，崔弘度摘下自己的头盔，叹了口气说："老将军，你我亲戚一场，所以我没让我的士兵登上城头，是不想您受到小兵的侮辱。事已至此，我也不能为您做更多的事，您自己好好打算一下吧。"言下之意，大势已去，若不想成为俘虏，只能自裁。

尉迟迥是久经沙场的老将，如何不知其中的利害关系，他也长叹一声，扔下了手中的弓箭，大骂杨坚，然后抽出佩剑，自刎而死。至此，历时六十八天的尉迟迥叛乱顺利平定。消息传回长安，杨坚大喜，一面下令犒赏将士，一面继续为平叛忙碌。

大后方

韦孝宽等将领在阵前杀敌退兵，杨坚在敌后也没清闲，发挥了巨大的作用。

统筹三方的调度自不必说，还要随时提防可能出现的敌人。杨坚首先将北周的千金公主送出长安，前去突厥和亲。这位千金公主原本早该去突厥，但周宣帝突然去世，事情就耽误下来。杨坚以公主和亲为借口，将宇文招等五王召回京城，此后专心应付三方叛乱。此时，他不想突厥在叛乱中生事，连忙将公主派遣出去，又派使者带了大量金银财宝送给突厥可汗，表达了自己与之"和平共处"的诚意。突厥人爱财，杨坚出手又阔绰，突厥可汗立刻决定不插手北周的"内战"，只有被送出关外的千金公主对杨坚暗暗怀恨。

陈朝也是个麻烦，好在北周和陈朝打了这么多年，彼此熟悉，即使起了战事，也能防患于未然，让陈朝占不到便宜。还有个小国后梁，虽然也想趁机捞点油水，但见杨坚和尉迟迥都不好惹，也不敢插手，只是紧闭国门，两不相帮。

外交方面打点周到，内政方面更要务求安心。杨坚决定要在北周朝廷上来一次人事大变动，所有离中央近的官员，特别是丞相的贴身人员，都要换上让自己放心的人，以防不测。于是，杨坚一向欣赏信赖的姐夫窦荣定、杨坚的堂弟杨弘、一直跟随他的卢贲、早就结交了的元胄等人全部成为杨坚的贴身护卫者。

杨坚已经有了统治者的长远目光，知道贴身人员要尽量用亲属和死党，但在朝堂之上，既要有信任的人，又要有真正有才学的人。李德林就是杨坚倚重的对象。李德林帮杨坚出了不少好主意，本人又是个大才子，在平叛紧张的时候，一天有上百份文书，全都由李德林亲自撰写。李德林胸有丘壑，文不加点，须臾而成，让杨坚赞叹不已。

而杨坚一开始重用的刘昉和郑译，完全没有帮忙的意思，每日每夜，仍旧和以前一样，通宵达旦地吃喝，享受着他们的大好人生。杨坚越看越气，但自己能够得权，都是因为他们的帮助，他也不想过河拆桥，把这两个人丢到一边。

自从高颎临危受命，又在战场上发挥了巨大作用后，杨坚对高颎越来越另眼相看，他发现高颎这个人虽然没有名气，却是一个奇才，出将入相无所不能，杨坚不论遇到什么事，都要找高颎商量，高颎也能及时想出对策，让杨坚如虎添翼。于是，杨坚取消了刘昉的职务，由高颎担任丞相府的司马。对郑译，杨坚还念着他当年帮自己在周宣帝面前求情，仍然保留着他的职务，只是暗中嘱咐郑译的属下有事直接向高颎汇报。

郑译只顾玩乐，一时也没发现异状。忽一日觉得无人向自己汇报政务，再等几日，发现日日如此，这才察觉大事不妙。郑译这么聪明的人，知道杨坚生气了，连忙跑到杨坚面前磕头谢罪，杨坚也不为难这位老同学，对他与刘昉二人赏赐依旧，礼遇依旧。

没有威胁的人可以留下，有威胁的人，杨坚不会手软。北周王室有影响力的五位王爷，已经被杨坚杀掉两个，剩下的三个依然有政治能量，没过几个月，也被杨坚找到借口除掉。这三位王爷并不是无能之人，只因落入杨坚的圈套，智谋不得伸展，只能眼看着杨坚一日日稳固地位，北周政权一日日被拖入深渊，毫无反抗之力，最后含恨而死。

对百姓也要有所表示，才能让接下来的事更加顺利。杨坚首先废除了周宣帝颁布的那部《刑经圣制》。周宣帝的这部严酷法典，搞得北周民众怨声载道，杨坚也曾经反对过，却落得被猜疑的下场。如今，他终于用比较温和的法律替代了《刑经圣制》，百姓们欢天喜地，都觉得杨坚是一个仁慈的当权者。

杨坚做的第二件事，同样大快人心。周武帝统治时期，为了国家的强大，下令毁掉佛寺和道观，如今杨坚反其道而行之，重尊重起佛教和道教的地位。信仰的力量是无穷的，那些虔诚信奉佛、道两教的信徒们本有一肚子的不满，如今杨坚归还了他们的宗教自由，岂有不感激的道理，他们衷心拥护杨坚的统治。

大后方安宁，战场上的将士才能临危不乱，安心杀敌，捷报频传。继尉迟迥兵败的消息传到长安后，不到半个月，司马消难和王谦战败的消息也传了回来。其他叛乱将领如宇文胄等人也敌不过杨坚一方的凌厉攻势，纷纷土崩瓦解。能够在这么短的时间内稳定住局势，杨坚如何不喜。

命运站到了杨坚这一边。尉迟迥、司马消难造反，虽有精兵，但并没有得力的将领，遇到足智多谋的韦孝宽、高颎、宇文忻等人，难免捉襟见肘，处处受制。而王谦更不是行军打仗的材料，兵败后只能投降。杨坚杀鸡儆猴，将王谦问斩。司马消难见大势难回，只能跑到陈朝，是三个叛将中唯一一个留得性命的人。

杨坚从十四岁入仕，二十几年的岁月都在隐忍和冷落中度过，如今他终于有机会施展他的雄才大略。他每天坐镇丞相府，看着各地官员进进出出，山一样高的公文需要他马上处理，他丝毫不觉得疲惫，像铁人一样处理着各种事务。而丞相府也俨然成了小朝廷，所有事情都按照他的意思，按部就班地进行。在忙碌中，杨坚也尝到了独揽大权的快乐。

尉迟迥的叛乱和战败，无疑让更多的人看清了方向，被俘虏的人成了阶下囚，再也不能反对杨坚；而那些一直观望的人，也开始向杨坚投靠。这个时候，杨坚没有飘飘然，反倒以更加稳健的态度处理政事，令人更确定他是个成大事的人。

杨坚的内心被狂喜占据，他的节节胜利，加速了北周政权的瓦解，如今小皇帝宇文阐只是一个政治符号，五王已经不在，反对派也已经不在，他离长久以来的目标只有一步之遥，皇位正在向他招手。越是这个时候，他越按捺住激动，不紧不慢，他要确保一切都万无一失，再坐上那个位置。

发生在杨坚篡权后的三方叛乱被迅速平息，究其原因，一是尉迟迥等人本身的素质不如杨坚；二是北周的统治不得人心。周武帝去世后，周宣帝用短短的一两年时间，将最有威望的齐王宇文宪，朝廷上一大批忠臣良将杀的杀、换的换，大大激起了官员和百姓的不满，同时替杨坚扫清了道路。杨坚的有力竞争者被宇文赟杀掉，还有一批对手被周宣帝冷落，反而被杨坚拉拢，周武帝留下的大好江山，就这么被宇文赟挥霍一空。

大环境也降低了杨坚的篡权难度。北方的人口成分复杂，历年战乱造就了文教的荒废，没有多少人仍然保留忠君爱国的观念。越是有实力的人，越是信奉"胜者为王，败者为寇"，只要有适当的机会，就会自立门户。人们也认同这种方式，所以，杨坚当国，不会激起特别大的反弹，多数人考虑的不是反对杨坚，而是自己支持杨坚会得到什么样的报酬。即使人们心里知道杨坚的做法不厚道，但那个时代，有太多"更不厚道"的事发生，所以杨坚的行为，倒也并不刺眼。

如今杨坚和皇位之间，只剩下一个不到十岁的小皇帝，这个小皇帝还不怎么懂事，凡事都听皇太后杨丽华的吩咐，不知道权力的重要，亦嗅不到危险的气味，而杨坚正凭借他的名头，发出一张又一张对自己有利的诏书，继续铺平称帝的道路。

改朝换代，已经成了众所周知的结局。

在忙碌中，也有一件让人伤感的事。在平定尉迟迥的叛乱之后，年事已高的老将军韦孝宽离开人世，老将军不但胸中有韬略，且为人仁义孝顺，慷慨有节，是北周一等一的人物。杨坚原以为老将军今后还能发挥余热，为自己的天下大业献计献策，如今也只能将韦孝宽风光下葬，追赠了无数荣誉。而能与自己付出半世心血的北周一起埋入历史的尘埃之中，想必老将军也会觉得些微伤感和几许释怀。

北方的历史，即将结束数百年的乱象，翻开新的一页。

第二篇／盛世开皇

第五章 / 历史性的时刻

劝进

三方叛乱终于告一段落,杨坚总算能歇一口气,好好睡上一觉。这一仗他虽然没有上战场,却也打得筋疲力尽,好在这一仗大有收获。因为尉迟迥的步步紧逼,杨坚在最短的时间内划分了阵营,看清了谁忠心追随自己,谁对自己怀有异心。更在战争之中看中了好几个得力的武将,以及高颎这个非同一般的能臣。

杨坚的身份水涨船高,尉迟迥死后,杨坚因平叛有功,被周静帝任命为大丞相,还有大冢宰;后来又由随国公晋升为随王。他的大儿子杨勇也被任命为洛州总管,东京小冢宰,总管北齐地区。而后,年纪轻轻的杨勇又被封为上柱国。杨坚享受的是皇帝级别的待遇,长子也以太子的标准被培养,事已至此,没有人能阻止杨坚称帝的脚步。

于是，全国各地有心的官员百姓开始为杨坚登基制造舆论，今天说东边有只凤凰，是圣人在世的象征；明天说西边有祥云出没，预示新的国家即将兴起；各种各样的吉祥征兆涌现在北周的大地上，上书的人众口一词：只要大丞相当皇帝，就能天下太平。对这些活动，杨坚笑而不语，依然不紧不慢地打理政事，让人暗暗感叹：真沉得住气。

转眼到了公元581年，周静帝改元大定，这一年杨坚的权势又一次达到了顶峰，他可以带着剑上殿，有天子才能用的旌旗，出入内外，一律享受天子的待遇。被北方的政治环境熏陶多年的群臣也知道：到了表态的时候了。一直跟随杨坚的卢贲公开宣称："北周气数已尽，天望归于随公。"其他大臣也纷纷上表，希望杨坚能够尽快顺应大意，身登大宝。

杨坚仍是不紧不慢，等着更多人的表态，这可真是"皇上不急太监急"，大臣们的劝进书一封比一封恳切，一封比一封急迫，杨坚看在眼里喜在心里。不但杨坚的老朋友们个个急切，各地的将领也纷纷派人来表达拥护的诚意。他终于确定，此时登基，不会再有反对者。

杨坚终于有所行动。古代人最信天命，他找来宫廷里专门负责观察星象的术士庾季才，问道："我接受先帝的遗命成为辅政大臣，你认为这是不是天意？"

庾季才如何不晓得杨坚的话外音，他回答："天意莫测，但星象之术，凡人亦能推测。今年二月十三是甲子日，也是个黄道吉日，那一天是惊蛰，阳气正旺，古时周武王、汉高祖都在二月甲午即帝位，保证国运百年不衰，所以，二月十三日最宜受天命。"

古代人相信日月星辰的运行之中，包含了人的命运轨迹，民间不论婚丧嫁娶，都会翻开皇历，看一看那一日有什么禁忌，以免冲撞了天道，给自己带来不幸。这固然是一种迷信，但在靠天吃饭的古代，人们也只能信奉变幻莫测的"天意"，相信虔诚地遵循天道，就能够得到应有的回报。民间百姓固然如此，王侯将相也不例外。不然，如何解释雄心勃勃的周武帝会在英年早逝，如何解释杨坚竟然有如此运气，一跃成为国家的掌权者？在"天意"的心理暗示下，人们相信这不是偶然，而是必然。

就连杨坚自己，也早就相信了这种"天命"。他童年的时候，师父智仙就神神秘秘地预言"儿当富贵"，长大之后，很多见过他的人都觉得他会是今后的帝王，就连周武帝也因为他的面相动过杀心。更有庞晃等人在他落魄之时倾心结交，为的是看中了他今后的前程。在无数个被冷落的夜晚，他以此激励自己，度过最煎熬的日子。

时来运转，一切预言即将实现，他回想曾经度过的那些艰辛岁月，又回想在那段岁月中听到的关于未来的种种定论，更加相信了"天命"的存在。现在，庚季才选定了日子，又说了周武王和汉高祖的成例，杨坚有雄心大志，当然希望自己建立的朝代能够江山永固，延续百年千年，听到这个好日子，也不禁欢喜。

北周的小皇帝宇文阐也正站在命运的分叉口上，但他毫无反抗之力，只能被别人推着走，这一天，有人拿来一份文稿，请他读熟，要在二月十三日那一天当众宣读。这篇文稿措辞华美，洋洋洒洒，中心意思是北周气数已尽，他周静帝将皇位禅让给随王杨坚，以应天命。八岁的小皇帝虽然小，却不傻，他连连点头，答应了这件事，在无人看到的地方，小皇帝偷偷哭了出来，这微弱的哭声，没有人能听到。

隋朝建立

公元581年,四十一岁的杨坚建立隋朝。

二月十三日这一天,长安城日头高照,由冷转暖的空气格外舒爽,泥土下的新芽跃跃欲出,远远听到城外的鸟鸣,百姓们也早早地起了床,迎接这个好日子。

通往大殿的道路早被打扫得一尘不染,文武百官穿着最正式的官服,威严地肃立在道路两端。周静帝的车驾首先经过,百官不无感慨地看着北周末代皇帝幼小的身影,然后,意气风发的杨坚在侍卫们的簇拥下走了过来,他们笑脸相迎。

大殿上,周静帝宇文阐正以稚嫩的声音宣读退位诏书:

"天大地大,合其德者圣人;一阴一阳,调其气者上宰。……随国公,应百代之期,当千龄之运,家隆台鼎之盛,门有翊赞之勤。心同伊尹,必致尧舜,情类孔丘,宪章文武。爰初入仕,风流映世,公卿仰其轨物,搢绅谓为师表。

"朕以不德,早承丕绪,上灵降祸,夙遭愍凶。妖丑觊觎,密图社稷,宫省之内,疑虑惊心。公受命先皇,志在匡弼,辑谐内外,潜运机衡,奸人慑惮,谋用丕显,俾赘旒之危,为太山之固。是公重造皇室,作霸之基也。

"元气肇辟,树之以君,有命不恒,所辅惟德。天心人事,选贤与能,尽四海而乐推,非一人而独有。周德将尽,妖孽递生,骨肉多虞,籓维构衅,影响同恶,过半区宇,或小或大,图帝图王,则我祖宗之业,不绝如线。……朕虽寡昧,未达变通,幽显之情,皎然易识。今便祇顺天命,出逊别宫,禅位于隋,一依唐虞、汉魏故事。"

这是一封禅位诏书,禅让,是中国上古社会的一种政治模式,传说尧老了,就把天下禅让给贤能的舜;舜老了,又把天下禅让给治水有功的禹。这种政治模式代表了天下人对贤明君主的渴望,希望天子能够让有德有才的人掌管天下,而不是传给自己的子孙亲戚。禅位者固然是光风霁月的圣人,接受禅位的,也必然是有大德的贤人。

宇文阐宣读完诏书,便是将天下之主的位置禅让给杨坚。杨坚连忙表示他无德无能,不能接受皇帝的厚爱,周静帝只能再三宣读诏书,表达自己禅位的"诚意",一旁的百官们也按照官阶开始上前劝进,更有大臣递上群臣早已准备好的劝进书,上面有李穆、高颎等人的签名,表达了所有朝臣拥立杨坚的意愿。

杨坚再三推让,称自己无德无能;群臣再三恳求,称只有杨坚才能治理天下,终于,杨坚勉为其难地同意接受这个位置,并表示将与诸公共治天下。周静帝命大司伯赵煚将皇帝玉玺交给杨坚,当杨坚接过玉玺的那一刻,群臣下跪高呼"万岁万万岁",皇城外的百姓也等待着消息,此刻也跪倒在地,高呼"万岁",北周成为历史,一个新的王朝诞生了。

新王朝要有国号,为表示不忘北周的恩德,不忘父亲的功绩,杨坚决定用自己的封号"随"作为国号。不过,他并不喜欢随的含义,似乎自己辛辛苦苦建立的王朝,随随便便就会走掉,于是改"随"为"隋",隋朝正式诞生。

中国人以孝为本,相信祖先的灵魂会庇佑在世的子孙,所以,一旦荣华富贵，首先要做的就是祭祀自己的祖宗，感谢他们的荫庇，并通过追封来让他们享受自己的荣光。杨坚追封自己的父亲杨忠为武元皇帝，封母亲姚苦桃为元明皇后。

封完父母，就要确定自家的地位。多年来与杨坚同心同德、患难与共的独孤伽罗，被立为大隋的皇后，而在父亲夺权的过程中一直出力的长子杨勇，被立为太子。杨坚和独孤伽罗共有五子，其他四子也有封赏：次子杨广为晋王，兼并州总管；三子杨俊为秦王，兼洛州刺史；四子杨秀为越王，兼益州总管；五子杨谅为汉王。此外，杨坚的弟弟杨慧被封为滕王，杨爽被封为卫王。

天下是宇文家的人让给自己的，为了表示尊崇，杨坚封禅位的宇文阐为介国公，而北周的皇太后杨丽华，则被封为大隋的乐平公主。

万象一新，还要通过改元来提醒天下人新时代的到来。杨坚从佛经中取了两个吉利字来当年号：开皇。这个词来源于《历代三宝纪》，上面记载了这样一段话："赤若之岁黄屋驭时。土制水行兴废毁之。佛日火乘木运启年。号以开皇。可谓法炬灭而更明。否时还泰者也。"杨坚在佛寺长大，深受佛教影响，也希望神佛能够庇佑他的江山。"开皇"这个宗教性质的年号，既符合当时的信仰，也符合杨坚一向的迷信。

一朝天子一朝臣，确定了国号、皇后、国本、年号，隋文帝开始封赏那些追随他的有功之臣：

高颎为尚书左仆射兼纳言；李德林为内史令；虞庆则为内史兼吏部尚书；赵煚为尚书右仆射；长孙毗为工部尚书；杨尚希为度支尚书；元岩为兵部尚书；韦世康为礼部尚书；杨慧为左卫大将军；苏威为太子少保；贺若弼为楚州总管；韩擒虎为庐州总管；窦毅为定州总管……北周的元老大臣们也各有

封赏：申国公李穆被任命为太师；邓国公窦炽为太傅；任国公于翼为太尉……特别是李穆一家，全家有上百人得到官职。

而曾经协同杨坚夺权的刘昉和郑译，因为既无济世经国的才能，又耽于享乐，杨坚没有给予他们高职。这两个人心中难免不平，但时移世易，此时的他们再也不敢抱怨杨坚。北周的元老大臣们虽有高位，却并无实权，真正的朝廷重心在杨坚器重的高颎等人身上。

杨坚的老朋友庞晃来了，手里拿着当年那支射死雄鸡的箭，喜滋滋地对杨坚说："射雄鸡的预言，今天可应验了吧？"杨坚也一脸欢喜地说："从前说过的话，我哪里能忘呢！"庞晃被封为右卫将军，后来更成为隋朝的王公。

曾经预言杨坚能当上皇帝，又曾在周武帝面前替杨坚说话的来和也来了，杨坚自然记得他的功劳，给予他高官。后来，来和觉得官位低，还曾上书一封，自陈他和杨坚的交情，以及他在周武帝面前、在周宣帝死后对杨坚的帮助，杨坚看了之后，回想起过去那段患得患失的日子，又一次对来和大封大赏。来和这个术士，天机不知知道多少，心机倒是层出不穷，也算很有本事。

杨坚坐在皇位上，看着手下的良臣良将，志得意满，思绪万千。改朝换代，杨坚只用了八个多月时间，难怪清代历史学家赵翼说："古来得天下之易，未有如隋文帝者。"唐朝的李世民曾和他的大臣们谈论起隋文帝杨坚，李世民在肯定了杨坚的若干才略后，不免讽刺地评价他"欺孤儿寡妇而得天下"。不论后人对杨坚有何批判，公元581年建立的隋朝，都是所有中国人为之自豪的朝代，而开创这个朝代的隋文帝杨坚，也将在史书上书写属于他自己的丰功伟绩。

端倪

开皇初年,北方一片祥和气氛,新皇临位,国内太平,百姓们告别了荒唐的周宣帝,告别了起起伏伏的北周王朝,带着对太平国家的向往接受了杨坚的统治。朝廷上的大臣也得到晋升和赏赐,此时方才安心地透一口气。过去的两三年,时而是周宣帝心血来潮,时而是皇帝驾崩时的政局纷乱,时而又有三方叛乱的来势汹汹,他们简直喘不过气。如今,他们终于能冷静地回想这一年来发生的种种大事,并重新审视已经登上帝位的杨坚。

长久以来,北周的官员们对随国公的儿子杨坚只有一个印象:沉默威严。这个男人不爱说话,不论位居高官还是充当下僚,他都严肃认真,不群不党,为人低调。比起朝堂上那些功勋卓著的臣子,他的功劳并不多,谁也不记得他犯过什么错误。还有,人们都觉得他的运气不错,袭承了随国公的官职,在宇文护当政时候也没遭受迫害,此后更是成了太子宇文赟的丈人,未来的国丈,不论武帝一朝还是宣帝一朝,都是举足轻重的人物。

长安的百姓原本不知道杨坚的大名,直到他与皇帝结亲,才知道这号人物。再之后,就听说他在昏庸的宣帝面前,劝说皇帝不要使用峻法,百姓们都将这位国丈看成为民请愿的大好人,对他被宣帝冷落,还差点遭遇杀身之祸,都觉得不平和同情。

只有与杨坚私下里来往密切的亲戚和朋友,才了解杨坚胸怀大志,但他们理解的杨坚,是个宽厚慷慨的人,他对人一视同仁,诚恳豁达,让人感受到人格的魅力,这也是他们愿意跟随杨坚的原因。他们相信杨坚会是一个有为君主,自己的努力,会得到杨坚丰厚的回报。

直到有一日,杨坚突然成了北周的辅政,所有人才发现杨坚深藏不露的另一面,原来他的心思如此缜密,处事如此果决,手腕如此强硬。一些人暗叹这个人能把这些东西隐藏这么多年,实在是个人才,难怪能够得到今日的位置;也有一些人早就相信杨坚具备这些素质,如今不禁夸耀自己独具慧眼,早早就与此人结交。

一切事情进行得那么顺利,好像写在既定的计划表上一般。杨坚改朝换代的步伐越来越快,反对声越来越小,直至细不可闻。就连声势浩大的三方叛乱,在杨坚周密的调兵遣将面前,也迅速土崩瓦解,再也激不起波澜。大臣们都知道,杨坚废掉幼帝自立,只是个时间问题,而他们也做好了拥护杨坚为主的心理准备。到隋朝立国,杨坚称帝,百官们只如完成了一个任务,并无大悲大喜。

而对那些不愿意与自己合作的人,杨坚也并不为难,反而显示出君主的大度。杨坚还是辅政的时候,任命一个叫荣建旭的官员为息州刺史,那时候杨坚即将登基,就对荣建旭说:"你可以过几天再去赴任,和我一起享受荣华富贵。"荣建旭知道他的意思,却冷冰冰地说:"我不想听这种话。"然后,一刻也不耽误去了息州。

再次见面的时候,杨坚是皇帝,他特意召见荣建旭,想看看荣建旭有什么反应。荣建旭依然冷冷地说:"为臣的处境就像徐广和杨彪。"徐广是东晋大臣,刘裕篡权后,徐广悲痛欲绝;杨彪是东汉大臣,曹操挟持汉献帝后,他不愿与朝廷接触,整日以汉臣自居。这两个人都是传统意义的忠臣,荣建旭这么说，是当面讽刺杨坚篡权，也不怕杨坚的处罚。

杨坚读书并不多，也不知道谁是徐广谁是杨彪，他对荣建旭笑着说："朕不知道你说的是谁，但肯定不是什么好话。"说完，也并不处罚荣建旭，反而非常赏识他，加了他的官职。这种宽容的态度，让大臣们更加心甘情愿地为他效忠，认为杨坚是一个仁明的君主。

但是，在改朝换代的过程中，发生了三件事，让有心人对杨坚有了新的看法。

第一件事发生在尉迟迥兵败之后。韦孝宽接到了杨坚的命令，要在邺城完成两项繁重的工作：杀俘虏和拆城池。

尉迟迥手下的军队在战场上已经死掉一些人，剩下的有的投降，有的负隅顽抗，杨坚的命令是一个不剩，全部杀掉。韦孝宽在战场几十年，早已习惯了血流成河，但对这条命令，并不是没有想法。但丞相既然下令，将军只能执行。

跟随尉迟迥的士兵们遭了殃，他们或被直接斩首，或被拖去坑杀。有个僧人记录了这次大屠杀的惨状，说被斩者的尸体堆积在漳河之中，堵塞了河道，而尸身流出的鲜血，更将漳河染成血河。被杀士兵的叫声，围观者因惊吓发出的嚎哭声，在邺城久久不断，极为凄厉。这番景象，即使几百年后读来，也觉心惊肉跳，更何况当年居住在邺城的百姓。

处理完尉迟迥的军队，接下来遭殃的就是祖祖辈辈居住于邺城的百姓。邺城是东汉时期袁绍发展起来的一座宏伟的城市；三国时期的曹操以这里为根据地，挟天子以令诸侯；十六国时期也有政权将这里定为首都。北魏分裂后，邺城成为东魏的首都，后来也成了北齐的首都，已经有将近四百年的历史。此时，韦孝宽下令，所有邺城百姓即刻迁移，不得有违。

在北周军队的刀枪威逼之下，心不甘情不愿的百姓们只能收拾细软，由军队护送出了城门，大批百姓分批向河南迁移。而北周的士兵也已经实施下一个步骤，他们放了一把大火，将邺城烧得一干二净。一座雄伟的都城一夜之间消失，看到这一幕的邺城父老号啕痛哭，火光将他们悲伤的面孔照得更加凄凉。

邺城消失了，北齐的象征也消失了，从此北方再也没有这个政权的根据地。不论是杀光反对势力还是烧光可能的隐患，杨坚做到了真正的斩草除根，不给敌人任何翻身的机会，这种狠辣的手段取得最佳的震慑效果，也透露着杨坚内心的野蛮和果断。也许这才是杨坚最真实的一面，而那个低调谦逊地交结大臣的人，只是权力场需要营造的一种假象。

一旦遇到重大问题，他立刻表现出雷厉风行的一面，表现出君主的霸道与猜疑，表现出斩草除根的狠辣决心。他可以为某些目的仁义，更可以为自己的目的不仁不义，一切矛盾的行动都符合最高的政治目的，在那个年代，他是真正的政治动物，难怪能够成为最后的主宰者。而在那个百废待兴的隋朝，很多对杨坚歌功颂德，仍将杨坚看作朋友的官员们，并没有意识到这一点。这种认识上的误差，将会给他们的未来带来心理上的巨大落差，让他们**早晚会对杨坚产生抱怨心理**。

书生不足以议此

接下来的两件事,更让人对杨坚的"宽厚"、"仁慈"等种种美好品德有了疑惑。

隋朝建立,宇文氏政权退出历史舞台,但宇文泰的子孙仍然活着,让位的皇帝宇文阐也会一天天长大,如何对待宇文家的后代,是杨坚必须面对的问题。

内史虞庆则建议:"陛下,宇文家的后人留在人世,北周就有复辟的可能,必须铲草除根。"而高颎、杨慧等人则认为虞庆则的建议太过残暴,且毫无道理。当年宇文泰建立西魏,并没有屠戮元家王室成员,以温和的手段稳定了关中政权,百姓们也大大歌颂宇文泰的德行。如今宇文家的很多成员拥护杨坚的统治,为什么要多行杀戮?

但杨坚内心却认同虞庆则的建议。关陇集团的根基就是宇文家打下的,北方的统一更是周武帝宇文邕的功劳,宇文家的姻亲遍布朝廷,可谓盘根错节,即使杨坚尽量任用杨家子弟和自己的亲信,仍然打不破这个局面,倘若宇文家的人有了异心,他们很容易在自家创业的土地上得到响应,隋朝政权就会面临覆灭的危机。

这时又发生了一件事,更加坚定了杨坚的决心。

杨坚刚刚登上帝位,远在江南的陈朝还不知道有这么一回事,派两名使者出使北周。这两名使者远道而来进了长安，发现旗帜异色，国号更改，这才知道北周的变故。本来，他们应该顺应局势，赶快前去参拜杨坚，陈说陈朝的友好意向。没想到陈朝的这两个使者都没有外交头脑，只知道听命令，不知道变通。他们觉得既然国君命令他们出使北周，他们就应该去见周静帝宇文阐。

这件事让杨坚很是气恼，同时也让他意识到，不但国内有人支持宇文家，国外的敌对势力还有可能打着宇文家的旗号大做文章。而宇文阐现在年纪小，做不了什么事，焉知他不是下一个宇文邕，在自己面前装傻数年，最后夺回政权？杨坚越想越觉得不妥，决定根除宇文一族，高颎等人知道无法规劝，也只好表示赞同。

宇文皇族的末日到来了。周文帝子孙二十五家，孝闵帝和周明帝子孙六家，武帝子孙十二家，周宣帝两个还在襁褓之中的儿子，全部被赶尽杀绝。小皇帝宇文阐自然也不会被落下，在禅位之后不明不白地死去了。听说宇文阐去世，杨坚在朝堂之上假惺惺地流着眼泪，又找了个宇文家族的远亲继承了宇文阐的爵位，表示自己对前朝的"尊重"。

宇文皇族的男性被杨坚杀得一干二净，彻底断送了北周复辟的所有希望。这件事再一次印证了杨坚的狠毒，也是千百年后，人们称颂他的种种伟大的政治纲领之时，不得不对他的为人颇有不满。即使在当时，群臣中也不乏宇文王室的同情者，但政治家为了自保而对政敌严苛，似乎也无可厚非，所以，群臣在杨坚的赏赐之下，压住了心中隐隐约约的不安。

只有大才子李德林站出来，坚决反对杨坚的行为。

李德林从小就受儒家思想熏陶，儒家的根基是"仁"，为人为君，都要符合道义，讲求仁恕。李德林认为，隋朝取代北周，本就有道德的因素，如果再屠杀北周的宗室，那么这个王朝在建立之初就没有道德可言。一时之间，固然做到了根除后患，震慑四方，但长久以后，负面影响就会逐步显现，到了那个时候，即使教化也不能扭转局面。

李德林的担忧大有道理。隋朝并不是靠君主南征北战打下家底，而是因为杨坚有身份上的便利，直接窃取了幼童的国家。这种篡权本就让人不服，若再对宇文家赶尽杀绝，那么若干年后，隋王朝有风吹草动，也会有人毫无顾忌地篡夺这个"来路不正"的政权。李德林主张对宇文家宽容，是为了隋朝能够不被卷入北方政坛几百年来的恶性循环。

李德林以为自己一番诚恳的进谏，能够打消杨坚的杀戮之心，谁知杨坚听了大怒，对李德林说："君书生，不足以议此！"斥责李德林只是个不懂政治的书呆子，不应该对他指手画脚。李德林还记得当初杨坚刚刚辅政，是如何恭敬地向自己请教；也记得三方叛乱之时，杨坚对自己赞不绝口，而如今，稍有不合，杨坚就给了一句"君书生"的评价，而后继续杀戮北周王室，直到宇文泰的最后一个子孙消失在北方大地。

李德林突然明白，杨坚并不是真正地尊重"书生"，在有用途的时候，他愿意把李德林当作军师言听计从，把李德林夸成天上的凤凰；一旦李德林没有顺着他的意思，他就可以立刻弃之不用。杨坚需要人才，但人才只是他的夺权工具和统治工具，最好能够招之即来挥之即去，不能违背他的基本思想。

在骨子里，杨坚仍然是个武人，他相信强权和武力，认同阴谋与权术，能够确保政权的学说，才是他最需要的，而不喜欢书生们的大肆议论，甚至把李德林提倡的仁慈当作妇人之仁，尽情嘲讽。因为这次进谏，原本被杨坚器重的李德林遭到了冷落，官职长期停留在原位。——一切都必须为权力服务，有反对意见的人，即使是曾经的战友，也可以马上翻脸，长期冷落。

铲平邺城、屠杀北周王室、冷落李德林，这三件事伴随着杨坚建国立业，在热闹太平的表象下，最能反映杨坚的真实性格，长久的压抑，让他刻薄、疑心、冷血，这些本质结合雄才大略，礼让恭谦，构成了一个完美的帝王形象。这些特质既让他以最快的速度登上皇位，并开创了一个盛世，也为这个盛世的败亡，埋下了危险的伏笔。

三个女子

一个王朝建立，必然伴随着另一个王朝的覆灭，由宇文泰奠基的北周王朝历经二十五年历史，终于被杨坚的隋朝所取代。杨坚对宇文家的赶尽杀绝，扼杀了这个家族复兴的可能。曾经受过北周俸禄的大臣们已经穿上了隋朝的官服，对此就算有其他想法，也不能宣之于口，他们中有的如刘昉、郑译一般，只在乎自身的荣华富贵；有的着眼于将来，看重杨坚的能力，想要辅佐他开创一个太平盛世。不论群臣的心绪如何，北周都已经成为过去。

只有三个女子，在普天同庆的时刻，难以掩饰心中的不满。

第一个女子是杨坚的女儿杨丽华。

杨丽华是杨坚的长女，从小受到父母的宠爱，更因为身份的尊贵，曾对父亲有拥立之功，得到父亲的感激。但是，她并不赞同父亲的做法。杨丽华是北周的皇后、皇太后，也是父亲的爱女，在同样分量的感情，同样尊贵的地位之间，她看重的是良心和道义。她认为杨家能有显赫的地位，都是因为宇文家的提拔，而且，即使宇文护的霸道，宇文赟的昏庸，却也并没有损及过杨家的利益，宇文家也许于国有亏，但却没有做任何对不起杨坚的事。如今父亲依仗强势，废黜幼帝，另立王朝，无疑是对旧主的出卖，是忘恩负义的行为。

所以，看着父亲登上王位，自己也有尊贵的公主地位，杨丽华却并不开心，而是一脸闷闷不乐，这自然让杨坚夫妇心有不满。但回想周宣帝死时杨丽华运用皇太后的权柄，干预了时局，让杨坚顺利当上辅政，杨坚便原谅了女儿的叛逆，依旧对她礼敬有加。

小皇帝宇文阐被杀后，杨丽华的愤怒到达了极点。这个孩子并不是她所生，但已经在她身边养了一些时日，彼此颇有母子之间的亲热，八岁的孩子唯一能够依靠的人，也只有她这个母后。看到皇子被暗杀，杨丽华心如刀割，却不能阻止父亲。

隋朝进入太平年代后，杨坚夫妇见女儿依然年轻，很希望给她找一个优秀的夫婿，让她不致年华落寞，青春虚度。但杨丽华坚决地拒绝了这个要求，悉心抚养她和宇文赟唯一的女儿，并亲自为女儿择婿。而杨丽华的心结久久不能解开，之后的半生，都在亲情与道义的思考中郁郁寡欢。公元609年，她跟随已经当了皇帝的二弟杨广巡幸张掖，死于河西。杨广按照她的遗愿，将她的封地转给她的女儿和女婿，并将她与周宣帝宇文赟葬在一起。

第二个女子是曾经劝导周武帝宇文邕的窦家小姑娘。

小姑娘是上柱国窦毅的女儿，从小就聪明有心计，而且有耿耿傲骨，是个典型的北方巾帼英雄。她听到杨坚篡位，宇文家族被屠戮，气得吃不下饭，连日哭泣，对父母说："我只恨自己不是个男人，不能去解救舅父一家人，只能看着奸贼得逞！"她的母亲连忙掩住她的嘴，柔声规劝："孩子，快别胡说，被人听到是要诛杀九族的。"

窦家小姑娘眼泪汪汪，不再叫嚷，想起英明神武的宇文邕，想起宇文邕对她的夸奖，不禁悲从中来。随着年岁的增长，阅历的丰富，她能以更平和客观的心态看待改朝换代，也能承认杨坚所治理的国家，的确让许多百姓过上了太平生活。那曾经铭心刻骨的恨意，也在不知不觉中转换为更圆融的智慧。这样的女子，影响了她后来的丈夫李渊，使李渊更有勇气担负天下兴亡，承担推翻隋朝暴政的责任。

第三个女子是远嫁突厥的千金公主。

千金公主是赵王宇文招的女儿，继承了父亲的聪明才智，也在父亲的影响下博览群书，写得一笔好字。千金公主的童年、少年生活极其安逸，是一个典型的富家娇女，她的父母和她都认为，她会像同时代的北周贵族女子那样，嫁给一个有才华有能力的丈夫，过着富贵荣华的一生。没想到周武帝突然去世，北周在宣帝的糟蹋下国力下降，只好与突厥和亲来维持和平，而在诸多皇室女子中，千金公主成为和亲的人。

千金公主离开国内的时候，杨坚已经成为大丞相，她在突厥时刻惦念着自己的国家和亲人。突厥在北周也有自己的眼线，坏消息不断传来，她的父亲、兄弟都被杨坚杀害，杨坚登上皇位，又杀掉了北周的皇族和小皇帝宇文阐。千金公主不在国内，反而逃开了杨坚对宇文家的迫害，她捶胸顿足，为自己的国家痛哭不已。

千金公主的恨意不只是心理上的,她发誓要以实际行动向杨坚报复。这个刚烈的女子,今后将要用自己的影响力,影响突厥的可汗,给隋朝带去了许许多多不必要的战争和麻烦。

北周已经成为历史,只剩三个女子在哀悼、在坚持、在抗争,给人以道义与责任的思考。而历史的车轮不会因为她们的叹息而停止,更多的人看重的是现实的生活。新的王朝能不能比旧的王朝更进步,更稳定,更有活力,才是人们更关心的问题。于是,人们跟随着杨坚,信心百倍地走向全新的生活。

四面受敌

一个刚刚建立的王朝必然引人注目，而一个由权臣篡权而来的政权，一来立足未稳，二来皇帝并无太大名气，则会引来更多人的注目。这些人来自四面八方，他们以敌意、揣测、贪婪的目光盯着北方的土地，他们不约而同地想到，如果能趁着这个新政权刚刚落脚就把它扼杀，那么这块土地也许是自己的；就算不能蚕食吞并，也可以从中渔利。

所以，每一个新生政权除了要在自己的地盘站稳脚跟，还需要面对来自四面八方的打劫者，他们个个不怀好意，且有备而来，不准备空手而归。杨坚登基后，首先要面对的不是如何治国，而是如何才能保证国家的安全，确定隋朝政权的地位，让本国百姓和四方敌人不敢存有小觑之心。这时，最要紧的就是打几个漂亮的仗。

开皇元年，刚刚诞生的隋朝政权势必要面对狂风暴雨般的敌人。他们根本没有约好，却一齐向隋朝发难。先是突厥沙钵略可汗举兵来袭，说要为自己的妻子千金公主的家人报仇；北齐的残存势力高宝宁也带着军队从东北席卷而来；西部的吐谷浑看到有便宜可占，毫不客气地对隋朝出兵；江南的陈朝政权也不闲着，开始攻打隋朝的领地。一时之间，东西南北，四方都是大军，到处都有敌人。

杨坚临危不惧。

这么多年来，他经过一次又一次的风险，都靠着沉着与缜密安然度过，如今他是一个大国的君主，掌握自己的军队，又有足智多谋的朝臣，怎么还会怕呢。何况越是这个时候，越能反映出主君的素质，自己一旦慌张，就会让尚未稳定的朝廷跟着动摇，更会让那些心存疑惑的官员轻视自己。镇定自若，才能让他们不敢起异心。

杨坚与谋臣们很快定下了应战策略，决定各个击破，先击退陈朝和吐谷浑，再啃硬骨头突厥。杨坚反复叮嘱南下的将领：不要着急对付陈朝，只需要把他们打败即可，我们最重要的目标是突厥。叮嘱数遍仍不放心，派出自己最放心的高颎前去督战。

吴州总管贺若弼和庐州总管韩擒虎是这一战的主力，他们都曾是北周的大将，改朝换代，他们在平叛战争中立下不少功劳。这两个大将带领军队，打得陈朝军队连连大败。当时的陈朝皇帝陈宣帝为战事担忧，竟然一病不起，没多久就死了。隋军士气大振，都希望趁此机会渡过长江，一举攻陷陈朝。

没想到，高颎泼来一盆冷水，命隋军立即班师，理由是趁着别国国君新丧前去打仗，不合道义。隋朝的士兵们心不甘情不愿地一步步往长安挪，哪里知道高颎心中的大计划和战略性的长远目光。不论如何，对陈朝的作战以胜利告终，南方边境安稳了。

接下来，西部战场也传来捷报。元谐率领骑兵大破吐谷浑大军，令吐谷浑士兵四处逃窜，而隋军在大漠中追出三十余里，这才收兵。对吐谷浑，杨坚的政策依然是边打边安抚，能和平就不打，为的是保存实力。吐谷浑见隋朝不好欺负，也不敢再来骚扰，而隋朝的大将留在凉州，监视吐谷浑的举动，保卫隋朝西部边疆。

接下来，隋朝全力与突厥作战，靠着将军们的智勇，谋士们的长策，全体官兵上下一心，终于击败了这个强大的敌人。隋朝与突厥的关系错综复杂，且突厥被打败这一次，还将持续不断地骚扰隋朝，令战争旷日持久地延续下去，为了使本书的叙述更有条理，这一部分历史，将在后面的章节详细讲述。

打败了陈朝、吐谷浑、突厥之后，杨坚没有忘记东北方还有个高宝宁，他命幽州总管阴寿前去攻打。阴寿的进攻很顺利，但高宝宁落败之后，不是向突厥求救，就是引靺鞨、契丹等少数民族的军队来帮忙，和阴寿的军队缠斗不休。阴寿知道高宝宁难缠，索性放弃正面进攻，用反间计怂恿高宝宁的部下投降，最后，高宝宁被部下杀害，隋朝东方终于不再有边患。

打败了四面而来的敌人，杨坚信心倍增，在他四面出击的过程中，治国的脚步也没停止，如今四境安宁，他越发有自信治理好这个新生的国家。

营建大兴城

在万物复苏的春风中，隋文帝杨坚开始了他的帝王生活，他脑子充塞着各种治国理念，各种想要颁布的政令，各种想要讨论的国家弊病，他是一个勤勉的人，如今当上一国之君，更不放松对自己一丝一毫的要求，古代帝王那些吃喝玩乐的把戏，他不屑为之，而是把百分之百的精力，投入到国事之中。

不过，当他看到从北周统治者手上继承的国都，心头还是有一丝阴翳。

北周的国都长安，也是汉代的首都长安，距隋朝立国已经有八百多年历史，是座名副其实的古城。这座城市历年来饱受战火的洗礼，烧了建，建了烧，刀光剑影，碎石瓦砾，杂草民宅，古树新宫，所有这一切杂糅在一起，一眼望去既有帝都的巍峨和历史厚重感，又让人觉得杂乱无章。因为常年的开发和战乱，长安古城出现了严重的水土问题，地下水污染严重，附近植被破坏严重，因为临近渭水，这里常常闹水灾。

杨坚虽然并不赞同帝王应该过奢华的生活，但却认同帝王居住的地方应该威仪雄壮，国都的存在，应该是天下百姓心目中的圣殿。而现在的长安城，布局不严谨，官府和居民区交错，皇宫位置偏僻，完全没有君临天下的气象。这么一个破败的都城，怎么能折服百姓，震慑四夷？杨坚想要在其他地方另建一座都城，以符合自己对帝都的要求和想象。

杨坚想迁都，还有另一个深层的心理原因。长安城久经战乱，世世代代的百姓都相信这座城里冤魂缭绕。近日杨坚又对宇文家族大杀特杀，百姓们害怕，都说宇文家的冤魂还聚在城中，夜夜啼哭。更有人说尉迟迥叛乱时杨坚杀人太多，长安城阴魂不散。杨坚性子刚强，但这种话听多了，疑心生暗鬼，也觉得长安城的夜晚漫长，空气中偶尔传来一两声哭泣，就让他觉得是不是被自己杀掉的人前来喊冤。无论如何，这座阴森森的破败城市，都不能让杨坚满意，他想尽快搬到一个开阔、明朗、干净，又符合帝王身份的城市居住。

杨坚有这种想法，却迟迟没有行动。杨坚有个优点，就是对自己要求极其严格，很少做损及民众利益的事。他见国家刚刚遭逢战乱，又有突厥、陈朝这样的强敌威胁边境，而国库并不充裕，就不愿在这个时候营建新都，铺张浪费。正在犹豫，擅长揣摩圣意的天文学家虞季才又来给杨坚解围了。虞季才说他夜观天象，发现天象预示隋朝应该迁都。

有了虞季才的汇报，杨坚才叫来群臣一齐商议。老臣李穆在百官之中威望最高，这时又代表群臣表态。他也向杨坚上书，认为"帝王所居，随时兴废，天道人事，理有存焉"，陈说如今的国都残破不堪，大隋应该有一个新局面，理应营建新都，"副圣主之规，表大隋之德"。群臣既然没有意见，杨坚便下诏营建隋朝的新都。

杨坚从小在关中长大，关陇集团的大本营也在这片有山有水、可攻可守的土地上，大家都不愿离开关中。于是，新都的地址就定在旧长安城的东南方，龙首原的南部找了个开阔地带，那里远离渭水，杜绝了水患，龙首原这个名字，又有吉祥的含义。

新都的设计交给当时名重一时的建筑师宇文恺。宇文恺是平叛将领宇文忻的弟弟，他的父亲兄长都是武将，但在武将世家长大的宇文恺，却从小就对建筑感兴趣，他博览群书，多才多艺，设计了不少优秀的建筑。而且，因为他看书多，对历史人文多有了解，能给建筑物赋予更深的内涵，平添艺术美感和人文价值。

宇文恺高兴地接受了这个任命，开始设计隋朝新都。杨坚又命高颎亲自当监工。宇文恺设计的都城东西长9741米，南北长8651米，总面积84平方千米，是汉代长安城的2.4倍，是明代北京城的1.4倍，比当时的罗马首都还要大7倍，可谓当时最大的一座城市。经过宇文恺的合理规划，宫城、皇城、外郭城层层环绕，如众星捧月般围着皇帝居住、办公的地方。街与坊规划齐整，对称美观，更有一条位于中轴线的朱雀大街，宽150米，气派无比。

宇文恺不愧是著名建筑师，不但考虑美观，还考虑到安全。他将皇宫北面设为皇家禁苑，又将皇帝的居住区和办公区隔开，将皇城与百姓居住的地方隔开，如此一来，既显示了天子的威严尊贵，又解决了守卫的需要，真是一座完美的城市

杨坚对这样的设计怦然心动，高颎也带领工人加班加点。隋文帝又下令务求节俭，于是，营建新城的材料，多数都是从旧长安城拆下来，运抵建筑工地。在营建的过程中，杨坚既注意体恤民力，又尽量节约成本，监工与工人们也各尽其能，这项大工程不但没有让国民抱怨，反而为杨坚赢得了不错的声誉。

仅用了十个月，新城就建成了，都城的名字叫什么，杨坚也已经想好了，他想起当年他得到的第一个封号是"大兴郡公"，新都就叫作"大兴城"。而"大兴"这两个字，本身就预示着兴旺繁荣，杨坚希望这座巍峨的新城成为隋

朝国运的象征。

公元583年3月18日，隋文帝杨坚带着文武百官，皇亲国戚和旧城百姓一起搬家，并大赦天下，让普天下的百姓都来享受这份喜悦。新城的清理还没结束，设施并不完善，但这座气派的城市赢得了上下一致的好感，所有人都投入到改善居住环境的建设之中。很快，大兴城人丁兴旺，欣欣向荣，充满一个大国国都的生气。

摆脱了破旧阴森的旧城，住进了雄伟气派的新城，杨坚更有天下之主的自觉，他想起三个世纪以来的人们，每天都生活在战乱和恐怖之中，何尝享受过此等喜悦。他在心中暗暗下定决心，一定要结束所有动乱，让天下百姓在一个富裕安定的王朝安居乐业。

举国汉化

进入大兴城的那一刻,杨坚想到了那个长久地占据他心头的梦想。

杨坚是一个胸怀大志的人,他的大志,并不仅仅是从宇文家的后代手中夺得皇位,享受百官万民的膜拜。当皇帝,只是他人生目标的第一步,他真正的梦想,是建立一个和平昌盛的大一统社会,这个盛世将光炳千秋,垂范万代。

所以,掌权的杨坚以全局目光观察着国家的上上下下,真正做到了关心社会,心系民生。所以,他不容许自己有懈怠、享受的念头,以极其严格的标准要求自己的一举一动,争取让自己的每一个行动都成为官员们和百姓们的典范。他真正做到了严于律己,这就是杨坚和历史上很多皇帝的不同之处。

杨坚有真正的雄心大略,他从北方持续了几百年的动乱中,看到了人心所向,人们渴望安定,渴望和平。但是,即使吞并了北齐,国力增强,北周依然在强邻的威胁下生存,国家也不得不把大部分精力放在练兵、备战、交战上。这样的国家不会有真正的和平,这样的百姓也不会真正安心,想要缔造盛世,最要紧的是先缔造一个统一的国家。

杨坚想到了秦始皇、汉武帝,他们是有为之君,以强有力的手腕宣扬国威,让四方臣服,只有这样的皇帝,才能让杨坚神往。中国历史经过三百多年的分裂，如今，是该有人将南北政权归一，实现多民族大一统了。

"大一统"这三个字是历代国人的梦想，当年秦始皇统一六国，统一度量衡，统一文字，让普天下的百姓第一次认识到"大一统"的便利。过去，他们去其他国家，不但有通关上的麻烦，还要面对各个国家的车辙大小不一的交通问题，面对各个国家货币不同的兑换问题，面对各个国家的语言不通的交流问题……于是，原六国的官员和百姓同时意识到了统一带来的实际好处，民族的向心力渐渐形成。

经过短暂而混乱的秦末农民战争与楚汉争霸，汉朝登上了历史舞台，再一次统一全国，国内经济、政治、军事的统一调度，渐渐驰骋塞外，击败匈奴，开通西域，让周边政权都折服于大汉的威名。在大自然的灾害面前，大一统的好处显示得更加明显。今年北方有旱灾，国家统一将南方的稻米运去赈灾；明年南方洪水泛滥，北方的物资被官兵运送到灾民手中……一切好处都是由大一统带来的，而大国地位的奠定，民族的骄傲也由此而来，从此大一统的种子在每个人心中萌生。

对于深受胡风影响的关陇集团来说，大一统的历史已经是一个遥远的长梦，他们中的祖祖辈辈一出生就面临着四分五裂与血雨腥风。杨坚想要统一全国，既是为了自己的雄心壮志，也满足了当时国人的心愿。

国家需要文化根基，需要文化上的认同和统一，而少数民族的文化混乱不堪，不能成为全体国人联系的纽带，只有博大精深的汉文化，才能担任这一重任。而且，杨坚祖祖辈辈都是汉人，在北周生活的他和他的家人，虽然受胡风影响，日常生活都呈现鲜卑贵族状态，但骨子里流的依然是汉人的血。

北方经过三百多年的融合，特别是北魏孝文帝以强力的改革，加速了民族融合，使各个民族增加了认同感，也使汉文化的地位空前提高。在宇文泰、宇文邕等人治理的北周，也竭力加强儒学的宣传，就连昏聩的周宣帝，也在形式上大搞崇汉主义，要求官员们和他一样穿汉朝服装，一切，都无声地彰显着汉文化无可取代的地位。

所以，当杨坚寻找大一统的思想基础，他没有利用大江南北流行的宗教，而是毫不犹豫地选择了汉人文化和儒家学说。他将高贵的赐姓"普六茹"舍去，改回"杨"姓。并先从形式上改革旗帜、服饰、车舆，等等，一时间移风易俗，上行下效。

北方的汉人与少数民族杂居多年，生活习惯早已和胡人同化，他们已经习惯穿胡人的衣服，起胡人的名字，吃胡人的饮食。如今杨坚要求他们恢复汉姓，重新确定了服饰的要求，他们还不太习惯。不过，强力的政令和贯彻的决心，强迫所有人必须遵守，没多久，大兴城的街道上，再也没有各种奇装异服，各种奇形怪状的车轿，代之以严整的规矩，初步有了大国国都的庄重感。

在人口构成上，汉人一直占大多数。隋文帝杨坚所做的一切不是复古，而是以建设者的姿态重新塑造北方居民的精神面貌，让中华传统文化重新回归。

从杨坚对李德林的态度就可以知道，杨坚对汉儒文化并不十分看得起，他本身读书也不是很多，并不了解汉文化的渊博与重要。能够敏锐地抓住汉文化这个大一统法宝，一是因为杨坚有敏锐的政治触觉，从儒家文化强调的忠君爱国观念上，看出了这是统治者最需要的思想武器；二是因为北方的几个有为君主不约而同地强调汉化，杨坚善于吸收前人的经验，自然不会忽视汉化的重要；三是杨坚是汉人，为了统治的合法性，正当性，必须提高汉人的正统地位，才能真正服众。

杨坚是个幸运的帝王，他生长在乱世的末尾，靠着旁人无法企及的好运气，不费多少力气就成了大国的君主。更幸运的是，他准确地抓住了时代的脉搏，把握了时代的需要，在中国北方重新竖起汉人政权的大旗，既加速了民族融合，又在集体无意识的层面上结束了时代的断裂，重新找回了中华文明的本源。以此为基础，轰轰烈烈的统一大业即将开始。

第六章 / 治国大计

三省六部制

想要统一中国，穷兵黩武不是办法，发展自身的实力才是正途。隋文帝杨坚从不急功近利，他凡事都有长远打算，明白只有政通人和，国力充足，人民强健，才有可能进行长期的拉锯战，才有可能在攻打陈朝的同时，应对来自西部和北部的那些彪悍的敌人。

所以，隋朝建国后第一件要事就是治国。

稳定、合理的国家制度是发展的根本，可以带动整个政府的效率。一个国家就像庞大的机器，各个部门之间需要遵循一定的规律，才能保证彼此配合得当，避免顾此失彼，资源浪费，所以，从古至今，政治家们总是希望制定一套行之有效的制度，来保证国计民生，长治久安。有些人遵循成例，有些人改革创新，其间发生的种种冲撞与故事，在此不一一赘言。

且说那个时代的中国北方，很多政权从创立伊始就处于混乱状态，还没有摸索出国家的基本形态，就已经被另一个政权消灭。而生命力较强的政权，却因为本民族是关外的流动人口，缺乏治国经验，只能从汉人的奠基中汲取智慧，在周朝、汉朝的书籍上断章取义，加以想象发挥，设置似是而非的国家机构和官僚组成。所以后世的有识之士才嘲笑这一阶段的北方官制非驴非马，让人啼笑皆非。

就拿宇文泰在关中地区的改革为例，宇文泰根据《周礼》，设置了六官，中央设大冢宰，为天官；大司徒为地官；大宗伯为春官；大司马为夏官；大司寇为秋官；大司空为冬官。而大冢宰又是百官之首，所有官员都要听命于天官。这种官制的弊病很明显，就是大冢宰的权力过大，没有人来约束，容易造成权臣独揽朝政。所以，宇文邕改革了这种官制，取消了大冢宰的地位。

杨坚本人亲历了宇文护专政时期，又亲历了周武帝改革官制，对国家制度有自己的观察和思考。他认为国家制度既是为了保证国家的和平，机构的合理运行，又要维持皇帝的帝位，不能让任何大臣有机会凌驾于皇帝之上，这就需要官员之间的约束，这种约束必须定为制度才能奏效。各个部门既要各司其职，又要彼此监督约束，这就是君主需要的制度。

隋文帝和群臣几经商议，决定在比较成熟的北齐官制基础上，吸取历代治国经验，创立了"三省六部制"，这是隋朝的基本政治制度，这种官制废除了北周以及少数民族政权的刻意模仿、枝枝蔓蔓，将官制变得简洁，明确，直接：

三省：尚书省，门下省，内史省

六部：工部、吏部、兵部、礼部、度支部、都官部

三省中，内史省由内史令负责，这个机构的主要工作是起草诏令；门下

省由纳言负责，部门主要工作是审核诏令；尚书省由尚书令负责，部门工作是执行诏令。这三省的长官都是朝廷的宰相，这种安排，让三位宰相互相牵制，决策与执行分开，也分割了宰相的权力，避免了个人专权。对君主来说，既减轻了自身的负担，也建立了权力约束机制，不必担心大权旁落。

尚书省是全国政令的执行机构，也是国家最高行政机构，位置最为重要。尚书省下设六部。六部各有分工：工部主管工程、水利、交通；吏部主管全国官吏的任免、考核和升迁；兵部主管国家武官的选拔和兵籍、兵器；礼部主管礼仪、学校、祭祀和外交；度支部，主管土地、户籍、税收，是国家财政部门，后改为民部，唐朝时为避李世民的讳，改为户部；都官部主管法律、诉讼和刑罚，是国家法律部门，后改名为刑部。

三省六部制有时会被人与西方传统的"三权分立"作比较，二者虽然形式上有共通之处，但本质上天差地别。三省六部制是统治者为了避免宰相专权，想到的制衡宰相权力的方法，目的是加强皇权；三权分立却刚好相反，为的是防止专权和维护民主。前者是专政体制下的政府组织形式，后者是民主社会的权力制约机制。

三省六部制诞生的目的虽然是为了维护皇权，但在实际上也对皇权有一定的制约作用。皇帝颁布命令必须交由门下省审议，门下省有权驳回内史省的政令，这就减少了错误政策的通过，也减少了资源的浪费。不过，皇权至大的情况依然没有改变，皇帝的意志高于一切，可以左右人的生死、升迁，所以，科学合理的三省六部制，也只是皇权统治的工具。

三省六部制脱胎于汉魏官制，尚书省是曹魏时确立的中央机构；中书省也是曹魏时期形成的；门下省，则是东汉末期开始成型，与中书省制衡。隋朝确立三省六部制，总结了前人的政治经验。此外，还有掌管宫中事务的内侍省和掌管图书历法的秘书省，这两个机构对整个国家权力来说并不重要，虽与其他三省并称"五省"，却在多数时候被人忽略。五省之外，另有御史台、太常寺等机构。

三省六部制确立的同时，也确立了宰相人选，也就是高颎、虞庆则和李德林。这三个人都是汉人，也就是说，在官员构成上，杨坚依然强调汉人治国。而在六部长官的人选上，杨坚巧妙地搞了一个政治平衡，既有鲜卑化的汉人，又有西魏王室的后人，还有关中世族，尽量照顾了所有利益集团，让他们无从抱怨，文帝绞尽脑汁的政治布局，的确收到了良好的效果。可以说，在开皇初年，除了必须根除的宇文家，杨坚做到了让大多数集团"利益均沾"，使政权更加稳固。

不过，对皇帝来说，三省六部制依然有一些缺憾，就是尚书省权力过大。杨坚想到的办法是不设尚书省的长官，只设左右仆射相互制约，而尚书省的真正长官尚书令一职，则长期空缺。

在中国历史上，三省六部制的确立有重大意义。它标志着中国封建社会权力机构的完善。这一制度在唐朝被进一步完善确定，继而被历代封建王朝效仿，在中国沿袭了一千多年，充分说明了它的功效与活力。有了这样一套有效的中央机制，隋朝的统治更加稳固，也为这个王朝的发展起到了积极的推动作用。

《开皇律》

中国封建社会是人治社会，但历代君王都明白，治国的基础不是皇帝的金口玉言，而是法律。一个社会只有法制健全，才能从根本上防止犯罪行为的出现，让社会个体的生活有规范化的准则。所以，历代有为君王都会重视法律建设，也会在某些时候遵循"王子犯法与庶民同罪"的平等的法律精神。历史上也不乏重视法律、对抗权贵的官吏。可以说，法律是社会公正的体现，一个尊重法律的政权，会让百姓更有安全感和归一感。

在中国，法律的发展完善经过了长期的过程，又因朝代的不同各有特色。有些君主受黄老思想影响，或因为国家状况不得不实行从轻的法律；也有一些君主为了钳制百姓，滥用酷刑，导致怨声载道；还有一些君主因为国家状况需要，不得不颁布严峻的律法来维护统治。总的来说，盛世施仁政，乱世用重典，是有识之士的共识。倘若反过来，往往造成天下大乱。

而隋文帝想要制定新的法律，直接原因是他对北周法律的不满。周宣帝颁布的那部天怒人怨的《刑经圣制》，大大小小的罪名将近两千条，老百姓坐在家里都可能不小心触犯到法律，这样的法律让人们动不动就"犯罪"，也就不在乎是否会犯法。更有人会想反正犯大罪和犯小罪的处罚差不多，犯大罪倒更划算。这就是滥用重法带来的坏处。

《刑经圣制》颁布后，一向闷不吭声的杨坚头一次对皇帝进谏，可见他对法律实施的重视和担忧。周宣帝死后，杨坚当上大宰相后所做的第一件事，就是马上废除《刑经圣制》，颁布了一部《刑书要制》，革除了周宣帝时期的酷刑和峻法，也迅速地收买了人心。杨坚尝到了甜头，也明白了一部清简的法律对一个政权的重要性。

国有国法，家有家规。杨坚登基后，依然坚持法律是治国的基础，于是命高颎、杨素等人重新制定法律，后来又由苏威、牛弘等人加以修改，这部新出炉的《开皇律》遂成为隋朝立国之本，而这部法律也受到了官员和百姓的欢迎。

《开皇律》有《名例》、《职制》、《户婚》、《厩库》、《卫禁》、《贼道》、《擅兴》、《斗讼》、《诈伪》、《捕亡》、《杂律》、《断狱》十二篇，五百条，被评价为"刑网简要，疏而不失"。从汉代以来，中国的法律越来越密，南北朝时期，律法更是密密麻麻，处罚也日趋严重。直到北齐时候，高湛才改变了这个局面，将国家法律定为十二篇四百九十四条，隋朝的法律就是在这个基础上，经过细致地增删修改完成。

由此可见，隋文帝并不是一个开创者，他的优点在于能够吸收历代统治者的长处，做一个集大成者。这个特点又恰恰符合了他的历史位置：乱世的收尾者，盛世的奠基人。他大刀阔斧地摒除了前人的弊病，将前人制度的优点保留下来，这种集大成，本身就是进步。《开皇律》也是一部集大成的法律，它的精神是忠君、宽容、人道，废除了历代法律的诸多陋习，让法律不再是精神枷锁，而成为维护社会与人际关系的纽带，由一种消极的钳制变成了积极的推动。《开皇律》是一部有正面、积极意义的法律。与北方过去混乱的法律比起来，《开皇律》不但律令明晰，还有许多优点：

《开皇律》最大限度地限制了酷刑、减少了死刑。

中国的刑罚制度由战国时期开始发展，有死、流、徒、鞭、杖五种刑罚，历代刑罚中不乏宫刑、车裂、枭首、连坐等残暴行为。杨坚命令将这些刑罚一律废除，这些野蛮的刑罚令人深恶痛绝，一旦废除，无疑大快人心。据统计，新法令废除了过去的八十条死刑，一百零五条流刑和上千条酷刑，百姓怎会不拥护这样的法律。

律令是基础，执行也是一大重点。隋文帝又在法律程序方面制定了若干规矩，让国家司法朝更有利于民众的方向发展。隋文帝规定，但凡百姓对判决不服，或有冤屈者，倘若当地机构不予受理，就可以越级上告，若州官还无法解决，可以一直上告到朝廷。这种规定，已经接近于现代法律。

在审讯过程中，律法强调减少刑讯逼供，明确规定拷打犯人不得超过二百下，尽可能避免屈打成招，体现法律的公正。此外，即使犯人被判处死刑，也要"三奏后行刑"，这又延长了判决的过程，最大限度地避免了冤案产生。

《开皇律》毕竟是封建社会的法律，它的根本目的，仍然是维护统治阶级的利益，首先就是要维护皇帝至高无上的权威。《开皇律》规定，重罪有十条，分别为谋反、谋大逆（毁坏皇陵）、谋叛（叛国罪）、不道（引起社会公愤的恶行）、恶逆（殴打、杀害尊长）、大不敬（冒犯皇权、毁坏皇家物品）、不孝、不睦、不义、内乱（近亲私通危害家庭伦理），这十条重罪又被称为"十恶"，也衍生了成语"十恶不赦"。触犯"十恶"的犯人，"虽会赦，犹除名"。由此可知律法对皇权、对伦理的重视，律法的条条框框，都在维护封建社会的道德和秩序。

统治阶层不只有皇帝一个人，还要兼顾官员和贵族们的利益，以保证统治集团的稳固。在这一方面，律法也有明确的条文规定：对亲、故、贤、能、功、贵、勤、宾等八种犯人给予特权，可以减免刑罚。后来，这种维护贵族、功臣的律条发展为"议、减、赎、当"制度，为当权集团的利益提供了法律上的保证。

继三省六部制之后，《开皇律》是杨坚对中国历史的又一伟大贡献，这部集大成的法律为后世立法提供了基本原则，搭建了基本框架，此后的朝代基本依从《开皇律》这一蓝本。故《开皇律》标志着中国法律的成熟，它与西方526年颁布的《查士丁尼法典》（又称《民法大全》）并立，各自成为欧洲、东亚的立法规范，具有广泛深远的影响。

法律的确定与完善，令隋朝的统治从一开始，就有一种成熟的风格，有法可依，有理可据，整个官僚集团能够不慌不乱地进行国家建设，使隋朝的发展稳健扎实，这也正是杨坚为人、为政的特点。不论从理念上、形式上还是执行上，这种加强君主专制的法律，也为今后的大一统创造了条件。

土地与农民

农业社会，土地是根本。

古代社会农民起义不断，官阀彼此争斗，国与国冲突，为的就是争夺土地。有了土地，才能有粮食，有人口，有生存必需品，才能仓廪实而知礼仪，才能由弱变强，由小变大。所以，国家必须牢固、有效地控制土地，才能保证社会的稳定和人民的生活。杨坚自然不会忽视这一根本性问题。

在解决国家问题的时候，杨坚习惯向前人"取经"，而北魏时期的一项制度，为杨坚解决土地问题做出了一个良好的示范，这就是北魏颁布的"均田令"。这项法令规定，土地一律归国家所有，十五岁以上男丁由国家分给露田（不栽树的粮食地，与种植树木的"桑田"对应）四十亩，妇人分露田二十亩，奴婢分二十亩，家里有耕牛的，再加三十亩，以四头牛为上限。受田者不得买卖、转让土地，死后田地收回国有。每户分配桑田，为永业田，可以由子孙继承。

均田令的好处是保证了农民的利益，让农民切实地拥有了可以耕种的土地。而在过去，土地都在豪强地主手中，为了生存，农民或者依附于豪强地主；或者被迫迁徙，去寻找尚未开垦的土地；或者干脆为了吃饭，走上了造反的道路。而对国家政权而言，农民是基础，一旦农民依附地主，地主集团的势力就会大大增强，甚至凌驾于皇权之上。东汉的政权之所以四分五裂，正是因为国家没有办法遏制地主集团的势力。所以，均田令的推行，对农民、对皇权都有极大的好处，这一点，杨坚看得很清楚。

于是，隋朝的田地法令很快出台：

按照朝廷官阶高低，官员享有"永业田"，国家不予收回，可以传给子孙。官阶越高，受田越多；对农民则规定，每对夫妇受露田一百二十亩（男人八十亩，女人四十亩），家有耕牛每头再受六十亩，以四头牛为上限。土地归国家所有，不得转让，死后收回。此外每人可享有永业田二十亩，并分给桑树、榆树、枣树，死后国家不收回，由子孙继承。

"耕者有其田"是古代政治家们的理想，但是，"均田令"毕竟是一种带有乌托邦色彩的法令，在实际推行过程中，难免遇到种种阻碍。尽管隋文帝一再派官员到各地推行均田，但有的地区田地数量有限，无法按照法律规定配给给农民；有些贵族提出反对，隋文帝不得不对这些势力让步。尽管如此，在杨坚的坚持下，豪强地主霸占土地的风气得到了改善，大部分农民也有了自己的土地（虽然没有达到法定数目），农民有了立足之地，自然激发了他们生产的热情，于是，隋朝的生产力大大提高。

与土地配套的是税收和劳役制度。政府想要运作需要金钱，金钱来自农民的税收；政府想要建设公共工程，想要征兵打仗，依然需要农民，所以，政府分配土地，农民在耕种的同时，也要奉献自己的收入和劳动，这就是"租"和"调"，以及"役"。

租，是指农民按规定向国家缴纳粮食；调，是指农民向国家缴纳纺织品；役，则指为国家出劳力做事。隋朝政府轻徭薄赋，不但减轻了租调，还减少了每年服役的日期。十八岁到六十岁的男丁都要服役，隋朝又规定男丁超过五十岁后，可以缴纳实物代替服役。这些措施，都从制度上保证了百姓们的生产积极性。

对百姓轻徭薄赋，是为了加快国家的建设步伐，但在实际的交租服役过程中，隋朝政府又遇到了麻烦，这麻烦依然与豪强地主有关。在北周、北齐，虽然朝廷一再均田、轻徭役，某些地区依然受田不均，农民负担太重，于是一些农民不向国家报户口，而是依附地方上的地主，这样既能逃避徭役，又能吃饱饭。于是，隋朝初年，有大量"黑户"存在。

"黑户"的存在消耗着国家资源，却不能增加国家收入，必然造成国库的空虚。隋朝政府经过实地调查，确定地方州县隐瞒户口现象十分严重。还有些家庭为了逃避徭役，故意虚报年龄，早就过了成丁年龄的男人在报户口时说自己不满十八，还没到退休年龄的人则称自己年过六十，这又让国家服役的人大大减少。

了解了这种情况，隋文帝决定重拳出击，一举解决这些问题。解决问题的政策叫作"大索阅貌"，是隋朝时的"人口普查"。首先命令基层官员检查户口，然后核查，若在核查中发现有不实户口，官员获流刑。这就让地方官员不敢瞒报。检查过程中，按照户籍对照家庭人口和人口的外貌、年龄，统一记录并制作成官方户口本。为了做到没有遗漏，朝廷还设立了奖励制度，鼓励邻里互相揭发，于是，一大批"黑户"被查了出来。

这次人口普查，查到隐藏人口一百六十四万，并增加了四十三万男丁。隋文帝一举三得，既打击了与国家分权的豪强地主，又增加了国家赋税和国家劳动力。这次大动作"一劳永逸"，在隋朝统治期间，保证了国家对人口的控制和国家收入，到大业三年（607年），隋朝登记在册的人口达到了八百九十万户，具体人数为46019956人。这个数字既说明隋朝国力盛强，也说明隋朝人口制度的稳定和有效。

需要解决的问题还有很多，农业社会的一大特点就是"靠天吃饭"，也就是说，即使统治者尊重农时，鼓励农桑，农民们轻徭薄赋，努力种地，若天公不作美，降下水灾、旱灾、蝗灾、地震等灾害，农民依然吃不饱，国家依然要受穷，还会滋生各种社会问题。所以，古代统治者每年都要祭天祭地祭祖宗，祈祷风调雨顺。

为了应对荒年，隋文帝下令各地建立储备粮食的粮仓。一来保证国库的充实，二来在受灾年份，可以开仓放粮，赈济灾民。粮仓又分"官仓"和"义仓"，官仓主要保障国家的财政、军事、建设需要，义仓则保障百姓的利益。隋朝的百姓向国家义仓交纳金钱粮食，年老后可由义仓返还到自己手中，实现了"老有所养"。

隋朝粮仓的充盈程度闻名青史，据史料记载，开皇年间的粮食可以供天下使用几十年，直到隋朝灭亡，群雄混战，唐朝建立，李世民的贞观之治治了十几年，这些粮仓的粮食还没有吃完，可见开皇时期的农业发展发达到什么程度。这也说明隋文帝对农业的重视，为此实施的一整套农业制度，取得了怎样的成效。

隋文帝不是一个文化人，说不出唐太宗李世民总结的简洁又感性的"水能载舟，亦能覆舟"，他重视农业，靠的是对政治的深刻理解，对国家未来的期待，以及对百姓的爱护。所以才能培元固本，发展经济，使国家真正富起来，也让农民享受到了真正的安定。

科举的雏形

有效的制度,严明的法律,都是国家发展的前提条件,在这些基础上,还需要大量的官员,将制度和法律有效地落实下去,才能使政策达到预期的效果。所以,不论是高坐宰相府的宰相,还是在乡村里管理百来人口的小官,都需要具备良好的素质,才能使国家行政形成良性循环,成为有机整体。

国家的发展需要各式各样的人才,历史上的有为君主除了自身的良好素质外,能够甄别、利用人才也是一大特点。如何有效地选拔出大量人才?历史上的君王各显其能,各个朝代也有不同的方式。后代推崇的周朝,选拔人才的方式却最不科学。周朝的择才制度为世袭制,官员一律世袭;到了汉朝,为了扩大人才队伍,朝廷注意到民间"征辟"人才,并由地方向中央举荐人才。但这种制度不能避免裙带关系的影响,大官推荐的是自己的亲属,州县推荐的是拿得起钱的"人才",这种"选拔"虽然也选出了一批真材实料的人才,但多数却是"货不对板",官员位置被不敬业又不专业的人占据。

魏晋南北朝的人才机制更被后世不断诟病,这就是著名的"九品中正制"。这个制度的初衷是想要选拔各地的人才,在各地设立中正官负责考评人才,将人才分为上中下九个品级授予官职。但在实际执行过程中,选拔被豪门权贵垄断，中正官们也被大家族控制，于是，出现了"上品无寒门，下品无世族"现象，高官全部世袭，寒门子弟就算优秀也只能做小官，甚至不能进入官场。

隋朝建立后，关陇集团的地位大大加强，关中贵族的后代自然成了官吏的主力，原北齐地区的贵族们对此大为不满，要求朝廷改革人才制度。改革的呼声主要集中在山东地区，而齐鲁大地是儒教的发源地，孔子的故乡，无疑有极大的发言权。杨坚虽然是关陇贵族出身，却并不狭隘，他知道想要成为真正的大国，必须打破地域和集团的限制，从全国各地选拔人才，再为全国各地所用。

于是，实行了三百余年的九品中正制被废除，这是中国历史上的大事件，从此，中国的人才选拔制度进入了新的阶段，这个阶段就是科举取士。

开皇七年（587年），隋朝正式规定每个州每年向朝廷推荐三名贡士，这三名贡士不限家庭背景，只要求品德和才学。为了杜绝"走后门"，推荐的人才必须集中到大兴城，由国家统一考核，考试合格的人，安排官职，不合格的则打发回家。这就促使地方长官必须对自己推荐的人才负责。这就是千年科举制度的萌芽。

比起世袭制度和推荐制度，科举考试无疑更加公平，即使在具体的考试过程中，依然会出现人为干预，但在一个泱泱大国，这已经是最公正、最有效的人才选拔方法。这个制度的最大受益者，就是那些没有背景、没有家世的普通读书人，他们可以通过自己的才学进入官场，一展所学，为那些"身无分文，心忧天下"的饱学之士打开了通向治国道路的大门。

这扇通向功名与理想的大门，是隋文帝为天下人才打开的，而这项制度只是隋文帝雄才大略的一小部分，他本人在科举的推广方面并无太过深入的作为，科举制的确立的主要功劳，还是要首推他的儿子，也就是隋炀帝杨广。但是，首创的功劳，依然要放在千古一帝杨坚身上。

杨坚创立科举制度，与他创立其他政策异曲同工。他注重皇权，所有政策的目的是为中央集权服务，在制定政策之时，他的眼光务求最大，思虑务求最远，触角务求最广，所以能够打破成规，打破限制。所以，他才能把平民也吸纳到国家官僚的队伍中来。此外，他的各项政策都是历代政策的集大成产物，去粗取精，加以创新，成为有生命力的新政策，科举制度也是在比较了各朝各代选拔机制之后，加以扩大和革新的产物。

科举制度在隋朝萌芽有划时代的意义，它彻底改变了寒门子弟的命运，打破了贵族与平民的界限，这项制度在中国沿用了一千多年，选拔了无数人才。隋文帝本人不是读书人，却成了"读书改变命运"的创始人，也许是无心插柳，也许是历史对杨坚格外青睐，才让他能够开创一项又一项影响深远的制度，这些制度的伟大，怎么说都不为过，而杨坚，也靠着这些"发明"，缔造着他期望中的盛世。

面面俱到

有了基本国策，有了贤明的官员，政策如何执行也是一个现实的问题。隋朝从建立之初就是一个大国，占据了北周和北齐的土地，在层层叠叠的州县郡之间，如何把国家政策快速地下达，如何监督如此多的行政单元执行政策，如何及时查看政策的效果，都需要统治者思考。政策想要顺利执行，除了官员的素质，最根本的还要靠制度。国家有三省六部，地方制度也要相应改革，才能配合无间。

隋朝建立时，地方行政机构众多，国家设州，州设郡，郡设县，这种三级结构看似明了，实际上却混乱不堪。州有二百多个，郡有五百多个，县有一千多个，平均下来，一个州管两三个郡，一个郡管一两个县，行政区零零碎碎，机构臃肿，官员众多，拿着皇粮，但官员实际做的事却不多，这就造成了国家资源的浪费，也增加了政策执行的时间和难度。

经度支尚书杨尚希提议，隋文帝的解决办法是：简化。

他简化了中央官制，简化了法律，此时开始简化地方行政体制。杨坚直接把州、郡、县三级体制变为州、县两级体制。隋朝的行政局面立刻有了很大改善，不但行政效率得到提高，国库也省掉了一大笔开支。删繁就简的杨坚又一次获得了成功。

从人口普查这件事就能看出，杨坚对地方上的富人、官员都不太放心，国家的监督稍稍放松，他们就有可能钻空子。何况当时不论南方北方，豪强地主的存在都是中央政权的一大心病。这些地主能够控制地方，很大原因就是地方官往往与他们有千丝万缕的关系，地方官们不是地主的亲戚，就是由大地主推荐当上的官。这种情况下，朝廷想要插手地方事务，反倒要借助地主们的帮助，这让对皇权极为重视的杨坚不满，如何才能牢牢控制地方？

一番思考和讨论，杨坚决定从根本上解决问题，他规定从今以后，负责行政事务的地方佐官一律由中央任命，而且，每年都要对官吏进行考核，再依据考试结果决定是否继续留用。中央直接决定地方官员，保证了政令的畅通，也杜绝了地方势力对中央的渗透，靠着对地方官员的控制，皇权又一次得到了加强。

国富兵强，是历代统治者的目标。解决土地问题是"富"的保证，同时，也要增强军事实力，才能保证国家的安全，统治的稳定。在这一点上，隋文帝也没有疏忽，他继续改革宇文泰设立的府兵制，让其成为隋朝的基本兵制。为了限制将军们的权力，杨坚增加了将军的数量，降低了他们的品位。

隋朝府兵制以中央为中心，设立十二卫大将军，由皇帝本人直接率领，不再让大臣掌握军权。平时，禁军负责皇帝的安全，战时，则要从军征战。民间的兵士闲时务农，战时行军，实现了兵农合一，一方面增强了隋朝的军事实力，一方面增加了农业生产力。充分利用人力的府兵制在中国军事史上占有重要地位。

文教方面，文化根基浅的隋文帝也没有忽视，他成立了专门的国家教育部门国子寺，这也是中国历史上首次出现的教育部门。他鼓励全国的饱学之士来中央教书授课，一时之间，不论中央还是地方，书声琅琅。隋文帝还不时请大儒开讲座，从学子到高官都去听课。他又下令重金收购民间图书，抄录后返还，为的就是提高整个国家的文化素质。

从古代开始，统治者就重视音乐对民心的作用，每个朝代都有专门的礼乐机构。北方政权的礼乐多有胡音，并非"正声"，隋文帝连这一点也没有忽视。而经过隋朝官员的长时期的努力，终于推出了符合隋文帝心意的雅乐。

改朝换代的皇帝都有一个心愿：在最短的时间内使国家呈现新的景象，取得臣民们的认同。所以，多数开国皇帝都会与自己的幕僚们尽快出台治国大计，解决旧朝代遗留的问题，现实存在的问题。但因为客观环境、君王素质、官员素质等种种因素，这种改革有时流于表面化，只能隔靴搔痒；有时受限于时局，只能半途而废；有时因为计划不周、思考不够，出现按下葫芦浮起瓢，解决了这个问题却忽略了那个问题的现象。

相对于历代开国皇帝，隋文帝的开国大计，却是全面的、周密的、持续性的，这是因为隋文帝本人锐意革新，信念坚定，不因困难而动摇；二是因为他提拔了一大批得力的官员，能够真正想到解决问题的方法，并能够保证政策的实施；三是隋朝统治集团善于总结自汉魏以来的政治经验，不论是汉人的治国理念，还是少数民族政权的政治经验，都能一一加以吸收；

四是当时隋朝虽有临近的敌人，却维持了基本和平状态，能够集中精力搞建设。

天时，地利，人和。杨坚不论篡权还是搞国家建设，都占据了诸多有利因素，而隋文帝本人的缜密，也使他在治国时处处留心，大而不疏，小不厌烦，力求每一个步骤的完美，才能保证开皇时期的政策做到面面俱到。为此，杨坚付出了大量的精力和心血，他成了历史上著名的工作狂，经常与群臣连续几个时辰不间断地讨论，吃饭也只是随便塞上几口，对政事如此勤勉的皇帝，历史上并不多见。一分耕耘一分收获，杨坚所取得的辉煌成就，与他付出的劳动成正比。他没有辜负历史的选择。

君与臣

任何时候，国家的发展离不开人才，但是，有了良好的选拔制度，有了一大批人才，并不意味着好的结果。如果没有好的管理者，再好的人才也会被浪费。而在封建王朝，一个君主能否有效地利用人才，直接决定了他的统治是否稳固，他的国家能有多大发展。

隋文帝杨坚从十四岁进入太学开始，就留意结交各种朋友，当时的他对于未来并无具体的期待，只是按照贵族子弟的习惯，为将来的官场道路广结人缘。他少年老成，对人虽然有个人的喜好和判断，却不因喜好择友，所以才能和郑译等人来往，并在数年后得到对方的帮助。这也让杨坚得到了宝贵的经验：一个人的能力和人品并无直接关系。

待他成为帝王，曾经交往的人大多成了他的臣子，如何合理安排他们的职位，如何处理君臣关系，都成了新问题。在开皇初年，杨坚大大封赏了有功之臣，但他的头脑始终清醒，明白什么样的人适合治国，能够依靠；什么样的人只适合给予虚职和荣誉。

对贤臣，杨坚无比重视。对他们的意见虚心接受，对他们的政策大力支持，而且一再给予封赏，这一时期隋朝政坛上群星聚集，有高颎、苏威、李德林、贺若弼、韩擒虎等能臣武将，他们是开皇年间的中流砥柱，与隋文帝携手缔造了盛世，关于这些官员的详细情况，将在后面的篇章一一叙述，这里不再赘言。

对臣下的错误，杨坚决不姑息。杨坚最憎恨贪污受贿，但凡发现有人受贿，哪怕是极小的数额，也会严厉处罚；对廉洁的官员，则会给予物质奖励，并且提高这些人的官职，大加表彰；对那些喜欢奉承上司，歌功颂德的官员，杨坚一律批评；对正直的官员，即使对自己有所触犯，他也会加以赞赏。

当然，凡事都会有例外，杨坚也有徇情的时候，想要处罚却没有处罚。例如，对他的老同学刘昉和郑译，他虽没有给予高官，却也对他们多有照顾。不过，这两个人倒是给他添了不少麻烦。特别是郑译，接二连三地出问题，让杨坚大伤脑筋。

杨坚当了皇帝后，不但没给郑译高官，还与他疏远了不少，郑译想到杨坚有今时今日的地位，完全是自己的功劳，何况当年他还在宇文赟面前替杨坚美言，于情于理，杨坚都不该这样对待自己。他越想越不是滋味，就在自己家中请来术士，不断祈福。郑译有个仆人偷偷把这件事告到官府。

在古代，朝廷大员在家里搞封建迷信活动，一向让统治者反感，搞压胜的人大多落个死罪。杨坚想到郑译对自己的帮助，不忍处罚他，就把郑译叫到自己面前说："我并没有辜负你，你又为何要做这种事呢？"言下之意，郑译没能在隋朝做高官，完全是因为自己不思进取，荒疏本职。郑译无言以对，也觉得很惭愧。

巫蛊事件后，郑译老实了一阵子。没多久，有官员弹劾郑译，说郑译把年老的母亲放在别处居住，根本不照顾，是个不孝子。这件事被官员汇报给杨坚，杨坚的鼻子都快气歪了，想当初尉迟迥造反，前线人心浮动，他叫郑译去安抚士兵，郑译以"老母年高需要人照顾"为理由拒绝效力，虽然也知道所谓"老母年高"云云，不过是他找的借口，但没想到郑译竟然不孝到这种地步。隋朝以儒学为本，儒家重视伦常孝道，杨坚本人也是个孝子，难免更加不悦。而弹劾的官员又奏上郑译历年来的种种不法作为。

第二天，杨坚向官员们宣布对郑译的处罚："郑译真不像话，于国于家没有任何助力也就罢了，还卖官鬻爵，弄得沸反盈天。留他在人间，就是个不道之臣；杀了他送去地府，也是个不孝之鬼。"群臣见皇帝发怒，都默默无语，等待着杨坚最后的宣判，没想到当朝天子话锋一转，说道："相信地府也没有地方安置他，还是赐他一部《孝经》，让他熟读，当作处罚吧！"众大臣一惊，随即哄堂大笑，怕得要死的郑译也松了一口气。

总放着郑译也不是办法，杨坚想到了一个好主意。他知道郑译这个人办不了正事，但吹拉弹唱却是一绝，于是就让郑译去太常寺修订隋朝的礼乐。这一回，郑译倒还真踏踏实实地工作起来。郑译著有一本《乐府声调》，阐述了若干音乐理论，这本书虽然已经散佚，但有些篇章被记录在《隋书》中，成为后人研究古代音乐的宝贵历史资料。郑译虽然不是个贤臣、能臣，却的的确确是一个音乐理论家。对他取得的成果，隋文帝很满意，特意奖励了他。

还要提的一个官员是颜之仪，曾拒绝在伪造的诏书上签字的颜之仪，当时对杨坚等人很是鄙夷，杨坚为了名声着想，没有杀掉他，而是将他调出京城。杨坚当了皇帝后,也没有"秋后算账",在一次群臣入朝参见时,遥遥看到当年不肯签字的颜之仪,立刻命人带他到御座前,对颜之仪的气节大加赞赏,赏赐了不少财物。

可见,这一时期的杨坚,一门心思要当个好皇帝。在君臣关系上,他求贤若渴,又对臣下严格要求,而不失宽容。最难得的是,杨坚以身作则,对别人要求严格,对自己要求更严格,决不搞特殊待遇,这让群臣心服口服。在杨坚的带领下,隋朝朝堂形成了严肃、公正、认真、细致又奋发向上的气氛,杨坚以自己的性格,决定了一个时代的政治风向。可惜,随着时间的流逝,杨坚严肃的性格越来越向不知变通的方向发展,原本友好的君臣关系,也逐渐出现裂缝。这也是后话,留待后面的章节再说详情。

成由俭，败由奢

和历史上有名的帝王相比，杨坚个性十分突出，刨除那些丰功伟绩，他个人最大的特点除了严肃，就是节俭。历代帝王中不乏勤俭节约的典型，但有些因为环境所限，必须节约；有些只是做做样子，并不是真过穷日子。杨坚，却把节俭渗透到生活的每一个细节之中，一国之主，过起日子却比一个普通百姓还要节衣缩食，穷酸破旧。

这也许和杨坚从小接受的教育有关。杨坚虽然出身贵族，在佛寺里却听到师父说起乱世中的艰辛，这给他年幼的心灵以深刻影响。智仙尼姑说这些，是以一颗悲天悯人的心，希望杨坚有所作为，救黎民于水火，弘扬佛法。成为帝王之后，杨坚对"勤俭"有了更深入的看法。他认为帝王节俭，就是对人民的体恤，也直接关系到国家的富强。

这种品格更与杨坚常年来的观察思考密切相关。他听说古代的那些贤明君主，无不爱惜民力；而那些亡国之君，最共通的特性就是铺张奢侈，贪图享乐。成由俭，败由奢。这句古训虽然简单却也深刻，他目睹了周宣帝淫逸的生活，目睹了群臣和百姓的反对，自然更加时时提醒自己，不要重蹈这种覆辙。于是，他成了一个节俭标兵。

古代帝王每逢国家有难，天灾人祸之时，都喜欢做两件事，一是下罪己诏，指责自己在其位不谋其政；二是下令缩减皇宫开销，把省下来的银子赈济灾民。在律己、节俭上做文章，是得到百姓好评的最简单的方法。杨坚提倡节俭不是为了做样子，他真正做到了言出必行，起到了榜样作用。

从日常的吃穿用度上，杨坚能省则省，平日在宫中用膳，每餐也只允许出现一个荤菜；自己身上的衣服，也是补了又补；代步的马车坏了，从来不换新的，修理一下继续用；居住的宫殿，也不许有华丽的装饰，陈设俭朴，根本不像帝王居住的地方。

不但杨坚节省，杨坚的夫人独孤皇后同样是勤俭美德的表率人物。独孤皇后身体力行，不穿华丽的衣服，不穿昂贵的布料，不戴精巧的首饰。在她的带领下，后宫的宫女和嫔妃们也同样把身上的衣裙一穿数年，不敢有任何多余的打扮。

这还不算，胭脂水粉是古代女子的必备之物，不论皇家还是平民妇女，都会用脂粉装扮自己的容貌。但是，在隋文帝的后宫之中，根本没有脂粉的存在，所有女子皆为素面朝天。有一次杨坚生病，太医开的方子上需要一点脂粉下药，负责煎药的人找不到，就命人去向后宫的侍女讨一些脂粉，结果找遍后宫，也没有这种东西，可见独孤皇后节俭到什么程度。

杨坚做了良好表率，也要求他人必须节俭，他最恨的就是那些胡乱浪费财物的人。有一次，一个掌管后宫饮食的官员，用布袋装了干姜送进宫中，恰好被杨坚看见。这个负责人立刻受到了皇帝的严厉谴责，责备他浪费布料，要知道，当时连杨坚身上穿的衣服都是粗布制作的，这个官员连忙拼命认错，才免于被撤职。

杨坚和独孤皇后的价值观完全一致，他们认为比起天下，比起民心，金银财宝，华丽的宫殿和排场根本无足轻重。一次，突厥人与隋朝互市，出售一篋明珠，价值八百万。幽州总管看出明珠难得，就劝独孤皇后买下来，独孤皇后说："如今国家外战不断，有这八百万钱，不如赏给前线的将士们。"这一举动立刻受到了百官万民的称赞。可见，在隋文帝夫妇眼中，节俭并不是对自己的苛刻，仅仅是一种要求，一种做事业必需的品德，他们丝毫不觉得勉强、委屈，这一点极为可贵。

夫妻二人对自己的后代，也有极高的要求，教育他们一定要爱惜财物，勤俭持家。但是，后代们毕竟从小就过着富裕的生活，很难像经过大起大落的杨坚夫妇那样，真正做到万事节约。这让杨坚很是着急，只能反复告诫几个儿子，特别是太子杨勇，一定要厉行节约。

在杨坚的带领下，官场的官员自然不敢有丝毫浪费，就连民间百姓也自觉节约，在数年之间，从朝堂到民间，很少看到有人戴金玉饰品，穿绫罗绸缎，隋朝子民们都以素淡的布衣为主，女子身上的饰品，也都是铜铁所制，决无一丝奢华之气。与节约风气对应的，自然是国家财富的增加，开皇年间国力迅速提高，也与杨坚倡导的节俭之风大有关系。

而这一切，都是为了根植在杨坚心中的大一统梦想。如今隋朝国力富强，兵多将广，统一全国的战役，即将开始。杨坚以深邃的目光看向江南，那里，有一位与他截然不同的君王，正在青山绿水的韵致中，享受着绮丽的帝王生活。

第七章 / 平陈

陈朝建立

隋朝与陈朝的对垒,是"永嘉之乱"后,北方政权与南方政权对垒的延续。但在本质上有不同。过去的南北对立,涉及复杂的民族冲突,汉人的南方政权与少数民族的北方政权抗衡,代表的是两种文化、两种价值观和两种生存模式;而现在,隋朝与陈朝都是汉人政权,隋朝以汉儒文化治国,陈朝更是中原文化的传承者,于是,两国的对立,其核心冲突是哪个国家能够完成全中国的统一,哪位君主能登上真正的至尊之位。

虽然隋朝的皇帝杨坚对此摩拳擦掌,陈朝的皇帝陈叔宝,却并不是好战之人,他天生有一种得过且过的心态,追求安逸和享乐,丝毫没有他的祖辈父辈身上的王者气质,是人尽皆知的败家子。由此可知,大当家找不到好的继承人,不只是宇文邕的烦恼,而是南北皆然,时运捉弄。

陈朝的建立者叫陈霸先。陈家祖先陈达是西晋的官员，随着王室避难逃到江南地区，看到江南山明水秀，不禁对旁人说："这个地方一定会出王者，二百年之后，我陈家必有这种运气。"陈达的话没错，二百多年后，他的子孙陈霸先果然称帝。

当杨坚的父亲杨忠还随着六镇起义在北方漂泊时，江南正处于梁朝的统治之下，因为皇帝姓萧，又称萧梁。当年杨忠被俘虏到萧梁，曾为吴侬软语和空气中飘荡的文化气息着迷不已，而梁朝国都的繁华，更让他这个在边境长大的人惊讶不已。而梁朝皇帝梁武帝对他的器重，也曾给他留下过极其深刻的良好印象。

不过，杨忠颇为留恋的繁华景象并没有持续多久，在他为宇文泰出力之时，梁朝出现了败亡的危机，这危机不是来自外敌，而来自统治者个人。梁朝的皇帝们都喜欢佛教，特别是梁武帝萧衍，不但大兴土木尊崇佛教，还三次出家。文武百官无法，自能拿金银财宝把皇帝"赎回"，对佛教的迷恋造成了巨大的浪费，本来强大的国家一点点被蚕食，这也是后来周武帝宇文邕"灭佛"的一大原因。

"侯景之乱"是梁朝由盛到衰的转折点。侯景是东魏叛将，投奔梁朝与梁朝守将勾结作乱。梁武帝本人就在这场叛乱中被囚禁饿死，萧家的亲王们迟迟不去救援，都想趁乱夺取王位，结果王位被侯景篡夺，国号为"汉"。侯景大肆杀戮，不得人心，第二年就被梁朝大将王僧辩、陈霸先打败，在逃出金陵后被部下杀死。侯景之乱后，梁朝彻底衰败，北齐和西魏趁机占了不少地盘。等到侯景废梁自立，这两个政权也各自支持萧梁的子孙，立了两个傀儡政权。而北齐、西魏（没多久变为北周）又有各自的内政外交需要"忙碌"，客观上为陈霸先的壮大提供了机会。

陈霸先为人慷慨有大略，侯景之乱立得大功，拥立萧绎在江陵继承萧梁国统。但萧绎为人偏狭无气量。公元554年，西魏大将于谨、宇文护、杨忠奉命攻打江陵，萧绎没有抵抗的能力，整个江陵地区变为一片焦土。王僧辩和陈霸先二人只好立十三岁的萧方智为梁王。此时梁朝四分五裂，各自为政，又有北齐、西魏（北周）不断攻伐，没多久，王僧辩竟然想依附北齐，陈霸先强烈反对，并发兵杀死了王僧辩。

在倾颓的局势之中，梁敬帝萧方智禅位陈霸先，陈霸先也知道梁朝的国运无可挽回，而江南地区又在水深火热之中，于是决心称帝。陈霸先为人忠义智勇，对梁朝一向忠心耿耿，所以，他建陈朝，并没有被人骂为反贼，反而因为自身高尚的人格和极佳的素质，在历史上很有清名美誉。他的势力虽不强大，却立志要保卫江南人民免遭北方少数民族政权的欺凌，这也是他和陈朝受到爱戴的原因。

天不假年，公元559年，还没能实现抱负的陈霸先离世。高欢、宇文泰、陈霸先这些霸主先后离世，南北方的政局又因此有很大的变动。北齐和北周忙于彼此攻打，陈朝得到了喘息的机会。陈文帝陈蒨是陈霸先的侄子，是个儒雅的有为君主，不但平定了梁朝遗留的诸多内乱，还励精图治，使陈朝逐步富强，江南的百姓终于能够安居乐业。可惜这位有为的君主同样不能得享天年，四十四岁时就离开人世。陈蒨的儿子陈伯宗继位两年后，被叔叔陈顼篡权。

陈顼就是陈宣帝，也是一位有想法有作为的皇帝。对内，他仍然继续发展生产，对外，却缺少长远目光，犯下了很多战略错误。虽然他在对北齐的征伐中取得了决定性的胜利，但等北周已经平定了北方，陈朝还只是个刚刚喘过气的偏安政权之时，陈顼却发动大军去进攻北周，结果遭到惨败，还失去了淮南地区。不过，陈朝依然有精兵猛将，依然有长江天堑，依然有良臣谋士，依然有民心向背，北方政权想要吞并江南，并不是一件容易的事。

所以，杨坚在处理陈朝问题的时候，并不急于求成，在平定三方叛乱的过程中，他虽然派兵抵抗陈朝，却不想"毕其功于一役"，趁机和陈朝决战。在建立隋朝之后，他也不急于对陈朝出兵，而是静下心来治理国家，发展自己的实力，为的是有朝一日在与陈朝作战时，具备压倒性的实力。

机会青睐善于等待的人，就在杨坚带领隋朝一步步走向富强之时，陈朝的局势也一点点发生变化，而且，是向着对隋朝有利的方向变化。

玉树流光照后庭

公元582年，陈朝首都建康发生了一件大事。

建康，也就是今天的南京，东吴、东晋、宋、齐、梁、陈都在这里建都，因此称为"六朝古都"，这里四季温度宜人，土地丰美，人民安乐。陈宣帝陈顼，就在这祥和美好的景致中闭上双眼。陈宣帝在位十四年，享年五十二岁，他继续发展了陈霸先、陈蒨的事业，使陈朝进一步壮大，噩耗传来，群臣哀恸。

陈顼的长子陈叔宝早已被立为陈朝的皇太子，但是，除了陈叔宝，陈宣帝还有另外四十一个儿子，其中更有不满叔宝当皇太子的人。当陈宣帝入殓时，陈叔宝哭得正伤心，没发现有人正阴狠地盯着他。此人是陈宣帝的儿子陈叔陵，为人狡猾凶狠，看到陈叔宝扑在灵柩上，就趁机抽出一把刀，当头就向陈叔宝的脖子砍去。陈叔宝的母亲是陈朝的皇后，此时正在灵柩边，看到儿子有危险，不顾性命地扑在儿子身上，被陈叔陵连砍数刀；陈叔宝的奶妈也在场，此时扑上去死死拉着陈叔陵的胳膊，终于使陈叔宝免于一死。

葬礼上上演了这样一出杀兄丑事，陈叔陵自知不保，趁大乱时逃出皇宫，回到自己的王府想要起兵造反，陈朝大将萧摩诃火速出动，带着一队人马将王府团团围住。陈叔陵又想逃跑到隋朝，半路被萧摩诃追到杀死。

陈叔宝大难不死，只在脖子上留了一条刀痕。葬礼上的惊心动魄并没有让陈叔宝居安思危，他一继位，就将昏君的面目暴露无遗。陈叔宝最大的爱好是文学、音乐、建筑；他最大的兴趣是找美女、喝美酒、看美景；他最不想做的事是上朝、理政、纳谏。

也难怪人人都说杨坚运气好，他的敌人明明都是强敌，却总有"内部助手"将强大的国家搞得怨声载道，为他创造机会。陈叔宝对杨坚自然也不陌生，他继位后，派使者去隋朝祝贺，因为听说杨坚这个人的相貌非同一般，起了好奇心，就命使者一定要带杨坚的画像回朝。看来，杨坚的长相不但在北周有名，就连江南地区也有各种传闻。

使者果然带回了杨坚的画像呈给陈叔宝，陈叔宝打开画轴，吓得面如土灰，双脚发软，连呼手下赶紧把画像拿走，并再三说："朕再也不想看到这个人！"江南人士文弱清秀，看惯的也是那些白净清瘦的朝官，即使是武将，也很少有北方大汉的骁勇气势，杨坚在北方，就让阅历丰富的王轨、能征善战的宇文宪觉得威严不可侵，陈叔宝一个刚登上王位的文学青年，自然觉得骇人，吓得不轻。但是，这次"会面"却没有让陈叔宝意识到敌人的强大与可怕，他继续着昏君做派，丝毫不在乎长江以北的隋朝正在做什么，将要做什么。

没有危机感，只追求一时的享乐是陈叔宝最大的弱点。

在这个基础上，陈叔宝首先广收美女，大兴土木，在建康的皇宫之中，建了临春阁、结绮阁和望仙阁。这些宫殿精巧绝伦，阁与阁、殿与殿的屋檐相连，又以金银装潢，以宝石镶嵌，更有奇花异卉点缀其间，流水假山营造出超凡脱俗的氛围。美丽的嫔妃宫女们在小桥流水中走向珠光宝气的宫殿，宫殿中有悦耳的丝竹音乐，这一幕让人神魂俱醉，于是，陈叔宝写下了著名的《玉树后庭花》：

"丽宇芳林对高阁，新装艳质本倾城。

映户凝娇乍不进，出帷含态笑相迎。

妖姬脸似花含露，玉树流光照后庭。"

写完诗歌，还自己配上了曲子，此曲在陈朝风靡一时。可见陈叔宝是一位称职的艺术家，他几乎把所有的精力都奉献给吹拉弹唱和美女美色。他最喜欢和艺术家交朋友，身边也聚集了一群文人，如江总、孔范，这些人每天在陈叔宝的宫殿里大开宴会，写写诗，听听曲。陈叔宝为人昏聩，认为写诗文好的人就是有才之士，江总和孔范最后都当上了朝廷的高官。有这样一位皇帝，又有这样一群大臣，陈朝不倒霉才怪。

昏君身边少不了美女，高纬有个宠妃冯小怜，陈叔宝身边也有这么个"红颜祸水"，而且数量还增了一倍。陈叔宝最宠爱的妃子叫张丽华，这是历史上著名的美女，以一头华美的黑发闻名。这位张丽华本是小家出身的奴婢，因为超凡的美丽姿容，被陈叔宝宠幸。更让陈叔宝开心的是，张丽华不但美丽，还不妒忌，经常给陈叔宝推荐美貌的宫女，让陈叔宝更加不愿理会朝政。

张丽华不但会给丈夫"做媒"，还有当"贤内助"的本事，这个女子头脑聪明，过目不忘，事情不分大小，都能记得一清二楚，条理分明。有这样一个妃子在身边，陈叔宝自然过着神仙一般的清闲日子，他最大的爱好就是上朝时将张丽华揽在怀中，任由她看着，一起决定国家要事。陈朝的大臣们见此情景，敢怒不敢言，因为陈叔宝对张丽华异常宠爱，谁也不敢得罪这位张贵妃。

张丽华之外，陈叔宝还有贵嫔一名，一样的美丽聪明，一样的温柔不妒忌，此女姓孔，和张丽华通同一气，帮陈叔宝"打理朝政"。于是，陈朝的大臣们想要高升，不靠政绩，只需讨好、贿赂这两位大美人兼大红人。例如孔范就是因为认孔贵嫔当妹妹，才当上了高官。

可以说，陈叔宝当政，理事的不是女人，就是文人。女人自然不是有政治远略的女强人，而是善用小巧心机的妇道人家；文人也不是心怀天下的贤人，而是靠着旁门左道进仕的狂妄之徒。陈朝朝廷上也有几个先朝遗留的老臣，对这种情况忧心忡忡，但他们也知道皇帝无能，劝谏无用。

一个叫章华的小官对陈叔宝的所作所为实在看不下去，上书进谏，陈述皇帝的荒疏和未来的危机："隋军压境，陛下如不改弦易张，臣见麋鹿复游于姑苏台矣。"陈叔宝看了章华的奏章将两眼一瞪，当即命人斩了章华，诛灭九族。看到皇帝听不进逆耳忠言，谁还愿意冒着生命危险上书？于是，群臣只能坐视陈叔宝继续过他醉生梦死的生活。

杨坚面对的，就是这样一个荒唐又昏庸的对手。

平陈大计

不轻敌、不草率是杨坚的一贯作风,面对渐渐出现颓败之象的陈朝,杨坚内心窃喜,但也知道隋朝的敌人不仅是陈朝,非到准备万全之时,不能轻举妄动。在隋朝立国之时,杨坚曾命高颎攻打陈朝试探一二,并取得了一点成果。因为杨坚想要巩固实力,这次试探性的军事行动很快收场,但足智多谋的高颎却给陈朝添了大麻烦。

高颎撤军后,每到秋收时节,隋朝就大兴兵戈,扬言要进军江南一统全国。陈朝哪里敢怠慢这个虎虎生威的新政权,连忙征兵入伍,准备抵抗。农民们去当兵,该收的粮食只能枯在地里。过了一两个月,隋朝那边没有动静,陈朝也懈怠下来,命农民回去种地,但已错过了农时,损失惨重。

隋朝还经常派一小股军队偷偷到陈朝国界内放火抢掠,这股军队有特定的目标,他们专烧陈朝的粮仓。南方的粮仓都是竹木结构,一间起火,数间相连,火势旺得无法扑救。每一次陈朝都损失惨重。靠着虚张声势,放火抢劫,隋朝的骚扰策略取得了"丰硕成果",成功地消耗了陈朝的国库,也成功地麻痹了陈朝军民对战争的警惕性。陈朝靠着陈蒨、陈顼的励精图治,好不容易攒下的家底,外有隋朝军队烧和抢,内有皇帝陈叔宝铺张浪费,大收苛捐杂税,很快消耗得不剩一二。

此时陈朝的将领们应该提高警惕，但隋朝的好帮手陈叔宝却不给他们这个机会。陈叔宝为人文弱，喜欢白面书生，惧怕威武将领，总担心武将的兵权会危及自己的皇权。他身边的"谋士"孔范趁机劝说："朝廷上的那些大将不过是从军队里出来的乡巴佬，打仗时靠的是匹夫之勇，哪里懂得军国大事？"此话正中陈叔宝下怀，他很快找借口罢免了诸多朝廷大将，将兵权交到孔范等人手中。有了这群"将帅"，隋朝的军队更加肆无忌惮，陈朝的军队更加缺乏生气。而陈叔宝本人，自我感觉良好，认为建康是王气所在，长江是天然的防护，隋朝无论如何都打不过来。何况身边又有江总、孔范等人溜须拍马，更加不知世事艰难。

陈叔宝打心底里不把隋朝放在眼里，也和杨坚的策略大有关系。在杨坚艰难的仕途之中，最常做，也最擅长做的就是伪装自己，让自己看上去没有危险性。尽管陈叔宝只是一个头脑发昏的年轻人，杨坚依然保持着恭恭敬敬，每次隋朝出使，他都要亲自吩咐使者：即使受到侮辱，也要保持恭敬。就连隋朝抓到了陈朝派来的间谍也不予处罚，客客气气地赠送银两和好马，放对方回国，这无形中又增加了陈朝的傲气。

一次，杨坚给陈叔宝写了封书信，落款写了"杨坚顿首"，表示对陈朝皇帝的敬意。陈叔宝呢，不知天高地厚，真以为杨坚在对他示弱，大笔一挥写道："想彼统内如宜，此宇宙清泰。""彼"、"此"都是当时国君们互通书信时用的代称词，为了消除彼此的对立感，有些国君会将"彼"、"此"去掉，以示亲近之意。陈叔宝不但不表示亲近，反倒将自己的国家称为"宇宙"，将杨坚的国家称为"统内"，这落差极大的两个称呼，透露了陈叔宝的妄自尊大。

堂堂一国之君在国书中被人这样羞辱，一向沉得住气的杨坚也动怒了，他气得两手发颤，将这封信传给大臣们，大臣们看后，不禁破口大骂陈叔宝的不知好歹。这时，大臣杨素竟然跪在地上请求隋文帝处罚自己，杨坚问："爱卿，你有何罪？"杨素说："主君受到侮辱，就是臣下的罪过！"听了这句话，大臣们更是气愤。一封国书，激起了隋朝君臣同仇敌忾之心，这又是陈叔宝想不到的事。气归气，杨坚仍然对陈叔宝客客气气，继续培养陈叔宝的傲慢之气，让陈叔宝以为自己不足为虑。

经过几年的准备，隋朝有了底气，陈朝耗了元气，杨坚终于准备出兵陈朝。杨坚知道这件事的难度，他需要万全的策略，为此，隋朝的大臣们各抒己见，供皇帝参考。在平陈的过程中，较有名气的计策来自于崔仲方和贺若弼。

崔仲方原是北周的大臣，既有文才又有武略，受到周武帝的器重。杨坚在广结人缘之时，也与他交上朋友。杨坚称帝后，崔仲方也在政府部门任职。后来，因为父亲去世，他辞官回家守孝。守孝期满，杨坚下旨命他回朝为官，他知道杨坚志在平陈，就将自己的见解写成奏折上交，其中有多条见解被杨坚采纳。

崔仲方认为，想要一举消灭陈朝，必须水陆并进，双管齐下。需要在蕲、和、滁、方、吴、海各州秘密派遣精兵，同时在益、信、襄、荆、基、郢各州造船练兵，这样才能保证两个战场齐头并进，而不会彼此牵制。上中下游都有水军，在水战中，也能保持机变，若陈朝将精锐水师集中在上游，中下游的隋朝水军可以趁机渡江；反之亦然。还有，长江天堑虽然险要，但国无德不能立，陈朝早已失德，隋军无须惧怕。

贺若弼也是北周的官员，原本并不在杨坚的用人名册上，是高颎发现他的才能，向杨坚推荐。高颎对贺若弼评价极高，他说："论文武才干，朝廷文武大臣，没有一个比得上贺若弼。"杨坚启用贺若弼后，发现贺若弼果然名不虚传。在对陈朝的斗争准备期间，贺若弼为杨坚献上《取陈十策》，杨坚阅后大喜，亲自赐了他一口宝刀，命他放手做事。

贺若弼是个精于兵法的帅才，还曾经有过跟陈朝打仗的丰富经验，此时胸有成竹。他接受了经营水军的任务，却并不忙着进攻陈朝，而是先麻痹陈朝守军的防备之心。他带着一万军士驻扎在广陵，与陈朝军士隔江相望。看到贺若弼带着声势威猛的士兵在此驻扎，陈朝将士都有强烈的危机感，日夜不休地监视着对岸的一举一动，害怕贺若弼发动突袭。

没多久，陈朝士兵们被巨大的号角声震得跳了起来，只见对岸的隋军大旗高升，军队集结，陈朝军士严阵以待，以为隋军马上就要冲过来一决雌雄，但是，隋军只是换了一批守军，根本不是想要打仗。从此以后，隋军经常敲锣打鼓地搞"换防仪式"，渐渐地，对面的陈军习以为常，再也不会为了隋军升起大旗、吹起军号而精神紧张。

除了换防，贺若弼最爱做的事就是带着大军沿江打猎。一开始，隋军杀声阵阵，陈军以为对方在练兵，没几天，就发现他们根本没有练兵的意思，只是在玩乐。于是，陈朝的将士都以为广陵来了个游手好闲的饭桶，那队多达一万人的军队，也是乌合之众。他们越来越不把贺若弼和他的军队放在眼里。

贺若弼呢，白天在陈军眼皮底下演戏，晚上却偷偷集结战船训练兵士。为了不让陈军看出蹊跷,他命人把战船涂成芦苇的颜色,有了"保护色"的战船又被铺盖了一层茅草,陈军根本看不出个所以然。趁着陈军松懈,贺若弼又派间谍去对岸打探情况,把守军的状况摸了个透,做到了知己知彼。他就这样数月如一日地麻痹陈军,只待杨坚一声令下。

  其他大臣也各自做着自己的工作:有的大臣知道杨坚担心伐陈不顺利,就写奏折有条有理地分析己方的优势,希望皇帝放宽心;武将们则厉兵秣马,积极备战;全国上下都沉浸在大战将至的紧张而兴奋的状态中。而在长江对面的陈叔宝,还沉浸在温柔乡脂粉堆里,不知大难将至。

发兵的借口

万事俱备，只欠东风。

隋朝虽然有了足够的实力，但想要出兵攻打陈朝，却仍需要等待时机。随便发动战争为"不义之战"，只有"师出有名"，才能在道德和舆论上占据上风。杨坚想要做天下人的皇帝，自然也重视舆论风向，他苦苦等待一个出兵的借口。这个借口还真被他等到了。或者说，这个借口还真被他"制造"出来了。

侯景之乱后，梁朝败亡，宇文泰平定在江陵自立的萧绎之后，命投降的萧詧重回江陵，重掌江陵大权。这个政权被称为后梁，一直依附着北周。梁宣帝萧詧死后，周武帝又立萧岿为梁明帝。北周重视这个微不足道的小政权，是因为重视它的政治含义，当时梁朝的势力还在，立萧家的子孙，就是为了有资本和梁朝的残余分子对抗。

等到杨坚称帝，仍然重视后梁政权。他看重的目的又和周武帝不同。当时陈朝已经取代了梁朝，后梁成了无根之木，但江陵这个地区又有较为重要的战略地位，杨坚忙着与突厥打仗，自然不希望自己的大后方出现乱子。对后梁，他一直采取安抚手段，给自己的二儿子杨广选妻子，还特意选了萧岿的女儿。

公元585年，梁明帝萧岿去世，继位的是太子萧琮。又过两年，杨坚从大兴城发来一条命令，命萧琮带领后梁文武百官即刻入京，不得延迟。这道命令在后梁掀起了轩然大波。后梁虽然一直依附着西魏、北周、隋朝，但那里的百姓却并不把野蛮粗俗的北人当一回事，一心只希望维持自己的国统。如今听说杨坚招萧琮入京，心里大敲警钟，害怕杨坚趁机杀害梁朝的王室后代，江陵地区今后只能沦为隋朝的领土。

杨坚的下一个举动证实了后梁臣民们的猜测，他派崔弘度带领精兵驻扎在江陵，出任江陵地区的总管。大兵之下，萧琮不敢抵抗，只能乖乖带着大臣们，在隋朝将士的"护送"下进京。杨坚倒也没为难后梁君臣，客气地封萧琮为莒国公，取消了后梁的国号。轻描淡写，一个政权就这样消失。

消息传到江陵，父老乡亲们号啕痛哭，感叹国运不济。江南人士世代富足，少经战火，喜欢太平安乐的日子，对即将统治自己的北方人，怀有巨大的心理恐惧。在他们的认识里，北方连年战乱，北人粗俗不堪，他们恐怕要受到非人的压迫和虐待。这种集体性的恐惧心理使他们做出了一个决定：逃往陈朝寻求庇护。

也难怪他们会有如此大的反应，因为杨坚派去的崔弘度，是一个有名的酷吏。这个崔弘度就是当年亲自登上邺城城头，劝尉迟迥自我了断的大将。他对尉迟迥还有一些亲戚间的情义，对普通百姓，绝无同情之心，怜悯之情。他在长安当官的时候，曾传出"宁饮三升酢（醋），不见崔弘度"的歌谣，犯人若到了他手中，无一不遭受酷刑，烧、打、抽筋断骨，无所不为，他本人则在一旁吃吃喝喝，对犯人的哀嚎面不改色。这样一个杀人不眨眼的官吏来接管江陵，江陵父老怎能不噤若寒蝉。

于是，江陵百姓在萧琮的叔父萧岩的带领下，拖家带口连夜启程，前往陈朝请求陈叔宝收留。迁徙的百姓有多少？足足十万人，这种大规模的行动，不可能瞒过隋朝的军队，萧岩和江陵百姓心急如焚，恨不得一步当成十步，就怕崔弘度派兵追赶。他们担心的事没有发生，一向善战又残酷的崔弘度对此理也不理，悠闲地坐视这些百姓进了陈朝国界。

面对送上门来的十万人口，陈叔宝乐不可支，连忙下诏安抚，给田给地。却不想想这种行为同样犯了忌讳。两国交战之时，除了争地盘，还要争人才、争人口，只要是于己有利的资源，都要多多争取，陈叔宝的举动，看上去似乎符合常理。但是，当时的陈朝与隋朝相安无事，隋朝更对陈朝恭敬无比，但凡陈朝跑去投奔隋朝的将领，隋朝一律不予接受，所以，不论出于礼貌还是出于长久以来的外交规矩，陈叔宝理应将这批逃亡人口拒之门外。

再说得远一些，隋朝对陈朝一直恭恭敬敬，当年陈宣帝去世，隋朝放着大好的机会，坚持"礼不伐丧"，这一切看起来都"白费了"，陈朝仍然要占隋朝的大便宜。——陈叔宝毕竟是个庸才，猜不透杨坚葫芦里卖的是什么药，反而高高兴兴地接纳了这群难民。

按理说，崔弘度让这么多的人口流失到敌国，一定会因监管不力受到重罚，而杨坚却根本没有批评崔弘度，只是对陈朝的做法大为不满。隋朝从不招降纳叛，如今陈朝竟然不顾两国交好，不顾道义地接纳了后梁的百姓，这无异于挑衅！

后梁百姓前脚进了陈朝大门，杨坚后脚就宣布："朕为民之父母，岂可限一衣带水不拯之乎！"一句话，后梁叛逃百姓成了被陈朝强行俘虏的隋朝子民，陈朝的人道行为也成了罪行，自己则站在道德制高点上谴责陈叔宝的背信弃义。这是一个完美的发兵借口，陈叔宝不能反驳，隋朝和陈朝之战，即将正式开始。

全面进攻

开皇八年（588年）三月初九，经过漫长的前期准备，隋文帝杨坚宣布伐陈。

三十万张宣战檄文早已在此前发布到江南各地，檄文上总结了陈叔宝的二十条大罪，包括奢侈、好色、屠戮忠臣、重用小人、背德违言等等恶行，形容陈叔宝"自古昏乱，罕或能比"，再极力衬托己方出兵的正义性。这张檄文也曾传到陈叔宝手中，陈叔宝和张贵妃、孔贵嫔见了吃吃大笑，以为杨坚只是在虚张声势，继续过他们快活悠闲的日子。

这一次，杨坚没有吓唬人，他集结了全国的兵力，准备与陈一决死战。隋朝的精兵共有五十万，这些士兵经过长期训练，骁勇善战，长江流域立刻充满战争气氛，隋军旌旗沿江几十里，看不到边际，大军共分八路，囊括了上中下游，无一遗漏。这八路大军分属三个军团，各有负责人：

主力部队共四路，负责下游作战，重点攻打陈朝首都。这一军团由杨坚的二儿子，晋王杨广负责统帅，杨广是未经战事的年轻皇子，杨坚命高颎亲自担任晋王府长史，杨广的军师，高颎成了平陈战争的实际指挥者。而杨广本人也跃跃欲试，想要在这绝无仅有的大战中立下功勋。

中游作战由杨坚的三儿子，秦王杨俊负责，下设三路大军，这一军团的作用是协助下游作战，重点是要突破汉口等陈朝重要防线。古代战争，将领的作用最重要，但君王都会在重要战场派去自己的嫡亲坐镇，一来为皇室积累声名，二来监视负责作战的将领。所以，年纪尚轻的杨俊也上了战场。

上游作战的指挥者是清河公杨素。杨素在平定尉迟迥的战役中，就显现了优秀的政治、军事才能，如今也成了朝廷的高官。在隋文帝为平陈计策着急的时候，杨素也曾将自己潜心思索的计谋上奏给杨坚，得到了杨坚的赞许，并令他去长江上游经营军队。杨素到任后，制作了高达百尺、能容纳八百士兵的战船，这令杨坚大为惊喜，待到真正讨伐陈朝的时候，就直接启用了杨素做行军元帅。

而隋军真正的主力，还要靠有力的将领率领，有两位将领在这一战中声名鹊起，青史流芳。这就是隋朝著名的两位战神级别人物：贺若弼和韩擒虎。他们就在长江下游听杨广调度，准备进攻陈朝首都建康。

隋军士气高涨，另一边的陈朝也终于了解了杨坚的决心，陈叔宝终于从酒色诗歌中回过神，急急忙忙召集群臣商量对策。孔范一拍胸脯对陈叔宝说："陛下，长江自古就有天堑之称，隋军就是插了翅膀也飞不过来！那些紧急汇报军情的人，只是吓唬陛下，想要骗点封赏罢了。何况，就算隋军打过来，陛下也不用担心，为臣自然会为陛下打发他们，到时候，陛下您要封我什么官呢？"

陈叔宝听了大笑，竟然觉得这一番话大有道理。他手下还有一个叫施文庆的官僚，是他做太子时候的东宫幕僚，此时也来"帮忙"，各地匆忙送来的告急文书，他竟然压着不上报，而各地送来的请战书，他也压下来不让皇帝过目。隋军来势汹汹，各地守兵本就觉得战事吃紧，有些力不从心，盼望的救兵又迟迟不来，他们哪里知道，不是救兵不来，而是朝廷根本不知道他们需要救援，所有的请战书都在施文庆手里压着呢。

比起士气低落的陈军，隋军可谓意气风发，一帆风顺。诸君相互协作，统一作战，主动出击。崔仲方的平陈计谋用在战场上，情况完全不同，成了隋军主动，陈军被动挨打。先是亲王杨俊率大军到了汉口，武昌立刻战云密布，陈军也从上游调兵遣将支援武昌。杨素带着大军趁机突破三峡口。

杨素首先在狼尾滩这个地方取得大捷，继而出了三峡。当杨素制造的大船出现在陈军的范围内，陈军将士大惊失色。一来，他们从未看到过如此高大的船只；二来，这船只不但大，而且装有多个投石器，攻击力极强；三来，杨素端坐在巨船之上，神态自若，衣衫飞扬，加上杨素本就是个美男子，此刻看上去就像江里的仙人了，陈军哪里还敢迎战。于是，杨素的船队顺流而下，借风借水，很快与秦王杨俊的十万大军在中流顺利会师。陈军虽然也在中游集结了大军，此时却没有了本来的优势。也是因为畏惧杨俊和杨素的大军，陈朝水军根本不敢离开中上游去下游的建康救援。十几万的水军就被杨俊、杨素压得动弹不得。

虽然隋军气势正强，但陈军也并不弱，他们同样经验丰富，遇敌沉着，还有曾经数次击败、击退北齐、北周的宝贵经验。所以，隋军压境，他们并没有望风而逃，而是沉着应战，不让隋军占到便宜。综合后来的战况，中上游的陈军表现良好，出大问题的是下游地区，也就是首都建康，而最有问题的依然不是建康的军队，而是陈叔宝本人。

昏君误国，自古皆然。

陈叔宝的问题不仅仅是他信任一干没本事的小人，还有他本人的想当然。

战事开始以后,他不是不害怕,越是担心,就越是喜欢听孔范、施文庆等人吹嘘长江天堑牢不可破,金陵王气庇佑大陈之类的吹捧,以得到一丝心理安慰。听得多了,他打从心里相信这就是事实,于是更加沉迷于酒乐美色。

588年即将过去,陈叔宝在写诗梦游中缓过神来,想搞一个阅兵仪式,抖擞陈国军队的声威,也能震慑从后梁移民来的百姓,更可以让隋军看看己方的实力。而他想到的具体做法,就是把下游各个地方的水军全部调集到建康,以营造百万旌旗的效果。而那些地方都有隋军在伺机而动。这个荒唐的提议自然遭到了群臣的反对,除了孔范一干人,其他大臣异口同声地表示,长江下游各个关口都需要防御,增兵还嫌不够,怎么能把守兵全调走。

昏君的"昏",就在于他们总是认为自己很聪明,再多的劝谏也改变不了他们的决定,别人的意见都肤浅,只有自己的决定才是英明的。只听陈叔宝说:"国都有王气,当年北齐和北周都来攻打过,结果还不时惨败而归?这次隋军又能做什么?"

主君昏庸至此,众大臣又能说什么?江南地区的政权一直以礼义治国,过去不乏明主,而今也不缺忠臣,但再忠诚的臣子面对昏君也无能为力。劝谏的人不是没有,章华已经因为劝谏掉了脑袋,诛了九族,谁还愿意送死?于是,在危急关头,陈朝大臣们士气萎靡,下游的防备也松松垮垮,这种情况让隋军将领们心中大喜。

破城

开皇九年（589年）正月初一，传统佳节，正是万家团聚之时，每个人的心都会在这个日期放松下来，希望在合家欢聚的气氛中，忘掉平日的不快与担忧。陈朝首都建康，也如往年一样充满庆祝的气氛。这个时候，贺若弼和韩擒虎正带着各自的军队渡江直逼建康。

贺若弼早就等着这一天，他和他的军队放了这么久的烟幕弹，为的就是眼前这一幕：军队已经整装待发，对面的陈军毫无反应；战船上的旗帜挂得老高，对面的陈军毫无反应；军号吹得嘹亮，对面的陈军毫无反应。更妙的是，这一夜大雾弥漫，这些行动影影绰绰，更有绝佳的麻痹效果。等亿万大军冲过江面，陈军这才慌忙应战，他们做梦也没想到，这次隋军会来真的。

韩擒虎渡江也很顺利，他带着自己的部队，趁着夜深人静，陈军都在除夕夜的氛围中放松身心，睡眼蒙眬，一队队战船悄无声息地过了长江。都说长江是天堑，但贺若弼和韩擒虎渡过天堑，不费吹灰之力，可见陈军荒疏到什么程度。

兵临城下，陈叔宝终于知道从前老师们谆谆教导的、大臣们苦心劝诫的"亡国之祸"并不是信口开河，它切切实实地存在着，而且就快要降临到自己头上。而他还没有心理准备接受这一切，在他那充满浪漫遐思的脑子里，战争一直是个遥远的词语,与他的生活毫无关系,他所要做的就是安心享受美酒和美女,自有大臣们为他打理国家大事,自有将士们为他守卫陈朝疆土,他怎能料到隋军这么快就逼近了首都建康。

这时候,各地的文书又一次飞向皇宫,这一次,施文庆不敢胡乱压下,因为这些文书不是告急、不是请战,而是战败。隋朝大军攻下了京口、豫州、九江、江州……这些被陈朝视为战略堡垒的地区接二连三地陷落,当地将领不是被活捉,就是投降。而隋军将领则保持良好的风度,不抢掠,不滥加杀戮,对百姓、对投降官兵全都客客气气,的确像一支"正义之师",于是,投降的人更多了。

这个时候,建康的朝臣们还没有绝望,因为建康城本身就有大量军队,又有常胜老将萧摩诃坐镇。而另一位大将任忠也已经带着大军赶来救援。上游还有一位将军的援军也即将赶来。建康城有兵有将有坚固的工事,更有充足的粮草,怎么看都不会被隋军一举拿下。

对于如何保卫首都,两位将领代表了两派意见。

任忠的意见是"客贵速战,主贵持重",远道而来的军队想要速战速决,而防守一方应该持重行事,建康守军应注重防守。对此,他还提出几条相应的计策:坚兵守城拖住隋军,让隋军疲惫;派两支水军去南豫州和井口道,切断隋军粮草;待春来河涨,上游援军必然火速赶到,再决胜负。

萧摩诃的意见刚好相反,他是一个骁勇的战将,早在正月初一隋军有了动静,他就屡屡请战,求陈叔宝务必趁贺若弼孤军深入之际,打他个措手不及。但昏君总要误事,坚决不肯让萧摩诃出战,屡屡延误战机,让萧摩诃着急上火。这时,萧摩诃的主张依然是趁着隋军立足未稳,打他们个措手不及。

两派人提出意见供陈叔宝参考，陈叔宝想来想去，不知如何决定。他本来就不懂军事，也不愿听任忠和萧摩诃长篇大论的分析，他很快下了决定，派萧摩诃出战，因为："这一仗打得也太久了，朕心烦，就让萧郎出去打发他们吧。"——这个决定可谓毫无理性分析，只顾一时情绪，任凭任忠苦口婆心地劝，陈叔宝只是挥挥手，表示"朕心烦"。

正月十二日这一天，十万陈军即将上阵，大将鲁广达为前锋，任忠、孔范居中，萧摩诃殿后，陈后主亲自鼓励将士们奋勇杀敌，并承诺只要割下敌军首级就有重赏。而这时贺若弼手下只有八千军队，他正思忖着暂时避退，等杨广、高颎大军到达，再一齐应战。正想着，他突然看到陈军的军队沿江布下长达二十多里的长蛇阵，一下子就笑了出来，当即也不等杨、高大军前来接应，带着部队迎头打了过去。

这一次，贺若弼倍感吃力，因为陈军的先锋鲁广达神勇无比，只见他身先士卒，带着一批部下冲杀过来，眨眼隋军便尸横遍地，贺若弼有些后悔自己的轻率举动，连忙命人施放浓烟，想趁机撤军。没想到，令人难以置信的一幕发生了：陈朝的士兵趁着浓烟滚滚，俯身割下倒在地上的隋朝士兵的首级，兴冲冲地往回走；

接下来，更难以置信的一幕发生了，陈朝军队中竟然传来一阵鬼哭狼嚎，只见一位主帅衣甲的人大叫着骑马逃窜，其他士兵被这个人惊吓，也跟着逃窜。陈朝的骑兵、步兵互相推搡、踩踏，眨眼乱成一团；

接下来，贺若弼又发现一件难以置信的事，一向以骁勇闻名的萧摩诃，竟然毫无战意，看到战阵出现混乱，也不及时制止，及时调度，似乎根本没有打仗的意思……

贺若弼不明白陈朝的将士们究竟抽了什么风，他只需要明白现在是千载难逢的好机会。于是，他根本不管还在冲杀的鲁广达，带着军队向最混乱的陈军杀去，这一去势如破竹，慌乱中的陈军根本不知如何抵抗，堂堂十万大军，被贺若弼的八千人马逼得走投无路。任忠逃回建康城，萧摩诃被俘，只有鲁广达还在拼死奋战。

贺若弼当然不知道，陈军忙着割首级，是为了赶紧回城找陈叔宝领赏；那个大叫着逃跑的将军，正是陈叔宝信任的孔范，那个吹嘘自己能打败隋军的人，一看到隋朝军士杀气腾腾，吓得拔腿就跑，还冲散了自己率领的军队，这就是陈叔宝信任的大能人想到的好计策。

萧摩诃的怠战另有隐情。萧摩诃的夫人任氏是个大美人，陈叔宝垂涎已久，如今见萧摩诃出城打战，他趁着机会就把任氏接到宫中。消息传来，萧摩诃再也提不起忠君爱国的决心，自己在前线拼死拼活，主君却在后方享受自己的妻子，谁能受得了这样的侮辱呢？不但萧摩诃怠战，听说这件事的将士们也都觉得有陈叔宝这种皇帝，陈朝没救了！

倒是贺若弼，本来打算斩首萧摩诃以壮大己方声势，却见萧摩诃威风凛凛，慷慨无畏，一时起了敬佩之心，对萧摩诃以礼相待。萧摩诃见此，心头一酸，投降了隋朝。

逃回建康城的任忠正在给陈叔宝汇报战场的情况，陈叔宝拉住任忠说："将军，你是国家栋梁，朕一向待你不薄，你不能见死不救！"

任忠看着一脸急迫的陈叔宝，无奈地说："陛下，如今我军将士死的死，投降的投降，我拿什么救？"

陈叔宝左思右想，突然叫道："朕有办法！爱卿你等着！"

任忠瞪大眼睛，等来陈叔宝让小太监搬来两箱金银，陈叔宝说："爱卿，你拿这个去招兵买马！"

任忠心里和萧摩诃一样酸,对陈叔宝说:"陛下快逃吧,臣一定护卫您。"待到陈叔宝跑去收拾金银财宝,任忠就骑马投奔攻打建康的另一支军队——投降了韩擒虎率领的军队。任忠还带领隋军到了城门下,对城上的守军说:"我都投降了!你们还在等什么?"看到任忠这样的重臣都已经投降,守城的士兵也放下了武器。

此时的建康城再也没有往日的平静,百官逃的逃,降的降,百姓也四处逃窜。韩擒虎的部下军令森严,并不侵扰市民,只在任忠的带领下向皇宫奔去,皇宫里的陈叔宝根本来不及逃跑,宫城就被隋军团团围住。

骊山献俘

隋朝的军队已进了皇宫，侍卫宫女早已逃得无影无踪，平日丝竹处处、鸟语花香的宫殿此刻一片死寂，陈叔宝坐在这片死寂中，身边还有尚书令江总、仆射袁宪等几个忠心的大臣。陈叔宝对袁宪说："我平日待你并不好，现在真后悔。事情到了今天这个地步，不是朕无德，实在是江东的士人缺少道义和担当！"几个大臣听了，谁也不言语。到了这个时候，还把错误推给别人，这皇帝真是没救了。

仿佛听到隋军的脚步声，陈叔宝慌张起来，想要逃跑，袁宪忍无可忍地说："陛下！到了这个时候，您还能逃去哪里？请陛下整理好衣冠，保护好我朝最后的尊严吧！"陈叔宝一口回绝，说道："刀剑无眼，我怎么能跟隋军对抗呢？"说着就跑向了后殿，左看右看，看到一口枯井，当即就要跳进去躲藏。

"陛下！您不能这样！这哪里还有一国之君的风范啊！"袁宪挡在井口，苦苦劝说。陈叔宝哪里肯听，一把推开挡在前面的大臣，跳了下去。他从来就没有过一国之君的风范，也从来不知道一国之君究竟该做什么。

这时，他的十五岁的儿子，也就是陈朝的太子陈深，已经正装端坐在宫殿里。隋朝士兵冲了进来，一片刀光，这位太子却肃然不惧，反而对他们说："诸位远道而来，辛苦了。"隋朝军士大多是第一次看到真正的南朝皇族，一见之下不禁感叹，果然气度不凡。他们都为这种自然流露出的皇家气质折服，当下也规规矩矩地对这位少年行礼。

但接下来捉拿陈叔宝的经过，却让他们笑掉大牙。士兵们在宫殿里四下寻找陈叔宝，都想做那个抓到陈朝皇帝的人邀赏，找来找去终于找到了那口枯井，喊了半天没人答应，士兵们恐吓："再不答话，就往里边扔石头了！"这才有人带着哭腔叫道："别扔！我在里面呢！"等把人拉上来，才发现这井里不只藏了陈叔宝，还有张贵妃和孔贵嫔，真是个风流天子！

等到贺若弼进了皇宫，陈叔宝还在求饶，贺若弼见一国之君苦苦哀求，也只好温言安慰道："我大隋君主仁慈宽厚，不会苛待你，不用害怕。"陈叔宝这才平静下来，又亲自写了投降书。隋军已进入宫城，其他大将早已投降，只有先锋鲁广达还在率部将冲杀，等到建康城陷落，城头升起了隋军的大旗，鲁广达和他的部下们这才扔下兵器。鲁广达悲愤交加，对士兵们说："我不能保卫国家，真是个罪人！"部下听罢，和他一起失声大哭。

陈叔宝既已投降，仍在中上游和杨素对抗的陈军将领自然无话可说，率领大军投降隋朝。比起有"帮手"的贺若弼和韩擒虎，杨素负责的战场需要实打实地硬拼，他也在平陈大战中威震大江南北，一跃成为隋朝的政治新星。在建康，高颎带领大军处理受降事宜，一切井井有条，因为张丽华的身份特殊，作用"明显"，高颎毫不客气地命人杀掉了这个大美人，以免她给隋朝带去什么不测的风波。

史书上还有一段描写，说晋王杨广比高颎后进建康，曾嘱咐高颎一定要捉到张丽华留给他，没想到高颎害怕红颜祸国，杀掉了美人。于是杨广托人带话给高颎，说他会记住这件事。——这一段传说应该是唐朝史官为了抹黑杨广的形象添加的，当时的杨广威名卓著，是一位模范皇子，从不贪恋美色。何况以杨广缜密的个性，更不会因为一个女人就和当朝重臣结仇，当时的他，正琢磨着如何在父母臣民面前表现得十全十美呢。

所以，杨广根本没时间考虑陈叔宝的妃子有何等美貌，他要做的是展现自己的能力。在建康城，他严禁部下饮酒、焚烧、淫掠，一经发现必加严惩，又命士兵保护陈朝的宫殿、器物、图书，不得惊扰百姓。杨广所做的一切不但得到了陈朝百姓们的认同，隋朝的士兵也交口称赞。有这么能干的儿子，杨坚夫妇自然开心。

开皇九年（589年）四月，杨广率领大军回到长安，带着陈朝君臣、押着陈朝带来的各式皇家用品，浩浩荡荡地到了骊山。隋朝皇帝杨坚正在那里等待，他看到陈朝的皇帝在他面前不断磕头，心头的喜悦溢于言表。而长安的百姓们也不愿错过这个辉煌时刻，全部涌出城来看热闹。

杨坚威风凛凛，当场宣布陈叔宝的罪状，宣布陈朝从此归隋朝统治，国号不复存在。至此，江南三十个州、二百多万人口归于隋朝版图，杨坚也终于实现了他的大一统梦想，若说他一生最开心的时刻，一定就是在骊山宣布隋朝一统的那一刻。

接下来，杨坚封赏平陈战役中立下功劳的将士。节俭的杨坚对部下毫不吝啬，金银珠宝、绫罗绸缎成百上千地赏下去，骊山上一片欢呼，官员士兵既提高了官衔，又拿到了御赐的奖品，怎能不心花怒放。

再然后，杨坚宣布了对陈朝君臣的处理决定。对陈朝王室，杨坚予以优待，陈叔宝和他的亲人后代一体保全。对陈朝的大臣，杨坚给的待遇天差地别，如江总、袁宪、萧摩诃、任忠这样既有才能又忠心的，给予官职；而孔范、施文庆这样的佞臣，则统统流放。为了进一步笼络江南百姓的心，杨坚不但处罚了这些佞臣，还宣布免了江南十年的徭役。

在杨广带回来的俘虏中，杨坚看到一个老熟人，就是当年和尉迟迥一起造反的司马消难。司马消难兵败后逃到陈朝，在陈朝虽没有受到重用，也过了几年太平日子，没想到最后还是落到了杨坚手中，心里也不好受。当年的杨坚对尉迟迥、司马消难、王谦这些人恨得咬牙切齿，如今他是大一统的君主，是真正的胜利者，倒也看淡了过去的事。又想起司马消难和杨家的交情，想到杨家从司马消难那里也得到过帮助，就不再念旧恶，没有杀掉司马消难。

赏罚分明，处置得当，皆大欢喜，但偏也有人不买杨坚的账。全国一统的趋势下，原陈朝附属的岭南地区仍在与隋军对抗，岭南地区的领袖为一位高龄女中豪杰冼夫人，她带着部将不屈不挠地反抗隋军。最后，还是杨坚命陈叔宝给她写了封书信，告诉她陈朝已亡，劝说她归顺隋朝。冼夫人是忠义之人，见信落泪，最后依陈叔宝吩咐归顺朝廷。这位冼夫人被封为"宋康郡夫人"，一直为隋朝守卫岭南地区。她还有一个后人叫冯元一，也就是唐玄宗时代鼎鼎大名的太监高力士，一样对皇家忠心耿耿，最后因唐玄宗去世，吐血而死。

至此，塞上风云，江南流水，黄河孤帆，长江远影，岭南奇峰，全部重归一统，经历了三百多年的大分裂，中国再一次走向统一，这是杨坚的不世奇功。献俘之日，杨坚在骊山之上，遥想当年秦始皇也曾远眺四方，想那六国国土尽归于己，如今，他的国家版图更大，他的成就更加辉煌。

杨坚含泪而笑，所谓人生得意，所谓功成名就，莫过于此。

"隔江犹唱后庭花"

短短的时间，隋朝就平定了江南，消灭了陈朝。陈朝君臣被带到长安，适应着他们的新身份、新生活。北方的城市，北方的朝廷，都与建康大不相同，他们不得不吃着粗糙的饮食，受着隋朝大臣们偶尔投来的白眼，过着仰人鼻息的日子。他们也会在无人处偷偷感叹，怀念起故国的小桥流水，歌舞升平，然后便有无尽的悔恨和愁绪。为了生存，他们只能将这份感情强压在心底。

也有对故国一往情深，宁可以死相报的人。忠勇的鲁广达将军也跟随陈叔宝进入隋朝，但不愿侍奉隋朝，他生了一场大病却不医治，一心求死，不久就撒手西去，令当时的人感佩不已。江总为他痛哭，还特地为他作了一首诗，赞扬他"黄泉虽抱恨，白日自流名；悲君感义死，不作负恩生"。

和这些有情有义的臣子比起来，一向多情的陈叔宝倒没有这么多的诗意要抒发。陈叔宝做了亡国奴、阶下囚，但他并不像历史上那些失去江山的皇帝那样长吁短叹，生不如死，反而靠着杨坚的优待，继续在隋朝吃喝玩乐，虽然他住的地方比从前的宫殿不知道小了多少倍，也没有昔日的美女弄臣们围在身边，他依然能得过且过，自得其乐。

有一天，在隋朝无所事事的陈叔宝突发奇想，跑去对隋文帝杨坚说："陛下，别人当官都有事可做，我却只有个虚名，您能不能给我个官儿当当？"杨坚哭笑不得，只能对众人感叹："叔宝全无心肝。"越是看这位前皇帝，越是明白陈军为何以那么快的速度败在隋军手中。

不过，仍然在享乐中生活的陈叔宝对自己的遭遇并不完全麻木，他比以前更爱喝酒，经常整日喝得醉醺醺。杨坚听说这件事后，还担心他的身体，想找人规劝他，这件事并没有实行，杨坚再三考虑又说："他不喝酒心里也难受。"在朝廷宴会上，杨坚怕陈叔宝听到故国的音乐会伤心，就下令乐师们不得演奏江南的音乐。

杨坚对陈叔宝和陈朝皇族格外宽容，还为陈家人建立祠堂，这更让陈叔宝感激不已。杨坚对陈家人与他对宇文家族的态度天差地别，这也许是因为经过近十年的治国，杨坚取得了巨大的成就，对自己的政权有极大的信心，不再惧怕可能的"复辟"。而陈叔宝本人的资质和态度，也让杨坚大为放心。亡国之君寄人篱下，倘若不表现出"乐不思蜀"的荒唐模样，而是整天想着"问君能有几多愁，恰似一江春水向东流"，就很难见容于征服者。陈叔宝从心理上完全屈服，自然不会引起杨坚的警惕，反倒乐于显示他的宽容和大度，这也是帝王权术的一个重要方面。

陈朝的末代皇帝就这样在隋朝做官，被隋朝政府优待，活到了五十二岁，才于604年死在洛阳，还被隋朝追赠为大将军。这位花花皇帝败光了祖辈父辈好不容易打下的江山，毫无愧意；又在敌国境内继续吃喝玩乐，潇洒地活了很多年，也难怪唐代诗人杜牧恨铁不成钢，写出"商女不知亡国恨，隔江犹唱后庭花"这样的诗句，陈叔宝与他的《玉树后庭花》，以及他的荒唐事迹，被世世代代的人铭记。

陈叔宝死的时候，杨坚已经去世，继位的杨广亲自为陈叔宝定了谥号：炀。去礼远众为炀，杨广取的谥号充满嘲讽意味。却不知若干年后，他也和陈叔宝一样成了亡国之君，也在去世后被另一位皇帝取了同样的谥号。

当时的杨广哪里会知道数十年后发生的事，和那个亡国之君不同，他是平定了江南的二皇子，是前程锦绣的晋王，是有口皆碑的将帅，有了平定江南的大功，他的人气更高。杨广本人却并不看重自己的功劳，因为功劳再多，他也不是未来的皇帝，太子是他的哥哥杨勇，他做的一切都是在为这位未来的天子扫清道路。

这也是封建王朝的历来传统，国有大战，为保证国本，太子都要坐镇国都，而为了监督将领，太子之下的皇子被派往前线。这就造成了立下战功的皇子们功劳过大，坐镇国都的太子反而显得无功于国；南征北战的皇子们不仅有战功，还趁此机会结交了将领，笼络了士兵，坐镇国都的太子只能暗自担心弟弟们将来会不会威胁到自己……多少手足仇恨，就在这时埋下了伏笔。可惜，不论皇帝、太子还是皇子，都没有办法避免这一事实。

从江南回来之后，二皇子杨广强压着心中的抑郁，有时他在宴会上看着与人推杯换盏的陈叔宝，不明白为何这样的人都能继承皇位，自己今后却只能当一个亲王。想到自己的功劳，再看向自己的哥哥杨勇，一个危险的念头悄然而生，他不动声色地喝了一杯酒，又恢复成平日谦虚温和的样子。

陈叔宝还在喝酒,陈朝的历史已经结束,曾经的种种如流水逝去,留下的痕迹,只在每个人的心里。陈叔宝的生活虽然安逸,但划归隋朝版图的江南地区,却并没有太平,反倒为隋朝的统一进程增添了波折,也为表现欲极强的杨广带来了更好的机会。

江南大乱

开皇九年年初,隋朝结束了平陈战争,但是,不到两年时间,江南地区风起云涌,各地义军突然一齐反抗隋朝的统治,不论是江南的名门大户的子弟,还是普通百姓,都积极加入到反抗队伍之中,他们攻城略地,杀掉隋朝派去的官员。这场风暴让杨坚乱了手脚,他没想到陈国旧地说反就反,更没想到江南百姓个个似对隋朝怀有深仇大恨。

江南百姓并不好战,他们选择造反,实在是逼不得已。

永嘉之乱,朝廷南迁,北方陷入混战,暗无天日;南方依江求生,偏安半壁。而自古传下来的中华礼仪,中原文化,就在南方得以留存发展。江南士人多出身于大家,最重诗书礼仪,而佛教的流行,又成了士家、百姓共同的信仰。虽然南方也有政权更迭,战乱四起,但江南子民仍旧保持着温文尔雅,即使市井平民也不是粗俗之辈,极具灵秀之气。

隋朝攻陷建康,把江南地区并入版图,百姓们对故国也有怀念,但想到正因为陈叔宝的奢侈淫逸，忠奸不分，平庸无能，才使强大的陈朝落到此等下场，怀念又被满腔的愤懑取代。加上杨坚免去十年徭役，着意安抚，他们也就接受了这个现实。毕竟，改朝换代之事常有，最要紧的是把日子过下去。

可是，隋朝的统治，却让他们过得极不舒服。杨坚根本没考虑过江南的状况，而是以统治者的思维，直接将治理北方的那一套拿到南方。隋朝的官员被派到江南各地，让江南世族产生反感，也让百姓不习惯。而杨坚看到江南地区人人沉迷于佛教，害怕有人借佛教名义鼓动百姓，就宣布每个州只能留两所佛庙，其余一律废除，直接剥夺百姓的信仰。

江南水土丰美，百姓们不愁吃不愁穿，平时最大的爱好就是看看书，谈谈经，拜拜佛，生活的重心几乎都与文化有关。如今杨坚不但剥夺了他们拜佛的权利，还做出一件更可笑的事，让他们学习隋朝倡导的"父义、母慈、兄友、弟恭、子孝"。看到隋朝官员们煞有介事地来宣扬这些伦理，江南百姓差点笑掉大牙，要知道这些脱胎于儒学的东西不过是最浅显的学问，就连黄口小儿都知道，于是，江南百姓对隋朝朝堂好生看不起。

更要命的事出现了，有传闻说，隋文帝杨坚因为江南不好管理，准备将江南地区的居民移到北方。想到北方苦哈哈的环境，再看看鱼米之乡的青山秀水，江南百姓哪里肯去，消息还没确定，他们就已经炸开锅，乡里出现了小股的军队，县里出现了大股的军队，州里更有人趁机大肆起事。起义军的主干力量是江南世族，这些人平日文文弱弱，打起仗杀起人来却不含糊，这一回，告急文书换了个方向，全部飞向大兴城。

好不容易打下来的江南起了大乱，杨坚火速派杨素出马，希望他尽快稳定江南局面。杨素不但有谋略又不手软，是隋朝数一数二的将帅之才，但他到了江南，发现这一次平定和上一次平定完全不一样。两年前伐陈，百姓们对陈朝统治有不满，又见隋军不侵不扰，很有王者之师的气派，所以处在观战地位，有些还主动投降隋朝。如今局势大变，百姓成了反隋的主力，没有了装备严整的陈兵，但江南处处都是敌人。

这一仗，杨素和几个同来的将领，以及士兵们打得苦不堪言。他们无法像以前那样沿江布阵，统一规划，重点突破，而只能进入江南土地，在山重水复之中不断寻找一小股一小股的叛军。江南的叛军和百姓互相配合，与隋军打起了游击战，让隋军四处出击，四处碰壁。杨素带着的军队，大大小小打了几百场仗，江南依旧没有平定的迹象。

杨坚见状，终于开始检讨自己的南方政策是否有问题，他想来想去，决定"以柔克刚"，放弃暴力做法，采取怀柔政策。他决定派自己的二儿子杨广再一次去江南。一来，杨广本来就去过江南；二来，杨广的妻子是后梁的公主，杨广在妻子影响下，一向喜欢南方文化，看上去一派风雅，应该会让人有好感；三来，二儿子越来越显出他各方面的才干，杨坚也有心锻炼自己的儿子。

杨广兴高采烈地接下了这个任务，启程前往江南地区。到了江南，他首先是和原来陈朝的大学者们交了朋友，对他们礼让有加。在江南才子们眼中，杨广生得俊秀，谈吐高雅，见解不俗，有这样一位皇子对他们毕恭毕敬，他们自然也倾心结交。于是，杨广的王府里很快成了才子大儒们讲经作诗的场合，难得的是，和这些家学渊博、从小就饱读诗书的才子们在一起，杨广不论才学还是文采，都毫不逊色。而江南士族最欣赏、最推重的，也正是这样的人物，于是，晋王的大名远播江南各地。

除了在文化上拉拢江南士人，杨广还注重宗教的作用。他一改杨坚的做法，开始提倡佛教，还亲自拜当时的一位高僧为师。德高望重的老和尚本不欲与隋朝的皇子扯上关系，但杨广既聪明，又谦卑，苦苦请求，一番诚意感动了大师。他的这种态度，得到了更多人的认可，也让民众看到了隋朝政府的诚意。

杨素的大军没能解决的问题，靠杨广交交朋友，组织人编编书就把局面缓和了不少，杨坚这才意识到，江南百姓造反并不是怀念陈朝的统治，只是不满隋朝的政策。恍然大悟之后，杨坚命杨广今后就在江都坐镇，杨广乐得把这个地方当作自己的地盘，高兴地接下了这个任命。杨素在擒拿了主要反叛者，起义之风渐渐消散之后，也率兵回到关中。

在谋反人员里，赫然有萧摩诃的儿子萧世略，有官员认为这必然与萧摩诃有关，应该治萧摩诃的罪，杨坚却说："萧世略不过是个头脑发热的年轻人，大概被人利用了，这不关萧摩诃的事。"萧摩诃安然无事，可见，杨坚对陈朝投降过来的君臣都不错。但杨坚始终无法信任这些人，萧摩诃在隋朝得不到重用，一天比一天消沉，终于在隋文帝死后跟随汉王杨谅造反，以七十三岁的高龄，被前来讨伐的隋军杀掉。

江南民众的起义规模大，想平息也费了一番功夫，但统一大势不可逆转，所以，没有出现能与中央对抗的割据政权，而被隋朝的军事、文化策略平定，百姓们不怀念陈朝，只要隋朝愿意调整政策，他们也乐得安静度日。可见经过三百多年的战乱，不论南北，民众早已厌倦了战争，渴望统一和安定。

统一全国并不是结束，扩大的版图也不能满足杨坚的雄心，他想要的不只是全国一统，还有隋朝的大国地位。在广袤的边疆，他还有更强大的对手，这些对手居无定所，人高马大，彪勇善战，经常来边境抢掠，时刻威胁着隋朝的安全，是杨坚的心腹大患，这些对手中，最难缠的就是突厥人。

第三篇／千秋功过

第八章 / 巅峰与转折

息兵

开皇十年（590 年），杨坚下了一道诏书，宣布收回天下武器，解除禁卫军、边境军之外的军队，倡导天下人读书知礼。这是平定江南之后，隋朝政策的一大转折，这道诏书代表了动乱时代的彻底结束，代表了和平盛世的到来。

在三百多年的时间里，富国强兵是所有政权的目标，而军队则是国家的重中之重，手中有军队的人，往往能够一跃成为一国之主，没有兵权，只能任人宰割。所以，武将地位和军人地位高于其他人，国家制定政策，也会给军人特别的优惠措施。只有军队强大，才能抵抗敌人，才能占领更多土地，这是所有君主的共识。

杨坚本人就是军人的后代，他信奉马上取天下，难得的是，他的文化程度虽然不高，却并不迷信武力，也并不认为武力代表一切，这一点，从他采取的外交政策上就可以看得明白。杨坚对武力的持重态度，并非基于一片爱民之心，一腔人道之情，而恰恰是因为他是武将后代，在战乱中成长，知道太多武力夺权的故事，切身体会过武力的威胁。所以，他才反其道而行之，以他并不熟悉，也并不太相信的儒家文化治国。

开皇十年的诏书，目的是息兵和文教兴国，但在军事问题上，杨坚并不是简单地解散军队，而是深思熟虑地考虑过今后的国防问题。他认为在一个大一统的国家，内部稳定太平，不需要每个州都有那么多的常备军，以防突发事件的发生。把这部分军队解散，直接增加了劳动力，有更多的人从事生产，自然增加了国家收入。而国力的提升，又能让境内境外的敌对分子不敢作乱，这是一个良性循环。

何况，对军事问题，杨坚从小便耳濡目染，明白"兵贵精不贵多"。虽然裁撤了不少军户，但他并不放松对正规军队的训练，甚至训练得比以前更加严格。京城有精心训练的禁卫军，边疆有军纪严明的防卫军，地方只有少量的驻军，这种军事格局一来加强京城对地区的威慑力，二来能够维护国家安全，三来节省军事开支，这条精兵路线，可谓一举多得。

和平时代，封建王朝的君主们都会行息兵政策，紧随其后的，就是大兴文教。

杨坚早在身边能臣的建议下推行儒学治国，曾经加大力度收集图书，聘请大儒讲课。陈朝投降后，不少学者被带到北方，增加了那里的文化氛围。文帝经常请大儒讲课，让王公贵族、军队将领、国子寺学子们一起听讲，自己也愿意跟着学习。唐朝时有人回忆起这一时期的盛况：各个地区的民众都以读书为荣，更有不少学者、学生不远千里来京师。整个隋朝都被浓郁的学习氛围包围着。

不过,杨坚本人并不是文化人,他参与的文化事业,也打上了浓重的"杨坚色彩",有极强的目的性。比如,杨坚倡导孝道,他认为一个叫元善的学者很好地解释了《孝经》,就赏了他很多财物,元善的地位也水涨船高。元善此人虽然很有见地,但胸中学识其实并不丰厚,只不过善于领会杨坚的意思,说起话来绘声绘色,让文化底子浅的人听得热闹。所以,他名气虽高,那些真正有才学的人却并不服气。

一个叫何妥的官员认为元善浪得虚名,听说元善要公开讲《春秋》,也说要去听讲。元善私下里对他说:"我名望已定,希望我们不要相互为难。"何妥却不理会,在元善的讲堂上提了数个尖锐问题,元善并不是饱学宿儒,哪里答得出来。——可见,杨坚选择的学者,是那些能够迎合他的人,杨坚本人并不能从学问的角度甄别人才,他也懒得费这个心思。学者对他而言,只是个传达统治意图的工具,帮他维系人心,让万民都听从朝廷教化。

所以,杨坚推行的文化政策有极强的功利面,他的确给一些学者很高的地位,但这些学者水平本就有限,又要迎合杨坚浅显的文化需要,能够拿出的文化成就自然更加有限,难免被真正有学识的人讥笑。这也是杨坚兴冲冲地在陈朝故地推行"五教",却让江南人民笑掉大牙的原因。

杨坚对文化、文教的看法,在修史问题上更为显见。在当今世界范围内,有一件事可以让中国文化引以为豪,就是中国从古至今,修史不断,有相当完善的史官制度,不论官方还是私人,都喜欢留下完整翔实的史料记载。虽然留下来的史书多是为帝王做谱牒,但比起那些根本不知古代往事的国家,国人依然有扎实的史料了解朝代更迭,人情变迁。

古代帝王也爱修史,在当政期间组织学者官员编撰史书,增删前朝遗留的史籍，也是一项成就。在杨坚统治初年，他对一切事物都抱有宽容欣赏的态度，所以史学家也希望在好不容易来临的太平时代，平心静气地编撰出高规格、高质量的史书。

不过，杨坚对文化的忍耐毕竟有限，对文人的脾气更是看不惯。他本人希望学者们按照他的意思修订史书，可当史官是个良心活，也有人为了信笔录史和杨坚发生冲突。曾经在公开场合为难元善的何妥，就在整理前朝文献时，对杨坚提出一些"逆耳"的建议。杨坚大怒，和何妥一起整理资料的萧该还因此被免官。萧该回家后继续闭门修史，受到了很多官员的赞扬，这又让杨坚愤怒。

杨坚为人本就喜欢猜忌，当了皇帝之后，更不喜欢别人违抗他的意思，见萧该如此不驯，他干脆下令禁止私人修史。这一道命令令天下学者叫苦不迭，更有人因为私自修史被问斩。上有政策下有对策，头脑转得快的人干脆在自己修订的史书中加了不少颂扬杨坚的内容，杨坚看到这样的私家史书，又喜笑颜开，将修史者升为高官。——可见，杨坚对文化保持了一以贯之的态度：他没有多少文化，如果文化是他的工具，他愿意支持；反之，他仍会露出彪悍的武将之风，让文化只剩一地残灰。

不论杨坚本人对文化有何偏见，但在开皇年间，杨坚的偃武修文却是最符合历史潮流的政策，它让饱经离乱的百姓终于能够彻底地歇下来，不再为战乱担忧，不再有朝不保夕的心理阴影，而是潜心读书，重新找回文化的自觉。有了这一时期的积淀，才有后来隋唐文化井喷式的繁荣，尽管杨坚本人并不亲近文化，但他对文化的贡献不容抹杀。

盛世开皇

从公元581年年初到公元600年年底,开皇的年号延续了将近二十年,杨坚也由一个锐意进取的中年人迈入了花甲之年,这一段历史被后世称为"开皇之治"。这一阶段政治稳定,国力逐步增强,创立了各项泽被后世的典章制度。隋朝百姓,也在这强大的帝国中享受他们安稳的人生。

开皇年间,隋朝社会的各个角落都呈现一派繁荣盛世的景象:

在农村,农民们的生活得到了根本的改善。农民们有了自己的土地,国家又重视轻徭薄赋,在受灾之年也有义仓做保证,再加上一大批退伍军人加入了种田的队伍,于是,不但粮仓储备激增,农作物新品种、新的生产方式、新的工具等等也应运而生。杨坚最重视农业,又在全国各地兴修水利工程,更是保证了农业的发展。

手工业也有长足的进步。在动荡不安的南北朝年代,百姓不是忙着打仗,就是忙着逃难,民间手工业几乎处于停滞状态。得到发展的只有铸造行业,铸造工人要不断打造更加精良的武器,满足当局战争的需要;还有官府设立的一些手工业机构,为的是满足皇家贵族的享受需要。到了隋朝,手工业者们终于得到了发展空间。

隋朝的丝织业和造瓷业发展很快。定州成了当时的丝织中心,生产的布匹以精美闻名。瓷器制造也向更为精巧的方向发展，并出现了玻璃器皿。一向以手工业闻名的四川、河南等地，依然维持着各自的优势。隋文帝虽然不喜奢靡，但民间日益富饶，手工业也会有更加精细的分工和更加精美奢华的倾向。

造船业在隋朝的进步更是显著。隋朝平陈之前大量制造战船，杨素亲自监督制造的大战船更让处于山水之间的陈国士兵大开眼界。国家统一后，漕运激增，外事不断，都需要船只来支撑。于是，和造船相关的产业也同样发展起来。

隋朝统一了货币，给商业的发展带来了极大的便利，从此南北商贸再无滞涩，再加上国内安定，商人们不再为战乱所苦；人民富足，有了更多的物质需要，于是，商业城市开始兴起，以长安和洛阳最为繁华，人声鼎沸的大都市遍布大江南北。隋朝因势导利，设立了专门管理工商业的机构，就连边境贸易，也有专门的官员负责。整个国家部门齐备，处处有法可依，显示了有秩序的繁荣。

开皇之治是隋唐盛世的积累期，它所代表的意义并不仅仅是物质生存的高度发展，还让当时的百姓有了真正的大眼光和强大的自信心，培养了大国意识。隋文帝奠定的坚实的物质基础，经由他的继承人杨广的发展，使隋朝成为当时世界数一数二的大帝国，大运河畅通南北，商旅往来频繁，具有真正的大气象。隋朝因隋炀帝杨广而亡，但隋文帝打下的基础，却没有因战乱而消失，而是间接开启了盛唐气象。

通过纵向的对比，我们也可知道开皇之治的伟大之处：几十年之后，唐高宗李治继位，经过他的父亲李世民的"贞观之治"，唐朝在战乱中恢复元气,某一天,继位三年的李治收到下属的汇报,得闻当年农业收成不错,人民安乐,不禁大为欢喜,就问大臣:"现在的户口有多少?"大臣回答:"三百八十万。"李治沾沾自喜地问:"隋朝时的户口有多少?"大臣有些为难,还是据实相告,李治这才知道原来隋朝时期的人口竟有当时的两倍之多,不禁对杨坚的治国才能大为敬佩。

封禅

开皇年间,杨坚的作风称得上是一位"模范帝王",他依然保持着节俭和严肃,对任何可能浪费国家财产,增加百姓负担的事予以杜绝;对那些能够使百姓更加安泰的政策措施欣然施行;对清正廉洁的官员大加褒奖;对危害百姓的官员加以贬斥。他所做的一切都遵循治国最高准则,做到了严于律己。

他的作风,群臣看在眼里;开皇之治的成就,百姓看在眼里。所以,当隋朝平定陈朝之后,便有大臣上书,认为皇帝功高盖世,理应去泰山封禅,告祭天地。对此,杨坚一口回绝,因为封禅典礼需要耗费不少钱财,他不想加重百姓的负担,他还严厉地训斥群臣说:"不过是除掉一个小国,这算什么大功?不要因为一时没有兵戈之灾,就以为太平。以我浅薄的德行,哪里有资格向天地夸功?今后不许再提封禅一事!"

杨坚说到做到,此后仍有人请求封禅,他一律不理,仍旧专心政事。为了了解四方情况，他不但经常派遣特使去各地了解民情，还亲自出巡，为的是了解民间疾苦，及时调整国家政策，让百姓活得更如意。他和特使们巡视各方，不但要了解当地官吏为官情况，还注意招罗人才，让他们有机会为国家效力。

杨坚派出的使臣大多能秉公而行，看到贪官污吏，予以严惩；看到百姓受灾，给予赈济；而有了这些使臣时不时前来监督，各地官员也不敢胡作非为，而是认真做事。杨坚不但能够了解全国各地的情况，还能够震慑全国的官吏。不论对外敌还是对本朝官员百姓，杨坚都希望皇权能对他们造成心理上的威慑力，让他们做恭顺的臣民。而这种权术，显然与儒家学说相背离。

杨坚对治国有极高的热情，任何方面都务求了解掌握，他本来就忙，但百忙之中不忘给自己增加新的工作，他担心有囚犯被错判，所以很注意冤假错案，会亲自过问司法卷宗，在开皇年间，杨坚十次亲自审查罪犯的判决文书，并减轻对罪犯的处罚，他希望以此来达到教化民众的目的。

杨坚对百姓的爱护也并非虚假。开皇十四年（594年），关中大旱，老百姓饿得没饭吃，杨坚关心民情，让官员去调查百姓们究竟吃什么，发现百姓的食物是一些不成形状的豆渣，他流着泪将这些食物传给群臣看，决定一整年不饮酒吃肉。关中地区颗粒无收，杨坚决定亲自带领百姓去东都洛阳，——洛阳繁华富庶，不愁吃喝。一路上，每当看到拖家带口的老百姓，杨坚就赶快命令侍卫们让出道路，不要惊吓到百姓。

既然到了东都洛阳，离泰山的路程并不遥远，又有大臣起了怂恿封禅的念头。就连陈叔宝也来凑热闹，亲自写下："日月光天德，山川壮帝居，太平无以报，愿上东封书。"劝杨坚封禅。杨坚对陈叔宝一向宽容，何况杨坚也有虚荣心，一个前任天子怀着热忱劝自己封禅，他在心理上得到了极大的满足。这一次，他没有严词训斥，反而下诏表扬了陈叔宝。其他大臣一看，更加忙不迭地上书，请仁明的皇帝一定要东封泰山。

杨坚想不想封禅？他当然想。杨坚一生没有太多的爱好，唯一的目标就是治国、治国、再治国。当了皇帝务求大一统，大一统后务求天下太平，天下太平后务求国力强盛……他的成就越来越大，这些成就除了得到百姓的夸奖，四方的赞叹，他当然也希望得到天地的承认，而后继续保佑他的国家国泰民丰。

而且，杨坚扪心自问，他的确有封禅的资格。封是祭天，禅是祭地，古代君王治理国家勤勉，天下太平，就会在泰山祭告天地。秦始皇、汉武帝、东汉光武帝都曾在泰山封禅。而杨坚本人的功绩，并不在这三个人之下，位列其中毫不逊色。这一点，杨坚本人和大臣们都一清二楚。

但是，杨坚毕竟不是一个注重排场的人，他最为务实，明白成绩是最重要的，禀告天地自然也很重要，但一个铺张浪费的封禅仪式，实在没那么重要。何况，如今正在大旱，在这个时候大张旗鼓，更不是杨坚的风格。最后，杨坚采取了一种折中办法进行了祭告天地的活动。他对百官说："封禅是件大事，我的才德实在不能担当，但也应当东巡祭泰山。"

于是，开皇十五年（595年）一月，杨坚低调地带着百官在泰山祭告天地，又遥遥祭告五岳、四海，在焚烧的香火中诉说自己的努力，祈求皇天后土保佑自己今后的帝业。不论从形式上，还是规格上，杨坚的祭拜都称不上真正的封禅仪式，所以，历史上有记录的在泰山封禅的君王，并不包括隋文帝。而他也并不在乎这种形式上的光荣。这种低调节俭，符合杨坚一向的作风，同样得到了万民的赞扬。

但是，从几年前的严词拒绝，到如今的欣然接纳，杨坚毕竟有了改变。从前，他听到有人吹捧奉承他，会心生反感，严加斥责；如今，他也习惯了群臣的推崇。也许是他终于达到了自己的目标，也许万人之上的地位，最容易培养骄纵心理。杨坚似乎还是那个节俭又严肃的皇帝，似乎依然在坚持他的理想，他的治国理念，就连他自己都没有发现，不论是朝廷，还是他本人，都在渐渐发生变化，偏离了最初的方向。

佛教再兴

不只一件事表明,隋文帝杨坚虽然提倡儒学治国,但那仅仅是因为他以政治家的眼光,看到儒学是统治者最有利的工具,能够加强百姓对国家、对国君的忠诚,并规范百姓的行为,形成稳定的社会秩序。换言之,儒学仅仅是杨坚的统治工具,他本身既不了解儒学,也不愿意深入接近这门学问,更不能打从心底里尊重儒家学说。

在杨坚心里,最让他迷恋的始终是佛教。

南北朝时期佛教盛行,北周也是个佛教气息浓厚的国家,杨坚和他的夫人独孤伽罗都是虔诚的佛教徒,不少王公大臣家里也香火缭绕。更何况,杨坚从小就在佛寺长大,他的早期教育全与佛教有关,将他养育到十三岁的是佛家尼姑,他从小受到的教育是"将来要弘扬佛法"。人最难磨灭的就是早期教育的痕迹,杨坚终生都信奉佛教。

而且,杨坚经常怀念他的师父智仙尼姑,这位"阿阇梨"已经去世,杨坚每每和群臣说起她的慈祥,她的智慧,都会忍不住流下眼泪,这时群臣也会跟着皇帝长吁短叹,用袖子不断擦拭眼角。这种怀念,更加深了杨坚对佛教的眷恋,也让他更加迷信。

杨坚为人本就迷信,没当皇帝之前就总是与术士往来,遇事就要叫术士占卜吉凶,对那些说他会当皇帝的"预言"深信不疑,等到他真的得了富贵,当了皇帝,又反过来觉得这些术士的确知天机、通古今,迷信思想更坚定。对那些献上祥瑞物品的人,他也信以为真,对献宝者大加赏赐。

人都是矛盾的,杨坚一方面极度务实,一方面又无可救药地相信着虚无缥缈的"祥瑞"、"宝气"、"预兆",这种矛盾来自杨坚的自大心理,他从小受到大人们的励志教育,总认为自己有不凡的身世,而他取得的丰功伟绩,也佐证了他的确不是个平凡的人,又有那么多人对他歌功颂德,称圣称仙,他也飘飘然地怀疑起自己是仙人下凡,才有如此功德。

越是沉浸在这种感觉之中,杨坚越是觉得治国固然需要严明的法令,正确的伦常,但宗教信仰必不可少,他相信佛教有净化人心的功能,如果百姓都能虔诚地信奉佛教,用佛教的力量统治天下,那么天下必然更太平,更繁荣。

杨坚看重佛教,一来和他长时期所受的熏陶有关;二来他认为信徒更好管理,不易生事;三来他的的确确迷信神佛的力量,杨坚不光这样想,他还以实际行动推行了佛教的兴盛。

杨坚曾经下诏增加出家人的名额。过去,政府为了防止劳动力流失,防止浪费财物,对出家人数有极其严格的规定。但随着国力的提高,杨坚不再规定出家人的人数,他希望普天下有更多的人接受佛教,信奉佛教。信佛的人本来就多,出家人又不用纳税服徭役,越来越多的人走向寺庙,在隋文帝统治年间,出家人口足有二十多万,蔚为大观。

杨坚一向反对大兴土木浪费财力,但在建造寺庙、佛像的问题上,他却一改平日作风,舍得花大钱,出大力。曾有人统计过隋文帝时期兴建了多少庙宇,结果是将近四千所。除了这些寺庙,还有高规格的佛塔,还要组织大量僧人抄写经文,这些都需要巨额资金。也幸好开皇年间国力充足,杨坚到处建寺，养着这么多的僧侣，国民生产总值还在连年提高。

上行下效，皇帝如此重视佛教，王公大臣们也在家中摆起佛像，寻常百姓也不断去寺庙进香，大江南北，庙宇林立，信徒众多，香火缭绕，昔日的读书声被诵经声取代，杨坚越来越相信佛法万能。国家有事，他想到的不再是尽快责令官员想对策，而是赶快去哪个寺庙拜佛，请哪个高僧祈福。——智仙尼姑曾说杨坚一定会弘扬佛法，倒也没说错，一个帝王将佛法弘扬到这个地步，也算奇观。

这又一次证明了杨坚骨子里对儒学的疏远。立国之初，他曾经鼓励人人读书，也曾给知识分子优越的地位，渐渐地，佛教的地位越来越高，儒生的地位越来越低，杨坚对儒家那一套学问越来越不耐烦。他本来就认为读书人肩不能挑手不能提，偏偏凡事都有规矩，迂腐可憎，如今在"佛光"普照之下，更认为只要有佛法普度，立国教民都是易事，还要儒家学问做什么？

何况，他高薪聘请来的那些学者，说起话来头头是道，却看不出有更高的才能；国子寺的那些学生，也看不出有多大的出息。杨坚愿意将钱花在佛像上，也不愿再供这群吃闲饭的人。于是，开皇十三年（593年），杨坚干脆下了一道圣旨，废除中央及地方的学校，仅仅保留国子寺七十二名学生。

朝令夕改

当朝皇帝竟然废除了全国的学校,这令全国的知识分子震惊。有人急切地上书皇帝,陈述有效的文化政策需要持之以恒,以数年的教化、教育,改变一个民族,一个国家的人口素质,这不是一朝一夕,也不是十年二十年能够达到的。杨坚显然不明白这个道理,对这些上书置之不理。但是,杨坚仍然提倡贵族子弟应该学习,也许他废除学校的初衷,只是不想天下百姓掌握更多的知识,过多谈论朝政。

这对隋朝的知识分子造成了巨大的冲击,曾经读书济世的梦想破碎了,读书人再也没有地位,那些被聘请的大儒们只能失落地回到家乡,更多的读书人面临严峻的温饱问题,只能靠打杂看大门过活。知识就是力量,但知识被隋文帝轻视,得到尊重的是僧侣,是贵族,是武将,杨坚并没有意识到,这种政策会带来怎样的后果。

杨坚不是读书人,也看不起读书人,需要治国时,他愿意以宽容的姿态接纳儒生,觉得烦了,就可以随意撵走这些人。他开了科举,却废了学校,让文化事业停滞,长此以往,国家将缺乏治国人才,真正伤及国家的根本。杨坚文化底子薄,又不肯听人劝告,给隋朝的文教带来了巨大的负面影响。这样的情形一直持续到他的儿子杨广继位。杨广是文化人,继位后就重新设置学校,鼓励读书,大兴科举,这才重新推动了文化的发展。

先是下诏偃武修文，后又下诏废除学校，两道诏书自相矛盾，前后相隔不过几年。杨坚不能一以贯之地执行自己颁布的法律，这种事并不是第一次发生，在其他事情上，杨坚也一而再再而三地犯这个毛病。

比如，在法律上，他制定了完整系统的法律，也常常奖励那些一心维护法律权威的官员，但他自己，却会因为某些原因肆意修改法律。法律是一板一眼、一条规定对一条罪名，杨坚却很情绪化，有时甚至滥用刑罚。

开皇十七年（597年），杨坚突然下诏规定，如果上司发现自己的属官违法，案情重但依法处罚轻的，可以酌情施加杖责。这个"杖责"没有具体的规定，全凭上司个人判断。杨坚的本意是希望下属能够尊重长官，形成良好的官场风气。但是，上司的权力从此没了约束，他们可以肆意责打部下，部下受了气，只能回头虐待自己的部下，结果，官场上的官吏们越来越暴虐，这样的官员治理地方，人民的待遇可想而知。

杨坚会推行这条规定，是因为他想受到朝臣们的尊敬。他最不喜欢朝臣们违逆他的意图，一旦有人说了违背他心意的话，他就会猜忌不止，怀疑对方的企图。自古以来，儒生最爱议论国家大事，最有勇气冒着危险劝谏君主，所以他们才成为第一批牺牲品，被杨坚彻底冷落。但他们的运气也不算差，早早离开了"是非圈"。又过几年，杨坚开始使用"杖责"，发现有人违逆他，就不分青红皂白在朝堂之上打板子，有时生气起来，一天要打个三四次才解恨，搞得朝堂之上人人自危，谁也不敢多说话，就怕在大庭广众之下被打板子。

"杖责"这个刑罚曾被周宣帝宇文赟大肆使用，当时叫作"天杖"，还有数量规定。当年杨坚在北周，没少看到有人被打。如今他也开始实施杖罚，可见越来越糊涂。而且，有的时候他觉得打的力度不够，还会直接将人拖下去斩首。

对法律，杨坚也越来越有"自己的主张"。开皇初年制定的《开皇律》，从简从轻，完全和宇文赟颁布的那部滥施暴法的《刑经圣制》相反。如今杨坚觉得对百姓宽容了十几年，民间依然有各种犯罪事件，看来，刑罚还是越重越好，最好吓得他们再也不敢犯罪。于是，杨坚又做出了"盗官粮一升斩首"、"盗一钱以上斩首"之类的规定，并且规定知情不报的人也同样处死。这样的法规，让百姓叫苦不迭。

这些法律实施后，民间犯罪率非但没有降低，反而越来越高，杨坚这才愿意反思，取消了这些法律。但他本人的脾气可没有收敛，有一次去巡查武库，发现里边的东西堆得乱七八糟，地面也脏乱不堪，他气得处罚了几十个相关官员，这处罚并不是责骂，也不是打板子，而是全部斩首。——这种暴虐的举动，令人胆战心惊。

杨坚的朝令夕改，看似矛盾，其实完全符合他的心理。在他心中，至高无上的不是某种学说，不是法律，不是百姓的福利，而是他的皇权。为了维护皇权，他可以推行儒学，也可以推行佛教；可以严明立法，也可以随意删改，这种随意更改恰恰体现了他的意志最重要。他希望全体臣民都服从他的意志，所以，他会今天说东，明天说西，随心所欲地改变，以此来观察大臣们是否真的"忠心"。换言之，他才是真正的法律。

法律的精神是公平公正，一旦有人动摇法律的基础，法律就不能继续维持应有的作用。而隋文帝却带头破坏法律，皇权本来就缺乏约束，杨坚又根本不听人的劝谏，还屡次处罚劝谏者，结果，群臣不敢再和皇帝争辩。人的脾气一旦没有限制，只会越来越差，杨坚也越来越阴晴不定，让大臣们觉得难以接近，难以沟通，难以琢磨，只能战战兢兢地侍奉他，而这正是杨坚想要的效果。

仁寿宫

五六十岁的老人，大都会很难再有创业时期的进取精神，年轻时候的刻苦努力，隋文帝杨坚也不例外。他对自己的要求达到了"苛刻"的程度，辛苦了这么多年，也取得了巨大的成就，待到天下无事，也开始考虑休息问题。杨坚准备建一座新的宫殿，供他和独孤皇后消遣娱乐，今后在那里养老。他给这座新宫殿起名为"仁寿"，自诩仁人，期望长寿。

仁寿宫的设计，交给建筑师宇文恺，监工则由杨坚一向喜欢的大臣杨素负责。

杨素是个能人，治国、行军，他都是一把手，不论做什么工作，都能做到高速高效高质量。杨素还有一个特点是喜欢逢迎当权者，当年杨坚拿到陈叔宝写上"此宇宙清泰"的国书大为愤怒，杨素连忙跪倒在地认罪，就可见他擅长讨皇帝的欢心。他接到了这个工作，认为这是个继续升官发财的好机会，就在仁寿宫上下足功夫，把宫殿设计得美轮美奂，又监督工人日夜赶工，有不少工人累死在工地，杨素竟命令其他工人就地掩埋，继续施工。

开皇十五年（595年），仁寿宫建成，杨坚命高颎前去验收成果，高颎回来据实相告："宫殿壮观华丽，但死了不少工人。"杨坚大惊，实地考察一番后大发雷霆，骂杨素铺张浪费，草菅人命，修了这么一座华丽的宫殿是让他与百姓结怨。

杨素拍马屁不成，反倒招来皇帝的怒气，他吓得不知如何是好。这时，他的堂妹夫封德彝给他出主意："皇帝虽然生气，但皇后是妇道人家，喜欢这些东西，你可以去向皇后求情。"杨素立刻进宫求见皇后，一再陈述自己认为皇帝和皇后操劳半辈子，理应住在一处舒适的宫殿，希望皇后能够体谅自己的一片苦心。独孤皇后本来是个节俭的人，但和杨坚一样，辛苦了这么多年，难免想要享受一下，又见杨素说起话来一片挚诚，脸上不由露出笑容。

当晚，独孤皇后就对杨坚说："杨素知道我们老两口一直没有什么娱乐，所以才大费周章地装饰仁寿宫，为君效力，不正是忠臣做的事吗？"杨坚听了这句话，转怒为喜，越想越觉得有道理。结果，杨素不但没受罚，还得到了百万赏钱。

杨素出了宫殿就找到封德彝，大赞封德彝的神机妙算。封德彝说："陛下节俭，肯定不能接受这种宫殿，但陛下对皇后的话唯命是从，只要皇后说好，陛下就不会发作。"杨素连连点头。这件事以后，不但杨素，更多的人记住了"陛下对皇后唯命是从"。

在大臣们眼中，杨坚是因为皇后的意见，才接受了一个金碧辉煌的仁寿宫，实际上，他自己心里也对这座宫殿产生了喜爱之情。当他与皇后巡幸这座华丽的宫殿，真正享受到了琼楼玉宇，歌舞良宵，对比自己过去连夜看奏折，穿着旧衣服，坐着旧马车的生活，不由感叹这才是帝王应该具有的排场。

于是，杨坚和独孤皇后越来越喜欢住在离京城有几十里的仁寿宫，每天喝点酒，看看表演，泡泡温泉，享受荣华富贵带来的快乐。几十年来，杨坚即使有享乐的心思，也很快被他压制下去，那时候他更想当皇帝、治国、平天下。如今所有事情都做完了，他再也不必限制自己，只想趁还活着的时候，好好弥补一下过去的辛苦。

独孤皇后也是如此，她与杨坚同心同德，当杨坚立志做个有为君主，她就要求自己做个贤后。等到和丈夫一起走到权力的巅峰，她也开始思考如何享受他们辛苦得来的成果。杨坚不爱听人劝谏，独独对独孤皇后的话还听得进去，如今独孤皇后和他一起沉浸在仁寿宫，哪里还会去想什么"生于忧患，死于安乐"，何况，皇帝享受一下生活，群臣也不觉得是什么大错。而且，自从杨坚开始松懈，他也经常带着群臣泡泡温泉，开开宴会，有这等福利，群臣又怎会多话。

自古以来，英明的君主到了晚年，总会犯这样那样的错误，杨坚之前的秦始皇、汉武帝都是如此。可惜的是，皇帝是终生制职业，除非帝王在中年步入老年的时候去世，否则难免会因为固执、昏聩、偏激等老年人最常见的毛病，给国家政权带去负面影响。

杨坚也是如此。他的个性本来就有偏狭、猜忌、顽固的一面，当他能够克制的时候，他是严肃自律的君主，当克制之心慢慢消散，欲望便弥漫开来，再也不能消弭。于是，他凡事都务求他人遵从自己，再也不愿顾忌国法，也再也不想压制自己的喜好。

公元 601 年，杨坚改国号"开皇"为"仁寿"，当年那个喜怒不形于色，凡事沉稳有度的杨坚已经消失，尽管他还在竭力维持着皇帝高高在上的形象，但他做事越来越缺乏理性，处罚他人越来越缺乏分寸，这些也都看在群臣们的眼里。皇帝的作风会影响整个朝廷，开皇初年那种积极、大气、严肃、踏实的风气，早已消散在记忆里。取而代之的，是群臣们小心翼翼、粉饰过错、以上凌下、奢华浪费……靡不有初，鲜克有终，是很多王朝、很多人的悲剧。

房玄龄的预感

路遥知马力,日久见人心。

与杨坚相处得越久,大臣们就越了解杨坚的性格。最初,他们看到的是当朝皇帝气吞万里的雄心和匡正四海的强势,他们敬佩杨坚的远见和魄力。而杨坚克己奉公的工作态度,节俭爱民的为君作风,也让臣民们铭感五内。开皇年间取得的成绩有目共睹,是对一个君主的最大肯定,生在这样的时代,为这样一位君主效力,他们与有荣焉。

但人无完人,他们也渐渐看到杨坚的另一面:杨坚作风强势,骨子里唯我独尊,很难真正听从别人的意见。而且,尽管杨坚极力做出宽容姿态,但从他对自己几十年如一日的要求就可知道,他在本质上是个极其苛刻的人。古人说"严于律己,宽以待人"是一种优秀的品质,杨坚能够做到"严于律己",他还希望所有人都能以他为榜样,摒弃一切享乐。

杨坚不喜欢娱乐。他从小生长在佛寺,很少接触小孩子的游戏,更看不上那些整日游玩的贵族子弟。在他看来,娱乐就是浪费,浪费精力,损耗心智;浪费钱财,导致奢靡。所以,杨坚很少在宫廷里举行歌舞宴会,也禁止民间进行大型娱乐。

例如,每年的上元节,百姓们都会穿着新衣去看花灯,爆竹声声,花灯摇曳,商铺大开,卖艺的人也趁着这个时候尽情吆喝,百姓们欢天喜地,少男少女们也会趁着这个机会暗送秋波。新年伊始，人们都希望在这种喜庆的气氛中打足精神，沾上喜气，城里城外一片欢腾。万民同乐之时，杨坚却面色阴沉，认为这种活动浪费钱财。

恰巧朝中有个叫柳彧的大臣，为人正直清廉，敢于直谏，他和杨坚一个脾性，认为享乐就是浪费。看到上元花灯会不但浪费，还有男男女女混杂在一起，有伤风化，就上书一封请求禁止这种活动。这意见和杨坚不谋而合，他立刻下诏从此禁止花灯会。民间百姓辛苦一年，想热闹一下却再也没有场所，心中难免埋怨。

杨坚从自己的角度"爱民如子"，他认为分给百姓土地，减轻百姓赋税，减少百姓徭役，是对百姓真正的爱护。的确，土地问题是根本，轻徭薄赋是爱民，但百姓并非心怀天下的杨坚，他们没有那么高的追求，只希望在吃饱喝足和辛苦工作之余，能穿几件体面漂亮的衣服，能和人一起玩乐，这才是百姓心中的太平。而杨坚，他只希望百姓和自己一样衣着朴实，一心工作，扼杀所有玩乐的心思，所以，隋朝百姓虽然躬逢盛世，日子却过得没什么滋味。

而杨坚对他人的严苛要求又的确是一视同仁且公平的，他希望百姓做的事，也同样要求群臣去做，特别是自己的儿子，他要求他们务必节俭，最恨他们不务正业。可是，几个打小就在富贵之家长大的儿子哪里体会过创业艰辛，哪里知道什么民间疾苦，他们甚至不理解为什么父母放着富贵的日子不过，非要穿得寒酸，吃得难受。对此，杨坚没少教训儿子们，父子间的关系也越来越紧张。

人与人追求不同，性格不同，杨坚却一味认为自己能做到的事，别人也能做到，而且必须做到，这导致了父子关系、君臣关系、君民关系从轻松走向紧张,从紧张走向更紧张。当杨坚发现其他人小心翼翼的态度,又开始进一步怀疑这种小心是否意味着阳奉阴违,于是,他对人的猜忌开始变本加厉。

杨坚经常派使者去各地了解情况,这本是为了了解民间疾苦,调查官员队伍,掌握全国情况,也收到了良好的效果。但是,到后来,调查的重点变成了官员对皇帝是否忠心,官员有没有不检点行为,即使官员们只是犯了小小的错误,杨坚也要大力处罚。

还有更严重的。有时候杨坚怀疑一个人的品质,想知道此人是不是会贪污,就派人去偷偷送礼求这位官员办事,或者送礼和这位官员套近乎,一旦官员接受了礼物,杨坚二话不说就将此人处以死刑。皇帝用这种方法考验官员,一时之间无人敢行贿,但官场也弥漫了一种恐怖氛围,君臣之间更加疏远。

这一切来自杨坚骨子里对人的猜忌,宦海沉浮让他看到太多的背信弃义,所以,他不信任儒学,不信任法律,不信任人心,所以需要一而再再而三地测验臣下是否真的忠诚、廉洁。但是,人性是莫测的,有人节俭,就会有人贪婪,节俭的人可能变得奢靡,贪婪的人也有可能懂得节制。而引导一个人的精神从低劣到高尚,需要的是必要的节制,而不是一刀切式的强硬手段。杨坚却不会去想他人的实际情况,只看重结果,对结果也不加分析,只知一味加重处罚。

时间流逝,杨坚的脾性随着年纪增大越来越难以改变。大臣们的个性也被要求严格又喜欢猜忌的皇帝消磨殆尽,只有那些心思灵活,善于揣测杨坚意思的大臣,还能在杨坚身边受到信任,甚至利用杨坚的个性除掉敌对者。而真正的忠臣和能臣,不是被杨坚疏远,就是早已因为一时的错误身首异处,或流放边疆。

开皇时期的隋朝,的确是一派太平盛世的大好景象,皇帝勤政爱民,百官各司其职,四夷咸来进贡,河清海晏,人民富庶。经过了三百多年的离乱,再次统一的国家显示出强大的生命力和凝聚力,但头脑清醒的人,即使在安逸之中,也能察觉到危机的存在。

这一天,监察御史房彦谦下朝回家,有些忧虑地坐在厅中。房彦谦在北齐、北周都做过官,为人清廉干练,受人爱戴。房家祖祖辈辈都是官宦,房彦谦对政治、对国家,都有独到的看法。恰巧有个叫李少通的好友来访,交谈时,房彦谦忧心忡忡地说:"主上性多忌克,不纳谏争。太子卑弱,诸王擅威,在朝唯行苛酷之政,未施弘大之体。天下虽安,方忧危乱。"

短短几句话,说出了隋文帝的弱点和隋朝即将面临的危机。杨坚个性上的多猜忌、少恩德、独断独行,本就不是好事。而杨坚自以为宽容的政令,对于人民来说,其实是一种束缚和压迫。更迫在眉睫的问题是杨坚的儿子们都已经年长,且各自经营一方,有自己的军队和势力,偏偏太子杨勇个性软弱,恐怕不能节制。这种种忧患,都让人焦心。

这句话被房彦谦的儿子听到了,这个青年口无遮拦地说:"当今圣上本来就没什么功德,靠欺诈得到天下。他的儿子们个个骄奢不知仁义,早晚会自相残杀。如今虽然太平,但过不了多少年就要亡国。"

房彦谦的儿子,就是唐朝有名的大臣房玄龄。说杨坚毫无功德,未免委屈了杨坚的雄才大略,良苦用心。但说到杨坚的儿子们可能自相残杀,却大有道理。可惜这些话杨坚就算听到也不会相信,因为他坚定地认为他的五个儿子是"亲骨肉",必定会相亲相爱。他身为帝王,最明白权力的重要,也明白权力的诱惑,却天真地相信儿子们不会为了权力发生矛盾,这恐怕是他一生中做出的最可笑的判断。

歌舞升平之中,杨坚还在幻想大隋王朝的江山传承万代,见微知著的智者却看到了危机。而杨坚的二儿子杨广,正在蠢蠢欲动,准备对他的亲哥哥杨勇发出挑战,而隋朝的历史,也将因他的野心改写,这一切,杨坚毫不知晓。

第九章 / 伪装与斗争

太子杨勇

当杨坚渐渐年老,他的儿子们渐渐成人,他们是隋朝未来的支柱,代表了隋朝的希望,杨坚和独孤皇后由衷希望儿子们能够具备各种品德,有高超的治国能力,彼此相亲相爱,一起维持这个庞大的帝国。在五个儿子中,最受瞩目的是太子杨勇,和立下了很多功劳的晋王杨广,他们给人截然不同的感觉。

杨勇小名睍地伐,他是个典型的西北贵族子弟,爽朗的性情之人,不喜欢虚文藻饰,待人真诚,偶尔有些任性。作为长子,他早早地就帮父亲杨坚做事,在杨坚篡权之时,就已经成了父亲的说客和帮手,不但劝说亲戚跟随父亲,还亲自统帅一方,率领禁军,鞍前马后地劳顿,杨坚对大儿子的表现很满意,登基之后就将杨勇立为太子。

杨坚对杨勇寄予厚望，一门心思想要培养好这个接班人，杨勇的东宫僚属由当时著名的学者们担任，为了他的全面发展，连宇文恺这样的建筑大师都在东宫任职。这些官员有的擅长儒学经义，有的有丰富的行政经验，有的有广博的见闻，杨勇受到这些人的教育，加上本性好学，为人宽厚，越来越有一国太子的模样。

为了杨勇能够更快成材，杨坚注重在实践中培养杨勇的能力，开皇初年，所有大政方针都让杨勇从旁参与，军国大事也让杨勇发表意见，杨勇本人也从不懈怠，经常提出自己的见解。杨勇性格仁义，能够体谅民间疾苦，经常提出有利于百姓的意见，杨坚和群臣看到杨勇如此能干，也认为帝国未来有托，对杨勇信心百倍。

杨勇的性格和父亲杨坚不同，杨坚表面宽容，本质猜忌不定，杨勇天性淳朴，做事仁明。他听闻北齐故地，也就是山东地区的百姓脱离户口，四处迁徙，父亲命官兵追捕，并把流民押往边疆，就对父亲提议说："陛下想让百姓安定，应该慢慢引导，不能操之过急让他们远离故土，导致变乱。"杨坚认为这番话大有道理，就不再处罚这些流民。当时杨坚和大臣们都相信，杨勇将来会是一个优秀的守成君主。

但杨勇不是没有缺点，他毕竟是个富家子弟，后来又成为一人之下万人之上的皇太子，再加上性格上不知节制，渐渐也养成了一些富家子弟的脾气。例如，他喜欢没事的时候开开宴会娱乐身心，也喜欢一些精巧的物品。杨勇喜欢这些，只是一个处于高位的年轻人自然而然的爱好，他本人并不奢侈，但这类无伤大雅的小爱好，却犯了杨坚的大忌。

杨坚是个看到别人用布袋包了生姜都要大加训斥的人，对自己的儿子，他只会要求得更加严格。有一次，他看到杨勇穿着一副用纯金装饰的铠甲，大为不满。想到儿子年轻无知，想要加以教育，就语重心长地对杨勇说："古往今来的好奢侈的帝王从来都不能长久，你现在是国家的太子，应当事事节俭，今后才能当个好皇帝。我现在虽然当了皇帝，但当年穿过的衣物还留在身边，没事的时候就会看一下，以提醒自己居安思危。我真怕你当了皇太子就忘记过去的艰难。这样吧，我把以前用过的佩刀和以前经常吃的酱送给你，你一定要不忘从前，领会我这一番良苦用心。"

杨勇连忙认错，又接过父亲的刀和酱罐子，却并不把父亲说的话放在心上，之后虽然有所收敛，但万万不能如杨坚一般万事节俭。杨坚呢，却恨不得儿子和自己一个模子，最好比自己还要严于律己，看到太子没有悔改的意思，不由大失所望。——杨坚一旦对人有了意见，就很难改变这个看法，还会越看对方越不顺眼，找到更多的错误。很快，杨勇又一次做了让父亲生气的事。

在古代，二十四节气是重要的生活依据，百姓按照节气劳作庆祝，朝廷也是如此。冬至是一个重要节气，百官会在这一天朝贺皇帝，然后再去东宫朝贺太子。这是一个成例，杨勇和百官习以为常。开皇十八年（598年）冬至，百官参拜完杨坚，一齐去太子府，杨勇穿着正式的礼服迎接他们，并让乐师在门口奏乐。

杨坚听说后大怒道："百官去太子府朝见太子，这是什么规矩？"负责礼仪的官员连忙解释："百官前往东宫只是为祝贺，并不是朝见。"杨坚从来不肯听人解释，继续发怒道："既然是祝贺，用得着这么多人一起去吗？太子还穿着正式的礼服，还命人奏乐，有没有把皇帝放在眼里？"接下来，杨坚下了一道诏书，规定取消东宫朝贺。

皇帝发怒，太子和百官都知道这次事情闹大了。自古以来，皇帝和太子之间就多有猜忌，皇帝既要培养太子，又怕太子抢自己的权力，父杀子、子弑父这一类事屡屡不绝，如今杨坚对自己的长子也开始猜疑起来。杨勇知道事情的严重性，从此小心翼翼，可惜，杨坚成见已深，看到杨勇努力弥补，更觉得儿子心怀二志。

父子二人一个猜疑，一个畏惧，关系自然越来越差，这情况让群臣担心，却让晋王杨广开心不已，他一直在寻找能够除掉大哥杨勇的机会。

晋王杨广

若论杨坚儿子们的聪明程度，二儿子杨广无疑排在第一位。杨广是一个偶像式的存在，他不但相貌英俊，个性温和，还饱读诗书，长于骑射，当时的人都知道杨广的得天独厚：

杨广从小就是个神童，他虽然出身在没什么文化的关陇集团，却从小就对汉文化情有独钟，七岁的时候就能写诗，这在当时的贵族子弟之中极其难得。他才华横溢，写出的诗歌比当时的才子们更有文采和意境，是个货真价实的真才子。才子给人的印象总是文弱的，但杨广在武功上也不比旁人差，称得上文武双全；

如此全能的人物，又在贵族之家长大，个性上难免有些傲气，但杨广偏偏不骄不躁，礼贤下士，让和他交往的人都有如沐春风之感。和人往来，杨广毫无亲王的架子，每每对人关怀备至，加上为人慷慨，让人更是对他赞不绝口；

这样一个交友广泛的王爷，总会有铺张浪费的嫌疑，但杨广对人慷慨，对自己要求却相当严格，从来不允许王府上下有浪费的倾向，也从不大搞宴会。他和父母一样喜欢穿旧衣服，用旧物件，一看就知道是个勤俭的青年；

自身条件优越，又整日生活在众人的称赞之中，杨广的能力如何？他曾经率领大军平定江南，又曾平定突厥，在军事上可谓硕果累累；而他在江南暴乱时采取怀柔政策，稳定江南民心，又显示了在文治上的功力；

有了这么大的功劳，杨广也没有飘飘然，反而越来越谦虚。而且，他对士卒充满爱护之心，看到士卒淋雨，他便不披雨衣，说："士兵们都淋湿了，我怎么能独自穿上雨具？"士兵们听后心中感动，到处赞扬晋王的美名；

在私人感情方面，杨广是一个最忠心的丈夫，对妻子爱宠有加。自从父亲为他娶了后梁王室之女萧氏，他和这位王妃琴瑟和鸣，杨广本来就喜欢汉文化，王妃从小就受到江南贵族教育，雅好诗书，从此与杨广谈古论今，写诗为文，还教了杨广一口江南软语。这位王妃和杨广一样不喜奢华，待人真诚，也受到大家的称赞。

父母也好，兄弟也好，百官也好，百姓也好，没有人能从杨广身上找出毛病，杨广十全十美。除了他最亲近的人，别人根本没有机会发现他完美光环下的真正面目。杨广有才不假，能干不假，但他那些勤俭、专情、重义的品德，全部是装出来的。他和杨坚一样，是个老成持重的演技派，靠着外表麻痹他人，隐藏心机。杨坚靠的是木讷寡言，他靠的是巧言令色。

杨广早就不满自己的地位，早就认为以个人才干而言，他才应该是继承父业的未来君主，偏偏大哥早生几年，他再努力，今后也不过是个亲王，更可能因为自身功高而遭到猜忌。杨广读书多，知道身在皇家不能谈感情，比起权力，父子之情，兄弟之谊都是假的，可靠的只有至上的权力。

所以，他从很早时候开始就琢磨如何得到父亲的赏识，朝臣的支持，为有朝一日除掉杨勇而努力。杨广的优势在于他审时度势的聪明，他知道如何逢迎父亲的喜好,也以此让自己越来越得到父亲的器重。

杨广喜好文学,性子中有浪漫风流的一面,对艺术更有独到的见解,他当然喜欢丝竹管弦,笙歌曼舞,美女美酒,但为了讨父母的欢心,他能够和他喜欢的这些东西划清界限。在他的王府里,乐器都放在仓库,还落了一层厚厚的灰尘,杨坚看到这情形,不禁感叹杨广年纪轻轻却不喜玩乐,是个大好青年。

在个人成绩方面,杨广更让杨坚满意,不但在军事上屡屡立下功勋,在群臣里有口皆碑,还特别注意分寸,虽然与群臣交好,却不与人过于亲密,避免结党的嫌疑。杨坚觉得杨广大有自己的风范,又谦虚,又务实,又节俭,又能干,心中对这个儿子越发喜爱,却没察觉杨广走的正是他当年的路线:表面低调与世无争,偷偷结纳大臣取得名气,不居功不自傲却暗自经营力量。不但杨坚没有察觉,满朝大臣也都没有察觉,可见杨广的演技手段更胜一筹。

杨广为自己考虑得长远,他的领地就在江南,根据地在江都,经过多年经营,江东大族与他往来甚密,江南百姓对他印象极好,江南又有长江天堑,又有丰富的物产,他今后完全可以独霸一方。但这只是退路,是最坏的打算,杨广真正的志向是和父亲一样,做个有大为的帝王,他多年如一日地经营着自己的形象,就是为了打通未来的道路。

不过,在当时的环境下,扳倒杨勇谈何容易。杨勇本身是嫡长子,是人尽皆知的法定继承人,杨坚虽然对杨勇小有意见,但杨勇小错是有,在大方向上却从来没有让人指摘的错误,为人虽不如杨广那样善于掩饰逢迎,但率性忠厚,也很让大臣们喜欢。何况作为太子帮忙理政多年,在朝中很有威望。

而且，太子有东宫僚属，这批人在朝中占据一定的地位，也会竭力维持太子的地位。最重要的是，隋朝级别最高的大臣高颎是坚定的太子党，高颎的儿子娶了杨勇的女儿，于公于私，二人的利益完全一致，如果太子的地位受到威胁，高颎一定会凭借自己的地位和影响力加以化解，这又是杨广面对的一大难关。

但杨广不是一个轻易放弃的人，他相信没有攻不破的堡垒，只需假以时日，总能找到突破口。渐渐地，杨广发现不论从父亲身上还是从朝臣身上下手，都不那么容易，但是，他的母亲独孤皇后，极有可能成为决定性的砝码。他会这么想，并不是因为母亲偏爱二儿子，而是因为母亲有个特别的喜好。

独孤皇后的喜好

杨坚的皇后独孤伽罗,是一个难得的贤妻,她出身显贵之家,受过良好的教育,有极其敏锐的政治触觉,是杨坚的贤内助。她陪伴丈夫度过了最艰难的岁月,成为母仪天下的隋朝皇后。当了皇后以后,她对自己的要求愈发严格,不但陪伴杨坚厉行节俭,还发挥着一国之母的垂范作用,尊重朝廷大臣,特别尊重朝臣们的父母,这让朝臣们对她心怀感激。

独孤皇后与杨坚伉俪情深,杨坚每次上朝,都和皇后携手同去,杨坚与群臣议政,独孤皇后就在外面等候。等到杨坚退朝,二人再一起回宫。杨坚在政事上有什么为难之处,总喜欢与独孤皇后商量,独孤皇后给出的意见,每每与杨坚不谋而合。两个人真正是心有灵犀。因为独孤皇后出色的政治才能,宫内外称她和杨坚为"二圣"。

更难得的是,独孤皇后并不因为这种称呼就抬高自己的地位,她始终以杨坚的朝廷为重,甘愿做一个幕后的奉献者,决不干政,毫无个人野心。而且,她对娘家的一干亲戚,虽然给予经济上的帮助,却不会让他们登上高位,以防止外戚干政。有一次,她的表兄弟崔长仁触犯法律,杨坚念在他是皇后的亲戚想要轻判,独孤皇后一心为公,虽然痛心崔长仁,却还是劝杨坚依国法办事,不可徇私。这让朝野上下一片赞扬之声。

独孤皇后最喜欢三种人:一是孝顺的人,二是有才德的女子,三是专情的男人。她认为孝是为人的根本，经常奖励那些孝顺的官员，并教育自己的儿女务必要孝顺父母；作为女人，独孤皇后认为美貌是次要的东西，品行才是第一位，她特别佩服那些深具才德的女人，如果听说哪个女子特别有妇德，就会敬重异常；独孤皇后最欣赏的，莫过于专情的男子。古代封建社会，男子三妻四妾是再正常不过的事，独孤皇后称得上三从四德，唯有在夫妻感情上觉悟超前，要求丈夫必须对她一心一意。她与杨坚成婚之夜，就让杨坚发誓今生只与她一人生儿育女。昔时，她贵为独孤家的女儿，家世高杨坚几个等级，杨坚自然不能拒绝。难得的是，杨坚成了皇帝之后，依然信守这一誓言。一来，杨坚深爱自己的妻子；二来，独孤皇后御夫有道，使杨坚成了著名的"妻管严"。

杨坚的后宫由独孤皇后一人独大，基本没什么嫔妃侍妾，独孤皇后生怕丈夫花心，根本不许丈夫接近美貌女子，杨坚的后宫空空荡荡，想来不是滋味。杨坚毕竟是个男人，一次，他回宫时看到一个年轻美貌的宫女，此女是当年反叛的尉迟迥的孙女，尉迟家被抄家后，年幼的她在宫中为婢，如今已经长大。杨坚见她娇俏美丽，忍不住就临幸了她。

青春美貌的少女，让年老的杨坚激动不已，他对尉迟氏宠爱有加，却迟迟不敢告诉皇后。而独孤伽罗也发觉杨坚最近神色有异，稍一打听就知道了这段桃色新闻。待到杨坚再去寻找尉迟氏，只找到一具冰凉的尸体，独孤伽罗眼疾手快，已经命人杀掉了尉迟氏。

杨坚气恼不已，他没有对独孤皇后发火，而是一个人骑着马冲出皇宫，独孤皇后慌了，连忙派高颎和杨素前去追赶。高颎和杨素一直追到郊外才拦下杨坚，杨坚一阵气苦，对两个老大臣说："朕身为天子，竟然一点自由都没有！"高颎和杨素觉得尴尬，又不能不劝，高颎安慰杨坚说："陛下，您怎能为区区一个妇人轻天下？"好说歹说，终于把杨坚劝了回去。独孤皇后也觉得心虚，跟杨坚低声下气地道歉，夫妻俩重归于好。

就是因为这样的性格，独孤皇后最恨男人花心，听闻哪个大臣特别宠爱小妾，就对哪个大臣心生反感；若是哪个大臣对正妻好，就觉得哪个大臣可信可靠。她恨不得全天下的男人都只爱老婆一个，可以说，在婚姻问题上，独孤皇后是那个年代的"女权主义者"。

而倒霉的太子杨勇，在节俭问题上犯了父亲的忌讳，又在婚姻问题上犯了母亲的忌讳。

杨勇的原配妻子姓元，是北魏皇族的后代。皇室出身的姑娘难免高傲，这位姑娘性格又刚强，对杨勇也并不温柔体贴。杨勇对他的妻子有诸多不满，私下曾跟人抱怨："妈妈怎么就没给我娶个好媳妇呢！"但是，元姑娘的性格和独孤皇后有些类似，很受公婆喜爱，是钦定的太子妃。有了婆婆撑腰，元氏对杨勇更是分庭抗礼。

杨勇不爱正妻，宠爱一个姓云的女子。这个女子的父亲不是朝廷官员，是一个优伶出身的小贩，手艺灵巧，给人做帽子维生。云氏生在这样的家庭，自然养成了温婉顺从的性格，很让杨勇满意，还一连给杨勇生了三个儿子。本来，独孤皇后看不上这种女人，根本不许云氏进府，待到云氏连生三子，也不得不承认云氏的地位。正妻元氏呢？备受冷落，根本没给杨勇生育一儿半女，独孤皇后认为这都是杨勇的过错。

开皇十一年（591年），太子杨勇的妻子元氏突然去世，在去世前，她只和人说心口疼得难受。元氏的死因大概是心脏病一类的突发性疾病，但独孤皇后却认为一定是儿子杨勇害死了自己的妻子。杨勇虽然不喜欢这个妻子，但他一向老实，怎么会做杀妻这种事，他跟母亲再三解释，但独孤皇后秉性与杨坚一样固执，一口咬定元氏的死一定是杨勇搞的鬼。

杨广一直在盯着父母和大哥的一举一动，发生这件事的时候，适逢他要去江都赴任，临走前，他特地去向母亲辞行。杨广一向会讨父母欢心，独孤皇后也喜欢他，杨广情真意切地流下眼泪，对母亲说："儿子即将去他乡，不能在您老人家身边尽孝，不知这一去，什么时候才能再见到您。"

独孤皇后也流下了眼泪，杨广继续说道："临走之前，儿臣一定要向母亲说一件事。儿臣对兄弟一向友爱，却不知哪里得罪了大哥，他总是想要置我于死地，如果他在母亲面前说起儿臣，请母亲一定要明鉴是非。"说罢，眼泪流得更凶了。

独孤皇后正恨杨勇狠心杀害原配，这时听了杨广的挑拨之言，竟然没有一丝怀疑，恨恨地说："睍地伐这个孩子越来越不成话，我为他娶了元氏，他却不珍惜，专宠云家那个贱人。前日又派人毒死了元氏，现在还这么对待你！我活着还好，等我死了，他岂不是更要加害于你！想到你们兄弟今后都要向云氏那个贱人的孩子跪拜，我真是痛心！"说到伤心处，母子二人抱头痛哭。

杨广与独孤皇后依依惜别一番，才带着家眷前往江都，独孤皇后郁郁难平，大上心事。而杨广身在江都，却总是遣人看望母亲，一片赤子拳拳之意，这让独孤皇后越来越喜欢杨广，对杨勇越来越不耐烦。这一天，杨广又派了一名说客拜见皇后，一番长谈之后，独孤皇后不禁起了废杨勇立杨广的念头。

这个说客就是皇帝、皇后面前的大红人杨素。

杨素的私心

杨素早就因为他平陈、伐突厥的功绩成为尚书右仆射，更因为仁寿宫一事成了皇后独孤伽罗信任的大臣。此时，杨素在朝中的地位仅仅次于高颎，他对高颎的才干很是服气，但他本人也颇为自许，又贪恋高位，难免患得患失。

杨素很希望有朝一日能够超过高颎，成为朝廷头号大臣，但他在军事上虽然多有建树，治国才能却不及高颎，想必皇帝杨坚有生之日，都会依仗文武全才的高颎，待到皇帝鹤驾归西，太子杨勇继位，定会继续重用亲家高颎，他即使能干，永远只能在高颎之下，不由气闷。何况，一朝天子一朝臣，他并不是太子的东宫臣属，平日与太子没有太多往来，杨勇当皇帝后，朝廷未必还有他的位置。想到此事，杨素很是焦急。

这一天，杨素正在家里喝闷酒，他的弟弟杨约前来拜访。杨约是杨素的异母弟弟，为人博学，计谋百出，兄弟二人感情极好，杨素不论有什么事，都要和弟弟商量，听弟弟的主意。喝了几杯，杨约就让哥哥屏退众人，对他说："前段日子，我有一个老相识从江都过来，他希望我向您转达晋王的诚意。"杨素一听就知道有事，连忙细细盘问。

原来，杨广有个叫宇文述的亲信认识杨约，此次来京城后，天天和杨约赌博，输了就把他从江都带来的奇珍异宝抵给杨约。杨约小时候爬树摔伤，不幸摔成了太监，平生所好唯有钱财，如今每天都从宇文述那得到金银财宝，也觉得不对劲，就请宇文述有话直说。宇文述说："这全是晋王赏给你的。"

杨约进一步对杨素说："您现在是尚书仆射，我现在是大理寺卿，兄弟二人位居高职，不知有多少人忌妒我们。而且，太子行事受您节制，心里对您未必没有怨恨，如今皇帝虽然宠信你我二人，但圣上年老，哪一日升天，我们如何保住地位？如今太子不受陛下和皇后喜欢，如果趁这个机会劝二位圣人改立晋王，今后不愁富贵。"

这番话如醍醐灌顶，杨素立刻看到了人生的希望。他对弟弟说："你的话大有道理，但废立之事太过凶险，我还是先去探探皇后的意思再做打算。"杨约说："宇文述说，皇后早有废立之意，请我们不用担心。"杨素谨慎，还是决定先去探探独孤皇后的口风。

这一天，杨素拜见皇后，一番闲聊，杨素说起二皇子杨广能力出众，令人敬服。独孤皇后触中心事，唉声叹气地对杨素说："我的这个二儿子真是个好样的，对我非常孝顺。我派人去南方看他，他每次都亲自迎接。离家的时候，总是哭得那么伤心。还有我的二儿媳妇，也是个孝顺的孩子，我派侍女前去，她和侍女同桌吃饭，同床睡觉。哪里像睍地伐，宠爱那个姓云的贱人，还想害他的兄弟，我真担心有一天他害了晋王。"

杨素听了这番话，再不怀疑，开始在皇后面前说太子杨勇的种种"劣迹"，独孤皇后听了更是愤怒，一番长谈后，两个人都决定一定要将英明、仁慈、孝顺的晋王扶上太子之位。杨素本就是朝廷重臣，独孤皇后又说一不二，这两个人联手自然有极大的分量。宇文述回到江都，将京城的情报一一汇报，杨广明白自己的胜算越来越大。

杨勇也是独孤皇后的亲生儿子，而且是侍奉父母时间最久的大儿子，本不应该在旦夕之间就失去母亲的宠爱。无奈杨勇触犯了独孤皇后的所有禁忌：独孤皇后喜欢有才德的女子，在她看来太子妃元氏就是这种女人；独孤皇后最重孝道，杨勇冷落母亲选的元氏，已是不孝，再"害死元氏"，更是不孝不义；独孤皇后最恨花心，杨勇宠爱的不只云氏一个，还有好几个小妾……独孤皇后和杨坚一样，本就不是重感情的人，看到太子一再违逆自己，自然厌恶到极点，早就忘了什么母子亲情。

而杨勇本人缺乏政治家的远见，既不知善待妻子讨好母亲，也不知节制自己讨好父亲，以为只要做好太子的本职工作就不会出什么问题，更不相信弟弟会有非分之想，疏于防范。只能说，杨勇是个没有坏心，有点任性的人，但却不适合在政坛打拼。

废立之事关系大局，杨广老谋深算，自己不出面，不说话，看上去置身事外，一切都由独孤皇后和杨素操持。表面上来看，这件事似乎和他没有一点关系，实际上，他才是背后的操纵者。煽动独孤皇后对太子的不满，继而利用杨素的野心，他身在江南，却能遥控整个局势，和杨广比起来，杨勇的确不是对手。

流言蜚语

太子杨勇的日子突然变得不好过了。不知从什么时候开始，关于他的风言风语传遍了长安，这些传闻内容多样，有的说他生活作风有问题，有的说他根本没有治国的才能，还有人写了匿名信检举太子行政过程中的种种错误。独孤皇后还在东宫布置了不少眼线，太子稍有异动，她就会向杨坚告状。

史书上记载，在这一段时间，杨勇"内外喧谤，过失日闻"，堂堂太子如同过街老鼠一样，被加上层出不穷的罪名。面对突然发生的一切，杨坚竟然没有仔细考虑前因后果，而是在他人的诽谤中，更加深了对大儿子的成见，也在独孤皇后的怂恿下，开始考虑要不要改立太子。

看到越来越多的人明里暗里说自己的不是，夸奖二弟的贤能，杨勇如梦方醒，终于开始着急。但是，他本就不是足智多谋的人，一时也想不出什么计策，只能找来术士卜问吉凶。没想到术士言之凿凿地告诉他："你有被废的危险！"杨勇更加着急。他在东宫的一举一动，都有眼线汇报给杨坚夫妇，杨坚听说太子竟然搞压胜，大吃一惊，派杨素去询问情况。

此事正中杨素下怀。去太子府之前，他特意命人先去杨勇那里，将何时到来、所为何事说得一清二楚。杨勇不敢怠慢，在约定的时间亲自在府门口恭迎父亲派来的大臣。杨素却慢慢吞吞地磨时间，让杨勇等了几个时辰才终于走到太子府。杨勇毕竟是当朝太子，哪里受得了这种轻视，和杨素说话时既没好脸色，也没好气，杨素满意而归。

一看到杨坚，杨素就添油加醋地说了太子的表现："微臣惶恐，不知做错了什么，太子一见我就大声斥责，根本不给人说话的机会。不知是否因近日陛下冷落于他，心存怨恨。"说着担忧地看着杨坚。杨坚本就多疑，听了杨素的一番话，真以为杨勇对父亲起了怨恨之心，不由大为紧张。

为了防止万一，杨坚立刻命人调换了东宫的侍卫，把身强力壮的精兵换成年老孱弱的卫兵。高颎连忙劝谏："东宫事大，陛下怎么能疏于防卫？"杨坚大发脾气，对高颎吼道："朕是九五之尊，出入才需由壮士守卫，太子好好待在东宫，需要什么壮士！"于是，杨坚不但撤换了守卫，还在东宫与皇宫之间增派哨兵，严加防范，这么大的举动，让满朝大臣都跟着紧张起来。

看到杨坚已经露出了废掉太子的意思，早就蠢蠢欲动的杨广一派的帮手全都开始走动，甚至露骨地说出应该废立太子的言论。杨坚也在这个时候招来大臣询问是否要换一个太子，有些大臣圆滑，以"陛下和皇后喜欢谁，就让谁当太子"搪塞，有些则坚定地反对动摇国本，劝杨坚赶快打消这个念头。这一派的代表人物就是高颎。

高颎是太子派的中坚力量，他支持杨勇，固然有私人原因，但他是社稷肱骨之臣，凡事都以国家为先，他首先考虑的是长久以来的立嫡传统。这条传统就像严正的法律一样，一旦动摇就会造成人心的失衡和政局的不安。嫡长子继承国家，其他皇子就算不服也无可奈何。一旦随意改立太子，其他皇子就会觉得自己也应该有这个资格，朝廷上的野心家们也会伺机而动，各成势力。最后，造成父子相疑，兄弟相残，国家动摇。

所以，当杨坚就废立太子一事询问高颎的意见，高颎二话不说跪在杨坚面前，郑重地劝谏道："陛下，长幼有序，岂可废乎！"杨坚见自己最信任的大臣如此坚决，一时倒也不能再提这件事，他当然也知道按照国法家规，废长立幼不是一件容易事。

杨广的计划本来一帆风顺，独孤皇后和杨素也以为费了这么大一番功夫，结果应该是水到渠成，没想到高颎像一块大石头一样，牢牢地封死了他们的前路。杨广和杨素早就知道，想要废立太子，最重要的敌人不是杨勇，而是高颎。朝廷上虽然也有反对废长立幼的大臣，但都不及高颎有分量，只要扳倒高颎，其他人就再也构不成威胁。

这个时候，噤若寒蝉的杨勇唯一能依靠的，也只有高颎。

坍塌的保护伞

高颎近日忙得焦头烂额，他没想到一直没有太大问题的太子，会在极短的时间内失去了皇帝的信任，而且上升到了废除太子的程度。他只能极力劝说杨坚不要动摇国本，给有心之人以可乘之机。高颎一番苦心，却不知他早已成了别人除之而后快的对象。

除掉高颎并不容意，作为太子保护伞的高颎，看上去无懈可击。高颎是朝廷重臣，多年来受到杨坚夫妇的信任，当年又有的战斗感情，再加上本人谦虚低调，从不居功，几乎没犯过什么错误，种种功绩加起来，让他的意见几乎能够左右杨坚的决定。杨勇有这样一把保护伞，即使暂时受到父母的敌视，也能有喘息的机会，只要他反躬自省，及时调整，未必不能重获父母的欢心。

但杨广等人努力了这么久，怎么会给杨勇这个机会？特别是独孤皇后，她早就对高颎有了意见，如今见高颎碍事，更觉不耐烦，变着方法对丈夫说高颎的不是。

独孤皇后视高颎为自己的心腹。当年独孤信被杀，高颎冒着风险和独孤家往来，独孤皇后铭记在心。杨坚能够重用高颎，也多亏了独孤皇后的推荐。隋朝建立后，杨坚为人猜忌，当初的老臣们大多被冷落，独独高颎一直被杨坚信任，也是因为独孤皇后总在一旁夸赞高颎，让丈夫放心派高颎办事。

但这份情谊并没有一直持续下去。有两件事让独孤皇后对高颎产生了看法：

一是独孤皇后杀死尉迟氏，杨坚一气之下"离家出走"，被高颎劝说"陛下不能为区区一妇人轻天下"，当时还有杨素在场，杨素岂能放过陷害高颎的机会，回头就将这句话告诉了独孤皇后。独孤皇后被众人称颂惯了，突然听到一句"区区妇人"的评价，大受打击，从此对高颎有了怨气；

另一件事依然和独孤皇后的喜好有关。开皇十八年（598年），高颎的原配夫人去世，想到这位老臣一生都为杨家辛苦，到老形只影单，独孤皇后心生不忍，就对丈夫说："咱们再给高仆射娶一房妻子吧。"杨坚正有此意，找来高颎商量，而高颎家里本就有小妾，对原配又有感情，就很干脆地拒绝了。

一番好意被拒绝，独孤皇后非但不恼怒，还喜上眉梢，认为高颎重情重义，实在是个难得的好男人，心中对高颎的那些不满烟消云散。没想到过了几个月，高颎的小妾生了一个儿子，独孤皇后对高颎的印象急转直下，认为高颎明明是好色之徒，却在丈夫和自己面前装出念旧的样子，简直是伪君子！——不论"旧情难忘"，还是"虚伪奸猾"，都是独孤皇后自由心证的结果，高颎甚至不知道这件事得罪了皇后。

但独孤皇后对高颎的坏印象再也难以改变，她对杨坚说："陛下，您今后也不用信任高颎了。当初您要为他娶妻，他明明心存爱妾，却回绝陛下的好意，还欺骗陛下说什么年纪老了，不想纳妾，就可以看出他的狡诈，这种人怎么能相信？"

仅凭独孤皇后的话就能动摇几十年的君臣关系吗？对杨坚而言，完全可能。

独孤皇后的意见太重要了，她是杨坚唯一信任的人，不论她想帮一个人，还是想害一个人，杨坚都会照办。所以，当初杨素被杨坚责骂，封德彝才劝杨素赶紧去求皇后。这一点，满朝文武几乎都知道。而独孤皇后又不是一个轻易按照个人喜恶议论朝政的人，她很少开口议论朝臣的不是，又让杨坚益发信任她的判断，甚至朝臣也认为皇后一心为公，断不会干预朝政。种种因素叠加，独孤皇后的话更具分量。

杨坚不喜欢有人握着太大的权力，他能得到天下，就是因为自己趁着北周朝廷是真空状况，及时掌握了大权，所以他对大臣们一向忌惮。对高颎，他也曾有过担心，只因高颎为人忠心，多年未变，才放心将政事托付于他。如今经过独孤皇后几句话"点拨"，他也觉得高颎有欺君的意思。在这种小事上都和君主耍心眼儿，大事上还能信任吗？

祸不单行，开皇十八年还有另外一件事，让信任危机愈发严重。这一年，高句丽勾结靺鞨侵略隋朝边境，杨坚派汉王杨谅和高颎前去迎击，高颎上书杨坚，分析此事的不可行之处：辽东偏远、水陆行军不便，而高句丽却占据了地利之便，两相对比，隋军恐怕会吃大亏。

杨坚最不喜欢别人跟他对着干，又生气一个边远小国竟敢蔑视他"圣人可汗"的威严，执意要出兵。高颎为人正直，见此情形依然苦苦劝阻，怎奈杨坚一意孤行。大军出发后即遭瘟疫，还未看到敌人就死伤大半，最后无功而返。

汉王杨谅是杨坚夫妇最小的儿子，也是他们最疼爱的一个，因此脾气骄纵，目中无人。杨坚派儿子们出征，每次都会配一个真正了解战场的人做实际指挥，或高颎，或杨素，或有名的武将，偏偏杨谅年纪渐长，以为自己真有将帅之才，不把高颎放在眼里。但是，实际指挥权都在高颎手里，杨谅想做什么都被高颎否决，累积了一肚子怨气，回来后迫不及待地冲进皇宫跟独孤皇后告状："儿臣还能见到母亲真是三生有幸，儿臣差点被高颎杀掉！"

按照独孤皇后从前对高颎的信任，本应训斥儿子胡闹，可此时的独孤皇后视高颎为眼中钉，回头就对杨坚说："高颎当初就不愿意出兵，陛下您强行要求他领兵的时候，臣妾就知道这次肯定要失败！"杨坚听了，又深信高颎不肯在战场上出力。多年来的君臣关系，就因为这么几件小事、几句谗言毁于一旦。

杨坚一旦对一个人产生厌烦，就很难忍耐下去。而高颎为政多年，在朝廷上难免树立敌人，此时看到机会，也开始积极寻找高颎的把柄，希望借此除掉高颎。让他们失望的是，高颎真是个从品行到能力都让人挑不出错误的人，这个事实没有让杨坚回想起高颎的种种奉献、种种好处，反而让他更觉得高颎是个危险人物。

欲加之罪何患无辞，很快，对大隋朝忠心耿耿的高颎被安上了谋反的罪名。恰巧有个凉州总管王世积得罪了人，有官员回朝告发王世积想要谋反。有人说："王世积曾找人算命，算命的说他有帝王之相。"还有人说："王世积到了凉州，部下劝他谋反，他对亲信说：'凉州土旷人稀，不是用武之地。'可知他早就存了谋反之心！"

这个王世积曾是北周的武将，跟随过韦孝宽，在平叛尉迟迥时立下过功劳。高颎一向喜欢提拔人才，见他很有武略，就向杨坚一再推荐。高颎推荐的人竟然要造反，杨坚命令御史赶快调查，调查结果说："左卫大将军元旻、右卫大将军元胄、左仆射高颎，都曾接受过王世积赠送的名马。"杨坚听了再不犹豫，不但不经详细调查就杀掉了王世积，还罢了高颎的官。高颎知道废立之事不可挽回，所幸皇帝还念旧情，留了自己一条性命，他只能长叹一声，告别了自己辛苦数年的朝堂。

高颎一倒，朝廷形式大变，杨勇失去了最后的保护伞，而杨广一派的人再接再厉，太史令袁充对杨坚说："臣观测天象，有太子被废的迹象。"杨坚一向迷信"天象"、"天兆"一类东西，当即说："看来，是到了废黜的时候了。"

一句话，决定了杨勇和杨广今后的命运。

废立太子

开皇二十年（600年），杨坚和独孤皇后从仁寿宫回到京城，准备彻底解决太子问题。

上朝后，杨坚开门见山地说："我从仁寿宫回来，本来应该开开心心，不知道为什么心里觉得特别难受，你们觉得是什么原因？"

大臣们一时不敢接口，杨坚继续说："仁寿宫距离大兴城能有多远？但我每次回来，都要重兵护卫，不像回家，倒像进了敌国！我在自己的宫殿里担惊受怕，不敢安睡，还不是因为你们这些鼠辈！"一边骂，一边命人抓了东宫的几个官员。

杨素接口道："太子当国，本应以身作则，岂料他素行不端。陛下，您还记得当年刘居士和他的那些党羽吗？他们胆大包天，竟然在北周故殿行君臣之礼。这群人都和太子关系匪浅，我请太子好好处理他们，太子竟然说与他无关，推诿责任。"

刘居士"谋反"一事，大臣们都知道详细根底，不过是一纨绔少年狂妄自大，犯了忌讳，他本人早就被处斩，这件事还被隋朝拿来当饵，设计杀掉了远在突厥的大义公主。杨素把这件事搬出来，众大臣都觉得不伦不类，根本没有人愿意附和他。

但杨坚心意已决，也不管大臣们反对的神色，继续说道："太子根本就不配继承这个国家，皇后也早就劝我废了他！但他是我艰辛之时所生的孩子，我对他有感情，只希望他渐渐改了身上的那些毛病，才忍到今天。谁料此儿肤浅无德，看到皇后身边的侍女，都指着她们偷偷对人说：'这些将来都是我的。'这存的是什么心？"

群臣越听越糊涂，怎么听也觉得不符合杨勇素来的行止，杨坚愈发恼怒道："太子妃元氏刚死的时候，我怀疑是太子下毒，刚问了他几句，他就说一定要杀掉太子妃的父亲元孝矩！他和云氏在外所生的孩子，我和皇后好心要抱来教养，他竟然担心我们对孩子不利，连连派人索要！云家是什么门第，和这样的女人生了孩子，今后是要祸乱杨家的宗祠吗？我一定要废了这个逆子以安天下！"

杨坚说得起劲，却发现根本没几个人附和他，倒有元旻、元胄等人开口求情，请他慎重考虑，更有人说了太子素日的一些善政，夸奖太子为人的很多优点。杨坚整天都听皇后、杨素等人说太子的不是，今天到了朝堂，大臣们竟然众口一词地夸奖杨勇，这让杨坚大感意外。以他多年的政治经验，他也觉得有什么事情不对劲，但如今话已出口，父子间隙已成，哪里还能更改？

何况，反复对比杨勇和杨广的素质，他认为杨广更有当皇帝的素质，像杨勇这种喜欢享受又不知节制的人，今后一定是个败家子。而且杨勇资质平平，哪里挑得起国计民生的担子？反倒是杨广，既有治国的头脑，又有对外的武略，更有帝王应有的控制力，只有把江山交到这样的儿子手里，他才能放心。

杨素也不会给杨坚反悔的机会，他四处搜罗太子的"罪证"，并在太子宫殿里找出了一些点火用的枯木，说这些东西是造反用的。没几天，又有人上书状告太子竟然养了上千匹马，这么多的马匹一定是为了造反准备的。——东宫能有多大，哪里养得了上千匹马，点火用的枯木又是宫中必备之物，这些"罪证"纯属捕风捉影，但杨坚竟然深表赞同，还检讨自己太过宠溺儿子，导致儿子不成器。一番"彻查"后，太子杨勇和他的儿子都被囚禁，东宫的官员们也大多被投入监狱。元旻和元胄也没能幸免，杨坚拿王世积造反一事斥责他们，说他们收了王世积的贿赂，两位大臣被免官。

开皇二十年（600年）十月九日，大臣们在大殿之上看到了这样一幕：

大殿上早就摆放了众多精美的器物，杨坚面色阴沉地坐在大殿正中，由身披铠甲的士兵护卫，并命百官仔细看殿上陈列的物品。这时，一脸惊慌的太子杨勇被士兵押了进来，跪在地上不敢作声。杨坚命内史宣布杨勇所犯的"大罪"，并公布处罚决定：废杨勇太子之位，降为庶人，杨勇的儿女也一律降为庶人。

看到陪伴自己二十年的太子被废，杨坚也有一丝伤感，却还对杨勇说："你罪大恶极，不要怪我无情！"

杨勇含着眼泪磕头谢恩，颤声说："我罪该万死，陛下可怜我，饶我一命，我不敢怨恨。"磕头完毕，跌跌撞撞地由侍卫们拖了下去。众大臣看到前太子颤巍巍的背影，想起他素日的行事为人，都知道他是被冤枉的，但高颎等人都因此事被罢官，谁还敢为杨勇申辩。

杨勇被废后不出一个月，晋王杨广被册封为太子，在群臣的恭贺中，杨广终于露出满意的笑容。此时大兴城风雪交加，杨勇被囚禁在宫殿中，听着外面的欢呼声，想到自己二十年的努力，换来的只是这样的结局，泪水潸潸而下。

杨勇待人忠厚，身边也不乏忠心之人，太子洗马李纲就跑到杨坚面前为杨勇抱不平。李纲曾是北周齐王宇文宪的手下，为人正直，杨坚一直对他很信赖，并派他做杨勇的东宫僚属。杨勇喜欢玩乐，李纲曾数次规劝，所以杨坚对他印象更好。此时见他来为太子说话，杨坚不由奇怪地问："太子被废是咎由自取，爱卿何必忧心？"

李纲说："太子是性情中人，可以为善也可以为恶，假使陛下当初选择辅佐太子的人都是正人君子，而不是一些劝太子声色犬马的谄媚小人，太子又怎么会落到今天这个下场！这不是太子的失误，是陛下您的过错！"

李纲知道这样一番言论肯定会得罪皇帝，说不定会招来杀身之祸，但他一腔义愤不吐不快，也顾不得自身安危。他见杨坚面色阴晴不定，也并不畏惧。令他没想到的是，杨坚没有责备他，也没有与他争辩，只是有些悲伤地点了点头，命他退下。

李纲替杨勇说话没有获罪，却招来了杨素的记恨。后来杨素屡次三番地陷害李纲，李纲无奈只好选择隐居。再后来，李渊建立唐朝，推重他的为人，又请他出山做太子李建成的东宫官员，没想到李建成在玄武门之变中被弟弟李世民杀害。李世民当权后，依然看重李纲的正直，命他辅佐太子李成乾，没想到，李成乾又因谋反被废。李纲辛辛苦苦辅佐隋唐两朝三位太子，三位太子却都死于非命，也真是一个不幸之人。

年老的杨坚待下苛刻，最厌恶别人指责他的过失，却放了李纲一马，可见在他内心深处，也知道对太子的处置有不妥之处。但事已至此，没有回头路可走。想到当年处理国家大事，总有一群贤臣为自己出谋划策，而今却只有一个李纲敢于直谏，杨坚这才突然发现，在不知不觉间，那些陪自己取天下、治天下的大臣几乎全都不在身边，朝堂之上，也看不到昔日那些熟悉的面孔。

第十章 贤臣凋敝

人杰高颎

历史上,开国君主与开国功臣间的关系一向微妙。没有掌握政权之时,一方对有才之士倾心结纳,得到人才犹如得到连城珍宝,爱重之情溢于言表;另一方自陈得遇明主,推心置腹誓死效忠。一方极力展现自己的爱才、大度,一方则拼命表达忠诚、能干,为共同的目标努力,一心希望将来共富贵,同生死。

待到大局已定,开国君主身登大宝,必然会感激患难与共的老伙伴,赐予高官厚禄,君臣推杯换盏,忆往昔峥嵘岁月,看着彼此有说不尽的感慨。此时独有北宋开国皇帝赵匡胤放下酒杯对为他打下天下的武将说:"我最近总做噩梦,梦到你们的部下将黄袍披在你们身上。"武将心知肚明,交出兵权,换来的是皇帝赏赐的大量金银。赵匡胤看似"过河拆桥",可多数朝代的开国大臣们却没有这等幸运。

例如隋朝的开国大臣。

高颎是隋朝开国后的头号大臣，这一点无人有异议。隋文帝笼络了无数才人，这些人对高颎或推重或妒忌，却都承认高颎文武双全。很受杨坚器重的元善就曾对杨坚说："我看满朝大臣，只有高颎有宰相的素质。杨素为人粗疏，苏威太过怯懦，元胄、元旻这些人，简直是什么都听不懂的鸭子！"杨坚深以为然。时隔二十年，杨坚罢免了高颎的官职，再也不怀念他的宰相素质，政治才干，劳苦功高。高颎知道杨坚猜疑，只能老老实实地隐居家中，避免招人耳目。

闲来无事，高颎想起年幼时，家门口有一棵高大的柳树，这棵柳树不知有多少年历史，枝干参天，附近的老人看到这棵树纷纷说："高家要出贵人！"他翻着手中的书本，也曾想过这个"贵人"是否就是自己。他少时好学，为人友爱仁善，很受长辈喜欢，也渐渐有了名气，十七岁，就被北周齐王宇文宪看中，成为宇文宪的属官。

身在复杂的北周政坛，高颎逐渐累积着成绩，同时不失昔日的正直。他的父亲高宾是独孤信的老部下，等到他长大，独孤信被杀，独孤家败落，他顾念昔日恩情，经常看望独孤家的后代，特别是独孤信最宠爱的女儿独孤伽罗。独孤伽罗已经为人妇，却不失女强人的豪爽干练，她对高颎既有敬佩，又有感激，郑重地将他推荐给她的丈夫随国公杨坚。

那时杨坚正以外戚身份独揽北周大权，高家本在北齐为官，后来到了北周，受到独孤信器重，本就是独孤信一派。如今高颎帮助独孤伽罗的丈夫，也是情理之中。而随国公杨坚志向远大，又有深谋远虑，也让高颎愿意为他效力。在尉迟迥等人起兵，前方战场有哗变危险之时，高颎毛遂自荐，到前线安抚人心，并在战争中起到了军师作用。

为了篡权，杨坚到处拉拢人心，但他对这些人并不特别信任。因为高颎是独孤皇后亲自推荐的"自家人"，又曾在危机之时主动出面化解，可谓临危受命，患难与共，杨坚对高颎自然和对旁人不同。隋朝建国，功劳并非最大的高颎却占据了最高的官位：尚书左仆射。

高颎没有辜负杨坚的期望，隋朝治国大政，条条都有高颎的辛苦，平陈伐突厥，最重要的战场都由高颎在指挥。更让杨坚佩服的是，高颎不是嫉贤妒能的人，他一心为朝廷寻找人才，不少文臣武将就是因为高颎的提拔，有了施展才能的机会。开皇时期的各项成就，需要一大批人才，这其中，不知有多少人曾得到过高颎的教诲。

杨坚和高颎称得上志同道合，杨坚本人是个工作狂，不喜娱乐，只爱工作，高颎比杨坚还要努力，每天做梦的时候，都会想着治国大计。他睡觉时总将一个粉盆放在床边，一想到什么好主意，就用手指蘸粉记在地上，第二天到朝中讨论。这对君臣就像车长和驾驶员，全力开动大隋这辆巨型列车。

人的位置越高，越容易得罪他人，高颎自然也得罪了不少人，这些人总想找机会除掉高颎。高颎刚刚指挥完平陈战役，就有人对杨坚告密说高颎手握几十万重兵，准备在江南造反。杨坚毕竟是个帝王，对有兵权的大臣颇为顾忌，就派人偷偷调查，结果发现高颎正井井有条地处理陈朝投降事宜，很快就要带兵还朝。杨坚把造谣的人推出去斩首，并对凯旋的高颎说："有人说你想造反，朕已经把他们斩首，你我的关系，岂容小人离间？"

杨坚说到做到，后来，不断有人造谣高颎有异心，造谣者里不乏庞晃、卢贲这样的老熟人，杨坚一概不信。就连外出巡行，也安心地把京城交给高颎。得到这样的信任，高颎十分感激，更加拼命工作，以报答杨坚。

高颎一直是朝廷地位最高的大臣，杨坚时不时就要赏赐他。一天，高颎想到自己位高权重，又想起幼时那棵高大的柳树，心情大好，却见老母面色严肃，一脸担忧，连忙问母亲是不是有什么心事。母亲看着儿子，语重心长地说："你现在富贵已极，就差被砍头了。"高颎瞬间就听出了弦外之音，从此，高颎牢记母亲的嘱托，任何时候都保持低调。

　　在工作上，他虽然有诸多成绩，却都归在杨坚身上，这让杨坚更加喜爱他；在与同僚相处时，他时时谨慎，避免与人结怨，从不以自己的身份压人。有一次，杨坚问他："平陈攻劳，你和贺若弼谁更大？"高颎正色说："当然是贺若弼！"

　　这种谦虚，让高颎躲过了很多危险。但在杨坚改立太子的过程中，他终于因为帮助杨勇而失去了杨坚的信任，又因旁人的诬陷丢掉了官职。杨坚甚至对其他大臣说："真奇怪，以前我把高颎看得比儿子还亲，就算他不在我身边，我也时时想着他。自从他罢官后，我根本想不起他，就像他根本没存在过，可见大臣万万不可以为自己功劳高就要挟君主。"

　　这番话自然有人传到高颎耳边，高颎默默无语。忠心为主的结果是被猜疑，一心治国的结果是被冷落，曾在险峰之上如履平地，如今虎落平阳，倒也没有一味伤心。而杨坚和高颎的仇敌们都不肯放过已经退出朝廷的高颎。不久，又有人告高颎谋反。罪名同样荒诞不经，说高颎的儿子劝高颎如司马懿那样在家装病，今后也有取天下的可能。

　　这么多年，杨坚对高颎不是不忌惮，高颎给朝廷推荐了太多人，遍布朝廷上上下下，这些人多对他存着一份感激，也因他受到的待遇心有不平。杨坚连忙派人去调查这一次"谋反"，调查人员回来汇报说，曾有和尚对高颎说"皇帝活不过开皇十九年"。杨坚想要的不是真相，而是这样一个罪名，他当即说:"帝王的位置是求来的吗?孔子是大贤人,还不能得天下,高颎能和孔子比吗?"

杨坚本来也想除掉高颎,但想到高颎多年劳苦,又想到元老大臣们已经不剩几个,心一软,只是剥夺了高颎的爵位,降为庶民。高颎死里逃生,从此消失在隋朝政坛。高颎对此甚至有一些开心,他年事已高,早就看透了那些繁华富贵,只希望自己能平安终老。

但是,高颎毕竟心怀朝政,放不下这个他一砖一瓦缔造的帝国。隋炀帝杨广继位后,他见新皇帝虽有雄才,但奢侈放纵,好大喜功,不由对国事担忧起来,上书劝谏。杨广还牢记着当年高颎反对自己当太子,哪里肯听这些意见。后来,杨广巡视边境时接见启民可汗,高颎又担心启民可汗对隋朝的虚实太过了解,将来也许成为后患。看到朝中纲纪涣散,他也忧心忡忡。听到高颎对政事的评论,杨广终于不再忍耐,以"诽谤朝政"为罪名杀死了高颎。

唐代历史学家,《通典》的作者杜佑曾评论:"周之太公,齐之管仲,魏之李悝,秦之商鞅,后周苏绰,隋氏高颎,此六贤者,上以成王业,兴霸图,次以富国强兵,立事可法。"高颎死之前,却将自己记有治国谋略的文件全部销毁,让后世再也不能看到他当年的宏伟构想,这是历史的遗憾。一生心血付之一炬,包含着怎样的凄凉绝望,只有高颎自己明白。

李德林的沉浮

和奋斗了二十几年才被放逐的高颎相比，才子李德林从很早以前，就被杨坚踢出了权力圈，他对君臣关系的看法，没有高颎通透。李德林是个喜欢较真的人，他有古代士大夫的风范，他与高颎都是正直之人，但高颎懂得位高人险，懂得自保；李德林却是凭着一腔才气、正气和胆气，每每与杨坚发生冲突。

李德林从小就有神童之名。十六岁那年，父亲去世，他在寒冬天气大哭不止，穿着薄薄的孝服送父亲的灵柩还乡，看到的人都称赞他的品行。李德林的孝顺并非做样子，父亲死后，他为了照顾多病的母亲，根本不出去做官。还是母亲认为一个有才德的人不出去做事太不成话，身体稍稍好转，她就逼李德林赶快出去做官。

李德林先在东魏为官，之后在北齐做中书侍郎。一次，他去陈朝，接待他的人是后来被陈叔宝重用的文人江总。江总十分欣赏李德林的才情和品德，对陈朝的大臣们说："李德林是河朔的英灵人物。"北齐灭亡，李德林因才名受到周武帝重用，没多久周武帝去世，他被周宣帝冷落，直到杨坚篡权，他的才能才有了真正的用武之地。

一开始，杨坚和李德林的关系非常融洽，他是杨坚的左右手，杨坚有什么事都要找他商量。刘昉和郑译想要架空杨坚的权力，杨坚不知如何是好，第一个想到去找李德林，李德林也马上想到了解决的办法。在杨坚稳定朝廷、在长安收买人心、平定三方叛乱的过程中，李德林是杨坚的智囊，为他解决了不知多少问题。

当时，李德林是丞相府地位最高的官员，所有重要文书都要由他亲笔起草签发，杨坚不管要做什么事，都要先和李德林商量，才敢放手一试。那一段时间是君臣最亲密无间的时候。好景不长，杨坚很快就发现，李德林有才是有才，但书生气太重，凡是自己认为对的，就一定要争个明白。起初杨坚把这种耿直当成优点，没多久就觉得李德林太不给人留面子，再过一段时间，杨坚甚至认为李德林管得太多，束缚了他的手脚。

隋朝尚未建立之前，杨坚对肯跟随他的人好得不能再好，独独和李德林闹了矛盾，只是大局未定，强自忍耐，对李德林的意见也越来越大。隋朝能建立，李德林功劳最大，但杨坚却并未把隋朝最高的官职授予李德林，李德林的待遇远在高颎、虞庆则等人之后。

君臣第一次正面冲突是在处理北周王室的时候，杨坚想要赶尽杀绝，李德林坚决不同意，反复和杨坚争辩。杨坚已经当了天子，哪里容得下有人对他"放肆"，当即斥责李德林"君书生"，越发看李德林不顺眼。从此后，李德林在内史令的位置上一坐十年，不管他如何用心工作，杨坚都不升他的职。

对此，李德林从未抱怨。他对杨坚有一腔忠诚，始终要求自己做好本职工作，看到杨坚有什么不对的地方，时不时上书直言，这真是火上浇油，让杨坚愈加厌恶。杨坚的冷落，李德林看在眼里，但他是书生气太足，即使知道会招来皇帝的不满，看到皇帝有毛病，还是忍不住出言提醒。杨坚彻底失去了耐性，干脆不给李德林实权，再也不与他商议事情。

不过，在即将伐陈的重要时刻，杨坚犯了当年养成的老毛病：大事一定要听李德林的意见。尽管有那么多的能臣献上伐陈的计策，他仍然不放心。杨坚巡行时决定要平陈，杨坚特意写了信派人送到京城交给李德林，要听他的意见。写了信还不够，又亲自对人说："攻打陈国不能没有李德林的参与，快去把他请来！"李德林正在生病，听闻杨坚这么说，马上抱病与杨坚会合，商量大计。

平陈之后，杨坚转个头就忘记了李德林的好处，又开始对李德林吹毛求疵。在杨坚看来，不是他过河拆桥，而是李德林整天挑三拣四。对于政事，杨坚有"朝令夕改"的毛病，一个政策执行几年不见成效，他就会不耐烦地废除已经建立的部门和已经趋于成熟的体制，再做打算。但一个稳定的政策想要有效地执行，几年的时间根本不够。李德林见杨坚总犯这个错误，就上书提醒道："朝令夕改可不是一个英明君王的作风！望陛下今后做事能深思熟虑！"

李德林性格直说话也直，却忘了他说话的对象是一个要面子的君王，也忘了他曾经因自己的耿直被这位君王疏远。杨坚看到李德林的奏折后大发雷霆，召来李德林一顿大骂。李德林是真勇士，皇帝大怒，他也不知道说几句软话，反而振振有词地继续讲大道理。

杨坚再也不能忍受李德林，那时候他对功臣还存有一丝感激之情，他没想到杀掉李德林，只想赶快将他从自己身边赶走，赶得越远越好。

李德林的个性容易得罪人，他不但得罪杨坚，还把朝廷大大小小的官员得罪不少。有人见杨坚正在和李德林发火，就适时来打小报告："陛下，都说李德林忠诚，其实不过如此。他曾经说自己的爸爸是四品官员，其实不过是个九品官。"

小题大做、以偏概全也是杨坚的强项，他听了这句话，想也不想就下诏宣布李德林的"诸多罪状"，并将他由十年没升职过的内史令，降为湖州刺史。李德林百般辩解，杨坚根本不听。最后李德林说："陛下，微臣年老，请不要派微臣去那么远的地方，还是让微臣辞官回家养老吧。"杨坚本来觉得这样倒省事，转念一想，功臣无故丢官，这不是要让自己被天下人骂吗？杨坚又一次怒火中烧，还是李德林再三恳求，才肯让他去近一些的怀州（今河南沁阳）做官，免去许多舟车劳顿。

李德林远远离开京城，杨坚的耳根终于落得个清净。但他可没忘记李德林曾经给他的"折磨"。有一年怀州大旱，李德林带领百姓掘井，却没有取得多少效果，怀州地区收成大减。杨坚又开始借题发挥，对大臣们说："一定是李德林管理不善，无德无才，得罪了老天爷，怀州才有这种灾难！"骂完还不解气，又把李德林贬了官。

李德林是个有气节的文人，即使受到这样的待遇，也没有消沉，依然认真做事。他把工作之余的所有时间，用来编撰《齐史》。看到史书上的沉沉浮浮，想到自己经历的起起落落，怎能不感慨万千。某一日，他恍惚想起五岁的时候，他就能背诵左思的《蜀都赋》，一个叫高隆之的高官知道后到处对人说："这个孩子要是长命，必然是国家栋梁！"

李德林叹了口气，他已经六十一岁，确有栋梁之材，一生忠诚，却只能在偏远地区当一个小官，在孤独中编撰史书。他竭力奉献所换来的结局，究竟值不值得？李德林没想清楚答案就离开了人世，他没有完成的《齐史》，由儿子李百药接手。他死后，杨坚为他举行了风光的葬礼，追赠了不少官衔，但这些东西，李德林并不需要。

李德林的死亡，杨坚的前后举动，带着某种不祥的预兆，这让朝廷中的高官重臣们深感君恩无常，也许再过不久，李德林的不幸就要降临到他们身上……

子承父业的苏威

和一腔方正之气的李德林比起来，杨坚倚重的另一位大臣苏威，总想走一条更顺利、更圆满的道路，但遇到杨坚这样的君主，他也只能与李德林殊途同归，在寂寞中结束生命。

杨坚掌权之初，高颎就不断向他推荐人才，"苏威"这个名字，隔三岔五地出现在杨坚耳边，让杨坚不禁好奇苏威究竟有何本事，能让高颎这样的人念念不忘。

苏威有个大名鼎鼎的父亲叫苏绰，他是西魏掌权者宇文泰最器重的文臣，宇文泰能在关中打下基业，靠的就是苏绰提出的六点意见。这六点意见是：治身心；敦教化；尽地利；擢贤良；恤狱讼；均赋役。这些措施看似简单，但在混乱的北方时局中，却如清风一般。

苏绰强调治国并非靠武力而靠文教，强国并非靠严刑峻法而靠廉政爱民，走的是儒学治国的道路，与当时北方权臣们的思路大相径庭。宇文泰不愧为一代英主，尽数采纳了苏绰的意见，才让西魏在短短时间内提升实力，得与东魏抗衡。而苏绰的治国主张，也影响了后来的北周统治者。

苏绰是治国专家，更是理财专家，他创立了一种"朱出墨入"记账法，用红色与黑色墨水区分收入与支出。苏绰在当时按照户籍记账，使国家记账情况井井有条。他又亲自制定税赋措施，政府收入因此大增。西魏政府的实力远远不如东魏，全靠苏绰不断增加税收支持国家财政。苏绰的征税政策虽重却不乏合理之处，增加收入又维持社会稳定，可谓不易。但苏绰经常说，他的政策实在太过紧迫，就像一张拉满的弓，希望今后能有人将它松下来。

苏绰的儿子苏威从小就听父亲这样说，决定今后一定要继承父志，在太平之年制定合理爱民的政策。苏绰是宇文泰最信任的人，他死时宇文泰抚棺大哭，在这样的家庭中，苏威从小就受到重视。他不负众望，从小好学，很有建树。宇文泰死后，宇文护掌权，看中苏威的家世和学识，还把自己的女儿嫁给苏威。

苏威志在从政，但他对局势的认识却很清醒，不愿跟随宇文护这样的专权者。但苏威又是个处事圆融的人，不会凭着书生意气冷冰冰地拒绝当权者，他欣然娶了宇文护的女儿，而后向宇文护辞行，说自己才疏学浅，要去山里读书。宇文护也拿他没办法。

苏威一边隐居一边留意朝廷动向，世人都敬佩隐居的饱学之士，他的名气越来越大，大到高颎都认为这必然是一个不可多得的人才，屡次向杨坚推荐。杨坚信赖高颎的眼光，特地派人请苏威出山，苏威见时局未定，杨坚只是个擅权的外戚，仍然不愿损害自己的名节，听说杨坚派人来，连夜搬家，躲开了使者。

杨坚虽然吃了闭门羹，但他正处在求贤若渴的阶段，认为有个性的人一定有真本事，也不为难苏威。等到隋朝建国，他又恭恭敬敬地请苏威做官。苏威人在山中，却一直留意杨坚的举动，确定杨坚这个人的确胸怀大志，是个有为君主，于是做了隋朝的太子少保，后来成为主管经济的度支尚书。

苏威在隋朝最大的贡献，是制定了宽松的赋税制度。一个国家的收入全靠赋税，赋税如何制定，关系到国家与百姓的关系是否稳定。赋税太重，民不聊生；赋税太轻，政府入不敷出，而赋税涉及土地、工商等方方面面，是一个系统又庞杂的工作，苏威在父亲制定的税收制度基础上加以改革，既减轻农民负担，又保证了政府收入。隋朝政府收入稳定，国力逐步提升，苏威功不可没。

苏威处事比李德林圆融，但他并非逢迎阿谀之辈。隋朝初年，他看到杨坚用银质的钩子挂帐子，认为太过浪费，就对杨坚大讲节俭美德。杨坚从此处处节俭，想来苏威进谏，必然不像李德林那般劈头一顿批评，导致君主反感。

杨坚武将出身，发起脾气来就控制不住，发现人犯了错误便要重罚。一次，杨坚因一个官员犯了小错便要杀掉对方，苏威连忙起身用身子挡住那个官员，苦苦陈述这位官员罪不当死，哀求皇帝息怒。杨坚哪里肯听，非要手刃对方解气，苏威只好扑在那人身上。杨坚气得拂袖而去，好一阵子才平复怒气，觉得苏威说得没错。于是，以身护法的苏威又被任命为大理卿和御史大夫，隋朝的法律政令，也多出自苏威之手。杨坚说："苏威能够这样公正，我这个君主还能有什么担忧！"

职位高了，忌妒的人也跟着增多，不少人在杨坚面前打苏威的小报告。杨坚一概不听，对这些人说："苏威不值我，无以措其言；我不得苏威，何以行其道？杨素才辩无双，至若斟酌古今，助我宣化，非威之匹也。"他认为自己和苏威简直是明君贤臣的典范。

这对明君贤臣的关系在开皇十二年（592年）发生了转折。这一年，苏威和大臣何妥闹了矛盾，何妥上书说苏威与礼部尚书卢恺等人互为朋党。自从平陈之后，杨坚自觉天下太平，对往日立下大功的重臣渐生猜疑之心，就借着这个机会将苏威革职，和苏威关系不错的官员们也一并获罪，数量多达百人。当苏威跪地向杨坚认错，杨坚冷冷地说："现在认错太晚了。"

苏威心中苦涩，不过十年时间，杨坚对他的态度天差地别，看来杨坚这个人，可与共患难，不可共富贵。这件事对苏威来说是个巨大的打击，甚至改变了他的性格。

隋文帝死后，他被杨广启用，却再也不像以前那样劝谏君王的不当之处，而是随波逐流；他也不像从前那样注重所谓的名节，杨广被宇文化及弑杀，他就跟随宇文化及做了官；他更不像以前那样在乎君主是否有才德，在隋末农民起义中不断更换上司。待到李唐建立，苏威求见李渊和李世民，希望得到一官半职，遭到二人拒绝，不久病死在长安。一代名臣，落到这样的下场，固然有自己的原因，但杨坚倘若稍稍顾念昔日情分，苏威又怎会性情大变，做出此后种种大违初衷之事？如此结局，让人痛惜。

贺若弼、韩擒虎、史万岁

杨坚朝的文臣，不论有多大的功劳，只要被杨坚嫌弃，一点错误就会被彻底冷落，终生没有复职的指望，这是因为杨坚一来讨厌文人的性子，二来怕他们在朝廷结党。对武将，杨坚更是畏惧。国家需要骁勇的武将，杨坚自然不能轻易对付他们，但在他心中，早就把这群有战功又有兵权的人当作敌人。

在隋初，贺若弼和韩擒虎是最有名的武将，二人从一开始便跟随杨坚，立下了不少功劳，平陈之战，贺若弼和韩擒虎就像两把尖刀直插建康，靠着谋略与勇武，让本来可能旷日持久的战争，在短短时间内结束。在隋朝士兵的欢呼声中，陈叔宝唉声叹气，只知道磕头求饶，这两位主帅却怒视彼此，开始大吵大骂，甚至抽出宝剑想要招呼对方。

原因很简单：攻打建康城一直是贺若弼为主力，他扛住了鲁广达猛烈的攻击，他在关键时刻大胆地下达进军命令，他以区区八千人面对陈朝的大军……本来，这破城之功、擒王之誉应该归他所有，没想到，败在他手里的任忠不愿给他这个功劳，竟然引韩擒虎的军队直入皇宫，这下子，韩擒虎认为自己才是破城功臣。

杨坚知道这件事后也很为难，按照规矩，最先破城者功劳最大，但贺若弼的功劳又不能忽视。杨坚头疼不已，只好对两个人又是下诏安慰，又是给予赏赐。没想到这两个人回到京城后，竟然在他面前继续争吵。二人各自夸自己的功绩，贬低对方的功劳，杨坚左右为难，只能给两个人相当的官衔和奖励。

武将争功本是常事，杨坚表面上不偏不倚，好言相劝，心中却有些不痛快。武将总认为自己功劳大，在皇帝面前尚且吹嘘不断，如果功劳更大，岂不是连皇帝都不放在眼里？从此他对贺、韩二人有了戒备。韩擒虎运气好，平陈之后在边疆防备突厥，远离杨坚，又在开皇十二年去世，死时"名遂身全"，杨坚还对他感念不已。贺若弼却没有此等运气。

世上无完人，贺若弼也如此，他最大的毛病就是自大自满，总不把别人放在眼里。即使高颎这样的人，他也觉得不过尔尔。高颎一向不与人争功，杨坚问他和贺若弼在平陈一战中谁的功劳更大，高颎忙不迭地说自己道行微薄，怎能与献上平陈十策，又立下汗马功劳的贺若弼相比。贺若弼连高颎都不放在眼里，更不要说杨素。

杨广当太子后，有一次和贺若弼谈话，他问贺若弼："杨素、韩擒虎、史万岁这三个人都是我朝良将，你说他们谁更厉害？"贺若弼傲慢地说："杨素是个猛将，但在智谋方面差了点；韩擒虎是个斗将，领导能力却不行；史万岁不过是个骑将，哪里称得上大将！"杨广笑着问："那谁是大将？"贺若弼傲然道："殿下您说呢？"

贺若弼对杨、韩、史三人的评价并没有失去公允，他对自己的评价也并非夜郎自大，贺若弼的确是一位有谋略，有武功，会领导的大将，但他太过看重自己的能力，又屡次在人前强调这一点，就让杨坚不能不上心。杨坚对功臣倒也不是一味地贬谪，起初也有良言相劝，劝贺若弼不要总对高颎、杨素恶言相向。贺若弼却说："高颎是我的老朋友，杨素也是我的亲戚，我了解他们那点本事才说了那些话！"

贺若弼最不忿的，是杨素的职位竟然在自己之上，这种不忿之情人尽皆知，有官员认为贺若弼怨念太重，以防万一，应该处死。杨坚也怕贺若弼对自己不利，于是将他削职为民。贺若弼无缘无故丢了官职，怨恨更深。后来虽然重新为官，杨坚却再也不肯将实权交给他，只是对他礼遇不断，赏赐不断。

虽然官居高位，家中富贵，但贺若弼再也不能为国出战，他空有一身本事，却没有机会施展。贺若弼最后一次大出风头，是在开皇十九年（599年）的一次宴会上，当时杨坚款待突厥来的使者，贺若弼也在被邀之列。席上，贺若弼即兴作了一首诗，表达不平之意，杨坚当时心情好，没有处罚他。使者展示了高超的射箭本领，杨坚自然不肯示弱，他说："这位使者箭术了得，这里除了贺若弼，没有人比得上他。"当即命贺若弼射箭。贺若弼宝刀未老，一射即中，杨坚得意扬扬地对突厥使者说："这个人可是老天赐给我的！"

那之后，杨坚依然不重用老天赐给他的贺若弼。到了隋炀帝一朝，他继续被冷落，从前他对高颎大有不满，此时却和高颎惺惺相惜起来。604年，高颎因"妄议朝政"被斩首，贺若弼被当成高颎的同党，一起问斩。

贺若弼死得冤枉，但另一位名气很大的武将，死得比他更冤枉。这位武将就是威震突厥的史万岁。史万岁在边疆立下大功，却遭到杨素的忌妒，杨素屡屡隐瞒史万岁的功绩，史万岁屡次上表向杨坚请功，却被杨坚视为"不安分"，越来越忌惮。

开皇二十年（600年），史万岁还朝，希望能对杨坚面陈自己和边疆士兵们的功劳，杨素却对杨坚进谗言，说史万岁去东宫觐见太子杨勇。杨坚听了愈发大怒。待到朝堂之上君臣相见，史万岁心中悲愤，口不择言地说："将士有功劳，却被朝廷压制，这是什么道理！"杨坚暴怒之下，命人将史万岁打死在朝堂之上，此事震惊朝野，不论知道还是不知道的百姓，都为史万岁叫屈。而年老的杨坚早已没有昔日明辨是非的能力，只想杀掉所有违逆自己、可能威胁到自己的人。

猜疑、冷落、谋反……

杨坚对功臣们的态度，从一开始的宽容到中期的严厉，再到后期的暴虐，他对功臣们的猜忌心理其实从未改变，只是处罚措施不同。看看杨坚一朝多数功臣们的下场，就能了解杨坚的疑心病严重到什么程度，他对有功之臣又无情到什么程度：

虞庆则，隋朝初年仅次于高颎的二号人物，也是高颎举荐的人才，不但在隋初建国治国时发挥了重要作用，还在平定突厥过程中立下功劳。功高盖世，杨坚对他由信任到忌惮，当虞庆则的内弟诬告他有谋反之心，杨坚不加调查，直接处死；

于翼和于仲文，北周贵族，在杨坚掌权、人心未定之时支持杨坚，帮杨坚稳定人心，又在平定三方叛乱过程中立下战功，隋初全家上下受到封赏。后来，杨坚认为于家势力大，怀疑于翼和于仲文心存不轨，将这对叔侄打入大牢。二人再三申辩终于被释放，此后再未得到朝廷重用；

李穆，杨坚当年下大力气拉拢的关陇贵族，隋朝建立后虽授予高官，却并没有实权，想来是杨坚忌惮李家的实力，李穆年纪高，很快去世；

梁士彦和宇文忻，都是在北周时帮助杨坚稳定局势的武将，但在隋朝得不到重用，不免落落寡欢，而曾帮杨坚夺取政权的刘昉也因为被冷落而怨天尤人，三个人决定造反，被人告发，全部斩首；

郑译，和刘昉一起将杨坚推上宝座的人，在隋朝几经罢黜，死在任上；

元谐，也是杨坚太学时的同学，赫赫有名的武将，曾大破吐谷浑的大军，因为性格直率，不小心得罪了杨坚，被杀；

卢贲，曾是杨坚忠诚的护卫，在时政不稳时保护杨坚，并曾在北周官员不肯跟随杨坚时威吓百官，隋初，因不满高颎等人官高被杨坚削职为民；

庞晃，杨坚昔时交情过命的朋友，在杨坚最失意的时候预言他必定登上皇位，隋朝建立后，他常常自居其功，又与朝臣不合，根本没有升迁的机会；

元善，杨坚重用过的大学士，胸中才学虽有限，但却是有眼光有远见之人。元善推崇高颎，高颎被免官，他对杨坚陈说高颎的种种功劳，杨坚大怒，下令杖打元善，元善因此害病去世。

还有一些功臣结局相对较好，比如韦孝宽和梁睿。这二人在平定三方叛乱时立下大功，后来，一个在胜利不久后去世，一个懂得避嫌主动辞官，得以颐养天年。能够保全身家性命和荣誉的功臣要么死得早，要么退得早，从侧面说明杨坚对功臣的难以容忍。

杨坚的担心并不是没有道理。很多功臣都因为自己曾帮皇帝打天下，就居功自傲；有些人自身素质不高，难以重用；有些人心怀怨恨，干脆造反……大臣们并不是没有错误，但满朝功臣最后不剩几个，更大的责任在于杨坚本人。

平陈战争后的一天，杨坚大宴群臣，他对这些帮他南征北战的老伙伴们说："希望你们和你们的子孙都能像今天这样，与我共享富贵！"当时高颎、虞庆则、苏威、贺若弼、韩擒虎……许多功臣都举起酒杯，相信皇帝一定会信守他的诺言，不到十年的时间，这些人陆续消失，他们的子孙也大多受到牵连，或被流放边疆，或被削职为民，当杨坚再一次回想当年欢宴的情形，他虽然觉得形只影单，却还是没有意识到自己的错误，反而认为这些结果都是功臣们咎由自取。把错误都归咎到他人身上，很少反省自己，这就是杨坚的天性。

能臣杨素

从杨坚篡权到建立隋朝，再到开皇之治，四海归一，杨坚身边的大功臣们走的走死的死，只有一个人屹立不倒。在杨坚亲自拉拢的大臣中，杨素混得最好。他不但凭借功勋步步高升，还能常年得到杨坚的宠信，后来又被杨广拉拢，干掉了大敌高颎，成为朝中头号重臣。他算得上风光的成功者，但后人对杨素的评价，历来褒贬不一。

文帝一朝的风气受杨坚的性格影响，不论文官武官，多为中正、务实、严肃之人，上至左仆射高颎，下至地方官员，都和杨坚一样一心扑在工作上，严肃、节俭、奋发却沉闷是那个时代的风气，杨素无疑是个异类。此人是个饱读诗书的文学家，又是一个喜好游玩的美男子，更是一个骁勇善战的帅才，一句话，他是那个时代的全才人物，和十项全能的晋王杨广是同类人。

杨素和杨广一样，权力欲极强，道德归属感相对较差。北周时代，他就颇有名气，在权臣宇文护手下做事。宇文护倒台，周武帝自然不会重视跟宇文护的旧臣。杨素偏偏要在周武帝面前露脸。一次，他因父亲杨敷战死在北齐，朝廷却迟迟不肯追封一事与周武帝当庭争辩。周武帝憎恶他曾与宇文护同流合污，不肯答应他的要求，见杨素振振有词，一阵厌烦，命武士立即斩了杨素。

杨素却是有胆气的人，被武士包围面不改色，朗声说："我为不道之君做事，理应得到这个下场！"周武帝佩服他的胆量，不但追封了他的父亲，还从此重用他。周武帝发现杨素的确是个人才，就对杨素说："好好干，今后富贵不可限量。"杨素却说："微臣没有取荣华富贵之心，就怕荣华富贵来逼迫我。"可见此人的自信程度。

杨素的自信不是没道理，他在北周就曾大破陈朝的军队。等到武帝、宣帝接连去世，杨坚掌政，只在乎权势不在乎皇帝是谁的他，主动投靠杨坚。杨坚早就听闻他的大名，岂能错过这个送上门来的人才。而杨素则在平定叛乱的过程中，也出了大力，立了大功。在隋朝政坛，他不像高颎那么低调，而是居功又张扬，得罪了不少人。而他看谁不顺眼，或者谁得罪了他，就一定要打击报复。幸好他善于逢迎杨坚的喜好，又有真材实料，才能一直为官。

杨素也曾有过低谷时期。杨素的老婆个性彪悍，经常与杨素争吵，有一次吵翻了天，杨素气急败坏地说："我要是哪天当了皇帝，肯定不要你这种皇后！"杨夫人一气之下将这句话告到朝廷。那时是开皇初年，杨坚对功臣们尚有宽容之心，只将杨素罢官，饶了他的性命。杨素也不气馁，在家里苦苦思索平陈大计，并把想到的计策献给杨坚。杨坚见他被罢官还如此惦记社稷大业，一高兴恢复了他的官职，这才有了杨素在平陈战争中的出色表现。

平日的杨素看上去有些轻佻，喜欢的也是诗书、歌舞、美色、奢侈品这一类贵族爱好，但到了战场上，杨素就完全变了个人。只见他威风凛凛地骑在马上,面色严肃,指挥若定,他规定,负责前锋的军队必须死战,倘若不胜利,回来就砍头。

这么严格的上司,士兵却没有任何埋怨,反而对他忠心耿耿。这是因为杨素有个很大的优点,就是赏罚分明,只要立下功劳,杨素定有厚赏。当兵的出生入死,图的就是封赏,有了杨素这样的上司,不论战胜还是战死,都可以安心(战胜马上领钱提军衔,战死会给家属优厚抚恤金),再加上杨素本人是个军事家,有勇有谋,故而,杨素率领的军队,是隋朝数一数二的常胜军队。难怪杨坚一遇到艰难战事,除了高颎,就只想到杨素。

杨素虽然贪恋权力,志在富贵,但他所得到的一切,却是靠坚实的战功累积起来的,在倜傥张扬的外在表象下,他同样有极其沉稳务实的一面。江南大乱之时,杨素率军与叛军苦战,待到局势稳定,杨坚召他回朝,他认为局势刚刚稳定,不宜撤走大军,还应观察一段时间,就上书请求延缓回京日期,继续带兵辛辛苦苦地在崇山峻岭之中追剿残留的叛军势力。

如果为杨素写一份功绩单,那几乎包括了隋朝建立前后的所有重大军事行动,而他起的几乎都是主力作用,他负责的战役,几乎都是苦战、硬仗,但他靠着谋略,靠着胆气,靠着严明治军,靠着细致的部署,战无不胜;但如果写一份过错单,他的罪名也不少:党同伐异,草菅人命,逢迎狡猾,和杨广一起陷害前太子杨勇。

也许这就是杨素和上面那些大臣们最本质的不同,杨素并非效忠某个朝代,他只忠于自己的利益,为此他可以毫无芥蒂地改弦更张。当然,杨素并不是个反复无常的小人,他选择了自己的方向后,也会一以贯之地努力,贡献自己的才力。杨素是个精明人,他的治国能力虽然不及高颎,却比高颎更明白君臣关系的本质,所以更会替自己打算,并在君王的信任和自己的生活之间维持最恰当的平衡。

杨坚不喜欢铺张浪费,独孤皇后不喜欢男子三心二意,杨素的私生活却最为奢侈,家里有不知多少美貌的歌女侍妾,即使如此,他依然能讨得这两个人的欢心,这不仅仅是"逢迎"能够做到的。杨素从未想过像李德林、苏威那样直言进谏,却也不会如刘昉、郑译那样只会溜须拍马,更不会因君王的冷落而失去上进之心,他能够走到最后,靠的是识时务、坚实的功劳和洞察大局的眼光。

杨素称得上能臣,却不是忠臣,但也不是佞臣和奸臣,他只是一个有强烈权力欲,又懂得权力之道的人,所以,他才能步步高升,一直得到杨坚的信任。而曾经网罗了无数贤才,被人奉为明主的杨坚,不知冷落、冤枉了多少个对他忠心耿耿的功臣,到最后身边却只剩下一个根本不顾惜君臣之情的杨素,这是他的失败,也是他的悲哀。

第十一章／流星般的王朝

破碎的亲情

自古君王大都有疑心病,只是程度不同,功臣受到猜忌在所难免。而一些开国君王为了江山着想,更想架空功臣手中的权力,这同样是件正常事。但与杨坚一同攫取天下的功臣们的凄凉下场,与其说是因为杨坚的猜忌心理,不如说源于杨坚本人的寡情性格。杨坚缺乏温情的一面,他所谓的宽容,也只是搞好君臣关系的必要手段,他的寡情,从他与几个儿子的关系上,就可以看得一清二楚。

也许和杨坚严肃的性格有关,他对几个儿子寄予厚望,严加管束,但父子之间却很少有坦诚的交流,而类似于一种带着训导色彩的上下级关系。杨坚希望儿子们达到他的要求,却认为只需选好老师,选对属官,就能让孩子们顺利成长,而忽视一个父亲应该对儿子进行的关怀。这也不能全怪杨坚,在杨坚小的时候，他的父亲杨忠常年在外作战，父子之间的相处时间本来就少，杨坚大概认为，多威少慈，就是父子之间最正常的相处模式。

也是因为这种教育模式，杨坚对儿子们的认识并不是来自自己的悉心观察，五个儿子也并非受到杨坚的细心栽培，而且都偏离了父亲的期望。而杨坚发现孩子们的过错，第一时间想到的不是温情地劝导，不是有步骤地加以改进，而是责骂和处罚。这就让父子关系相对紧张，儿子对父亲心怀惧怕，而非敬服与孝顺。杨坚的高压教育导致他的儿子们不是逆反就是任性，不然就如杨广一般早早学会伪装。

父子之间的关系容易紧张不是新鲜事，这个时候，一般家庭都会有温柔的母亲充当润滑剂，加以调节。偏偏独孤皇后的性子和杨坚如出一辙，这位女强人同样缺乏温情。这样的家庭，虽然五个孩子一奶同胞，却父子失和，兄弟不睦，上演了一幕幕家庭悲剧。

当杨坚的大儿子杨勇在京城被风言风语包围的时候，他的三儿子杨俊也遇到了麻烦。

亲王杨俊本是杨坚很喜欢的一个儿子。杨俊有很多优点：他好学、仁爱、爽朗、大度，难得的是，作为一个皇子，他肯为别人考虑，也喜欢和各种地位的人交朋友。和杨俊接触过的人都喜爱他。在平陈战役中，杨俊和杨素一起负责上游作战，显示了很好的素质：他不像弟弟杨谅那样与真正指挥作战的人发生矛盾，事事尊重杨素，还约束部下不能烧杀抢掠。回京之后，他认为自己并没有什么功劳，不接受杨坚的封赏。

一开始，杨坚对这个集众多优点的儿子十分宠爱，不断派他做事，杨俊也都做出了成绩。杨俊并不在乎杨坚的奖励，他一直有个愿望，就是皈依我佛，出家为僧。杨坚虽然大力提倡佛教，却也不能同意儿子当和尚，坚决拒绝了杨俊屡次的剃度请求。从后来的史实来看，如果杨俊能够出家，对他对杨坚都是一桩幸事。

天下太平，杨俊的日子也过得潇洒，他很快就和大哥杨勇一样，也开始了声色犬马的生活。杨勇只将这种生活当作闲暇娱乐，杨俊却当成了人生唯一的事业。杨俊当时任并州总管，住在晋阳，远离京城，他在管区内大修宫殿，又放高利贷剥削百姓，搞得怨声载道。杨坚知道这件事后大为恼怒，不但大骂杨俊，还将杨俊手下上百个官员贬职。

杨俊表面上收敛了自己的行为，玩乐的兴趣却有增无减，在他家中，有一大批美貌的侍妾，每天寻欢作乐。偏偏杨俊的老婆崔氏是个妒妇，对丈夫的花心恨之入骨。这位崔氏，是著名酷吏崔弘度的妹妹，这位妇人酷烈的个性颇似乃兄，她与杨俊吵闹了无数次之后，确定杨俊没有悔改之意，就在杨俊吃的瓜里下了毒，将杨俊毒成了残废。

杨坚听说儿子在晋阳不知悔改，继续花天酒地，还闹出这等丑事，对儿子没有半点怜惜之情，依法处置崔氏之后，还免去了杨俊的官职。杨素昔年曾与杨俊并肩作战，有几丝情分，劝杨坚不要这样对待自己的儿子，但杨坚说："我是五个孩子的父亲，你让我原谅他？为什么不专门给天子的孩子制定一部法律？"杨素自然不敢多说。

起不来床的杨俊希望得到父亲的原谅，就派自己的手下到杨坚面前作检讨，没想到儿子诚心的忏悔也换不来杨坚的同情，反而把使者教训一番，说他对杨俊这个败家子已经从轻发落。杨俊不是个刚强的人，见父亲无论如何也不原谅自己，又愧又怕，病得更重，于开皇二十年（600 年）去世。

杨坚犹自对这个儿子恨恨不已，连葬礼都不许好好主持，更别提去送杨俊最后一程。杨俊去世几个月后，杨勇被废，遭到囚禁。同一年失去两个儿子的杨坚却没有对剩下的三个孩子有更多的怜惜与关爱。没过两年，四儿子杨秀也出了问题。

蜀王杨秀不同于或多或少带有儒雅气息的哥哥们，杨秀从小就喜欢习武，而且活泼好动，喜欢跟朝臣来往，喜欢议论政治。这一切的一切，都注定他不入杨坚的法眼，杨坚最讨厌这种看似"不安分"的性格，他曾对独孤皇后说："杨秀这小子早晚不得好死，我在的话还好，我不在他肯定要造反。"——一个父亲对亲儿子如此评价，可见父子关系的寡淡。

杨秀一直镇守蜀地，父子常年不见，倒也平安无事。待到杨勇被废，杨广成为太子，一向在蜀地自由自在的杨秀也察觉到政治气氛的沉重。这一天，一个叫独孤楷的大臣来到蜀地，奉杨坚的命令接任杨秀担任的益州总管一职，并命令杨秀立刻回京城。

杨秀对京城之事所知不多，但也知道回去之后恐怕凶多吉少，有心以手中重兵自立，独孤楷入情入理地劝诫他一番，他才终于启程回京。半路上越想越觉得危险，有心原路折回，却发现兵士们早被独孤楷控制。无奈之下，只能回京面见杨坚。

万万没想到，杨坚一见他就大发雷霆，说他在蜀地残害百姓。杨秀这个人性情是有些暴烈，但说到故意残害百姓，却也着实冤枉。但杨坚盛怒之下，根本不听他的解释，反而越骂越厉害，还说要以国法处置杨秀。身旁的大臣们眼见了杨勇被废，杨俊已死，连忙劝杨坚不要这样对待亲生儿子，杨坚却来了脾气，直接把杨秀关了起来，命杨素审问杨秀。——事情到了这个程度，有心人都知道定是有人在暗中做了手脚，否则蜀王没有大过，怎会招来这样的重责？

做手脚的人正是杨广。收拾了杨勇，他知道四弟杨秀勇猛好战，又占据易守难攻的蜀地，今后必然是心腹大患，他决定借刀杀人，借着父亲的手除掉杨秀。于是，由已经成为宰相的杨素出面，在杨坚面前状告杨秀在四川危害百姓，浪费民财，还有谋反意图。杨坚最害怕有人觊觎皇位，平时又总认为杨秀要造反，此时想也不想就把杨秀叫了回来，关了起来。

负责"审讯"杨秀的杨素很快拿出了蜀王的"谋反证据"，两个木偶，写着杨坚和汉王杨谅的名字，诅咒他们赶快死；一份檄文，是杨秀号召益州的士兵随自己打到京城，诛杀君王身边的奸臣；还有，据说蜀王府里私藏大量兵器，以及一面龙旗。这三个不知从哪弄来的"证据"，成功激起了杨坚的怒气。

杨秀和杨勇一样被降为庶人，但他的判决比杨勇惨，杨坚决定杀掉他以正国法。这时，一直远离朝廷是非，安静教养女儿的杨丽华突然来到父亲面前，请求杨坚不要杀掉亲骨肉。对这个女儿，杨坚始终有一丝愧疚和感激，饶了杨秀一命。杨坚对儿子没有父子之情，杨广对弟弟也没有兄弟情，余生，杨广没让杨秀过上好日子，一直囚禁他到死。

苛刻到不近人伦，这就是杨坚对亲生儿子的态度。当儿子们一个个出现错误，杨坚从未考虑过自己的过失，坚持是儿子们自己不向善，不学好，他们的下场也是罪有应得。对儿子都这样狠心，功臣们的下场，也就不奇怪了。也难怪杨广害完哥哥害弟弟，没有一丝心软，也没有心理负担，因为在杨家，根本没有真正的亲情。

独孤皇后的葬礼

在杨坚一生之中，最信任的感情也许只有三种，一是幼年时期受到的来自智仙尼姑的慈爱，父亲杨忠无言的教诲，以及与妻子独孤伽罗多年的夫妻之情。在北周那些年，人情冷暖让他失望，难以信任他人；至亲的儿子们一个接一个出问题，让他满心失望；唯有他的皇后多年来与他同心同德，皇家夫妻做到终身彼此信任，毫无猜忌已是不易。以杨坚素喜怀疑的性格，独孤皇后恐怕是他除了父母、师父之外，唯一一个信任之人。

岁月无情，仁寿二年（602年），五十九岁的独孤皇后病逝，留下形只影单的杨坚。

独孤皇后的死对杨坚造成了巨大的打击。独孤皇后在世之时，杨坚有时也会觉得她管束自己太过严格，偶尔对她满腔怨气。如今妻子去世，再回想起来，德言容功无一不好，想着当年她每日与自己一同上朝的岁月，想着她四十几年来对自己的奉献，想着她陪伴自己的一万多个日日夜夜，想着自从他当了皇帝，身边可以说几句知心话的人只有她一个……杨坚简直不愿相信皇后已经死了。

杨坚曾希望佛光普照大隋全境，地方官员们也经常在奏折上写一些荒诞不经的汇报：某地出现祥云、某地出现熏风、某地死婴复活、某地盲人视物，此时杨坚大喊："为什么那些病人能够治愈，却不能留住皇后！"

大臣们见皇帝伤心到快要失常的地步，连忙劝慰他说皇后已经成为菩萨，被接入极乐的往生世界，杨坚这才渐渐恢复过来，他命术士为皇后选风水最好的地点建坟，又命已经成为宰相的杨素亲自主持葬礼。事情但凡经过杨素之手，总会变得夸张兼浪费，皇后的葬礼大大超过了历代皇后葬礼的规格，隆重，风光，肃穆，细致，从步骤到细节无不井井有条，费尽心思。这一次，杨坚没有嫌杨素浪费，反倒为他的日夜操持感动不已，赐给他土地三十顷，金银珠宝、绸缎布帛不计其数，还封赏了他的儿子。

一个叫梁毗的正直官员看不惯杨素借着葬礼来讨好皇帝的行为，更看不惯杨素平日的作风，自从高颎罢官，杨勇被废，杨素就成了朝中的实权人物，杨坚几乎把所有国事都交给了杨素。本就高调的杨素有了这样的身份，更是气焰嚣张，作威作福。梁毗上书弹劾杨素擅权专断，结党营私，为祸朝廷，并断言一旦天下有事，杨素必然趁机作乱。

杨素是杨坚任命的宰相，说杨素的不是就是骂杨坚识人不明，杨坚气得叫人将梁毗抓到自己面前怒斥。梁毗却是个硬汉子，他见朝中良臣尽去，朝政由杨素这种人把持，也顾不得自己的生死，对杨坚说："杨素算个什么忠臣？他平日就为非作歹草菅人命，前太子和蜀王获罪，朝廷上的人哪个不痛心？只有杨素喜形于色！他恨不得国家出大事，好趁机抬高自己的地位！"

梁毗言辞激烈，又句句顶撞，按照老年杨坚的脾气，早该命人拉下去杖打，但梁毗直言劝谏的模样，却触动了杨坚的记忆。他记得十几年之前，李德林也是这样不依不饶，苏威也是这样耿直不阿，还有很多大臣，也为了国事与自己顶撞过。

杨坚没有发脾气，而是开始沉下心思索梁毗的话。这短短两三年发生了这么多大事，最后得益的人是谁？不都是杨素？梁毗说的话何尝没有道理？

为什么自己就没有想到过？是年老糊涂，还是无人提醒？不对，即使年纪不老的时候，他也需要有人提醒，才能把事情做得周到，如今朝廷上，没有几个愿意提醒他的人，这个梁毗，恐怕也是抱着必死的决心，跟自己说这样一番话。

他想起自己还在北周当大将军，被宇文护猜疑赋闲在家时，相士来和对他说的话。来和语重心长地说："您一定会有天下，到时候希望您不要杀太多人。"杨坚想着他的那些老朋友、老战友，一个两个，十个八个，几乎都被他杀掉或赶走，如今他的身边还剩下几个？

大出所有人的意料的事发生了，梁毗被释放，继续为官。

杨广的担忧

仁寿年间，一切事情看上去都对太子杨广有利。

杨广步步为营，登上了太子之位，他的厉害之处在于所有阴谋、嫁祸、害人的事都借别人的手来完成，杨勇被废，杨秀被囚，还有一个弟弟杨谅现在镇守并州，但杨谅没有多大本事，他并不过分担心。而且，他的同伙杨素成了宰相，他的母亲已经去世，失去了精神支柱的父亲老得更加厉害，父亲离世似乎只是个时间问题。

杨广的如意算盘打得不错，如今没有什么人能和他竞争王位，而且，自从独孤皇后死后，杨坚在受打击之余，终于尝到了纵情享乐的滋味。过去，杨坚的后宫之门被独孤皇后封得死死的，如今，这扇门被打开，杨坚大肆招纳美女，数量多达上百个。在各色美女中，杨坚对与独孤皇后截然不同的江南女子情有独钟，这类温柔顺从的女子，抚慰了寂寞的杨坚。

在这些嫔妃中，有两位最受杨坚宠爱：一个是宣华夫人，她是陈叔宝的妹妹；一个是容华夫人，一位心思玲珑的江南女子。这两个人都不简单，特别是宣华夫人，她在独孤皇后还在世时，就得到了皇后的信任，能够服侍杨坚。杨广见她们受宠，就暗地里不断赠送礼物，希望她们能做自己在后宫的眼线；两位夫人也希望能给下任皇帝出力，好在皇帝宾天后有个退路。有了这两个人监视着父亲的动向，不时帮自己美言，杨广的地位自然无虞。

但是，杨广很快发现自己放心得太快了。

就在杨广开始学习监国理政的时候，监禁中的前太子杨勇越想越觉得自己冤枉，他明明没有大错，怎么就成了十恶不赦之人？杨勇希望父亲能给自己一个当面陈述的机会，听听自己的冤情。但是，谁愿意得罪当朝太子，帮他这个废太子传话？杨勇实在无奈，看到囚禁自己的院落里有一棵树，他爬上去大喊大叫，希望父亲能够听到自己的声音。

有一次，杨坚隐隐听到了杨勇的呼喊，就问杨素："杨勇为什么叫喊？他在喊什么？"杨素反应最快，不动声色地说："废太子大受打击，脑子有点不正常，最近总是在树上疯喊，陛下若是嫌烦，我命人将他关起来。"杨坚听了也没在意，任由杨素处置。

这件事给杨广敲响了警钟。杨勇还活着，前太子的影响力还在，朝廷上也不乏想要为杨勇喊冤的大臣，看来自己的根基还不稳。正在杨广担心之时，又出了一件大事：杨坚突然疏远了杨素。

自从看了梁毗的上书，听了梁毗的忠言，本就喜欢猜疑的杨坚对杨素起了提防之心，在后宫享乐之余，开始逐渐收回了杨素手中的权柄，并亲自吩咐杨素不用事必躬亲。然后，杨坚开始大力提拔自己的女儿兰陵公主的夫婿柳述，很明显，杨坚想培养新的亲信。杨素眼看着杨坚一天比一天疏远自己，却毫无办法。

更明显的动作来了，杨坚面向全国下了求贤诏，又命各地长官举荐良才。看来，梁毗的进言让杨坚有了很大的触动，让他又一次想要重现当年满朝贤才的盛况。种种现象表明，杨坚根本不打算退休，他还想继续做一番事业。

杨广呢，他先是失去了总是在杨坚面前说他好话的独孤皇后，后又失去了可以当作臂膀的杨素，心中的焦急难以言表。但他和杨坚一样老谋深算，越是在不利的情况下，越知道忍和挺住。杨广安安静静地当太子，和以前一样不与大臣们私下往来，以免引起杨坚的疑心。对杨坚克尽孝道，让杨坚无法挑剔。杨坚也觉得这样一个有能力又老实的太子让他十分放心，他疏远杨素，却从来没有怪罪杨广的意思，也没对新任太子产生怀疑。

杨坚在后宫迎来了他人生的"第二春"，也想在事业上重新振作，但是，他这些年来废学校，倡佛教，民间好好读书的人越来越少，想着出家逃税白吃饭的人越来越多，州县举荐上来的"人才"，一问三不知，杨坚这才重新意识到，人才难得。如今老大臣们大多离开朝廷，剩下的也和自己一样垂垂老矣，新人才却出现了断档，今后治理国家，防守边疆，应该靠谁？杨坚想不出答案，只能到后宫的妃嫔那里继续寻求安慰。

转眼仁寿三年过去了，杨广担心的事并没有发生。杨坚在不知节制的玩乐中掏空了身体，走起路来都困难，他愈发觉得自己需要找个静养的地方。仁寿四年（604年），杨坚决定带着宣华夫人和容华夫人去仁寿宫养病，把政务托付给杨广。杨广巴不得父亲离开大兴城，让自己有机会发展一下朝廷势力，"郑重其事"地答应了父亲的嘱托。

这时，一个叫章仇太翼的术士请求杨坚千万不要离开京城。章仇太翼从小就是个神童，长大后专门研究佛典和道家法术，平日说事屡屡言中。杨坚下了决心的事，没有人能阻止，章仇太翼却再三苦求，并对杨坚说："陛下，微臣不敢欺骗您！您若是非要去仁寿宫，恐怕就回不来了！"杨坚怒气冲冲地命人关押了这个乌鸦嘴，还放话说："你等着！等我平安回来之后再杀掉你！"

杨坚带着两位夫人去了仁寿宫，平日一边养病，一边听柳述、黄门侍郎元岩、杨素等人汇报朝政。他有心将身体养好，重新回京城理政，不想这一年多来他太过放纵自己，油尽灯枯，到了四月，病不但没好，反倒愈发严重起来。他哀叹："要是独孤皇后还活着，我肯定不会到这个程度！"

杨坚信佛，祈求过得享天年，此时大限将至，却也没有怨天怨地，想到如今的自己不过是个孤苦伶仃的老人，身体日日疼痛，头脑有时也不清醒，想必死亡的滋味也并不难受。他自然有许许多多遗憾，但他此生最重视的就是他的江山，江山后续有人，他死也瞑目。

杨坚没想到，即将断气之时，他亲自选定的继承人杨广，却为他上演了一出宫廷大戏。

死因成谜

关于杨坚之死，正史上有不同的记载：

夏四月乙卯，上不豫。六月庚申，大赦天下。……甲辰，上以疾甚，卧于仁寿宫，与百僚辞诀，并握手歔欷。丁未，崩于大宝殿，时年六十四。

摘自《隋书·高祖本纪》

夏，四月，乙卯，帝不豫。六月，庚申，赦天下。秋，七月，甲辰，上疾甚，卧与百僚辞诀，并握手歔欷，命太子赦章仇太翼。丁未，崩于大宝殿。

摘自《资治通鉴·卷一百八十》

高祖寝疾于仁寿宫，征皇太子入侍医药，而奸乱宫闱，事闻于高祖。高祖抵床曰："枉废我儿！"因遣追勇。未及发使，高祖暴崩，秘不发丧。

摘自《隋书·列传第十》

上寝疾于仁寿宫，尚书左仆射杨素、兵部尚书柳述、黄门侍郎元岩皆入阁侍疾，召皇太子入居大宝殿。太子虑上有不讳，须预防拟，手自为书，封出问素；素条录事状以报太子。宫人误送上所，上览而大恚。

陈夫人平旦出更衣，为太子所逼，拒之，得免，归于上所；上怪其神色有异，问其故。夫人泫然曰："太子无礼！"上恚，抵床曰："畜生何足付大事！独孤误我！"乃呼柳述、元岩曰："召我儿！"述等将呼太子，上曰："勇也。"述、岩出阁为敕书。

杨素闻之，以白太子，矫诏执述、岩，系大理狱；追东宫兵士帖上台宿卫，门禁出入，并取宇文述、郭衍节度；令右庶子张衡入寝殿侍疾，尽遣后宫出就别室；俄而上崩。故中外颇有异论。

陈夫人与后宫闻变，相顾战栗失色。晡后，太子遣使者赍小金合……夫人见之，惶惧，以为鸩毒，不敢发。使者促之，乃发，合中有同心结数枚，……其夜，太子蒸焉。

摘自《资治通鉴·卷第一百八十》

同一本史书却有不同的记载，关于隋文帝杨坚的死亡，也就有了两种版本：

版本一，自然死亡。

这个版本比较温情，从杨坚生病到重病，朝廷安然无事，死前，杨坚还与百官依依惜别，嘱托杨广当个好皇帝，并特地吩咐："章仇太翼说得不错，我果然回不去了，这个人不是常人，你回头放了他。"父慈子孝，君臣对泣，气氛悲哀却祥和。一代帝王能够以这样的方式离去，是一个理想的结局。

版本二，杨坚被害。

第二种说法也是历来人们更相信的说法，完全没有第一种说法中的温馨之意，而是透着血腥气。杨广为了了解父亲的动向给杨素递纸条，杨素将皇帝死后的诸多事项写好命人传给太子，没想到送信的宫人误送到杨坚手里。杨坚正在发怒，宣华夫人又慌里慌张地进房来，说太子非礼她。杨坚这才认清杨广的真面目，大叫："独孤误我！"

杨坚临死也是个实干家，立刻命柳述、元岩传召杨勇，却不想杨素早已控制了局势，将柳、元二人抓了起来。然后，杨坚身边的人都被撤走，杨广的亲信右庶子张衡进入杨坚的寝殿侍奉，没多久杨坚就死了。这让朝廷大臣们都觉得蹊跷。

第二个说法活灵活现，还有后续：宣华夫人陈氏听说杨坚死了，吓得花容失色，没想到杨广马上送来一个金盒子，宣华夫人以为是毒药，打开一看却是个同心结。当晚，杨广大模大样地临幸了父亲的爱妾宣华夫人。

《隋书》的记载本就矛盾，史学大家司马光写《资治通鉴》时也不知该如何取舍，于是，杨坚之死历来众说纷纭，而多数人都认为一定是杨广这个毫无亲情人伦的暴君杀了父亲。

但这又有了新的矛盾：杨广是一个做事务求滴水不漏的人，他有可能在父亲临终前严加监视，与杨素联系以防生变，但他多年来维持着一个忠臣孝子的形象，这个形象成功到杨勇被废后，劝谏的大臣说杨勇的冤屈、说杨坚的不是、说杨素的狡猾，却很少有人指责杨广的不当之处，这样一个万事不肯给他人留把柄的人，有什么理由在父亲即将去世的时候要去非礼父亲的宠妃？

所以，通过分析史料和杨广的性格，只剩下两个合理的可能：

一是误传事件的确发生过，杨坚看到后了解到杨广和杨素勾结，明白自己冤枉了杨勇，悔恨自己听了独孤皇后的话，甚至想要传召杨勇，却被杨素囚禁起来，到死也没能再与他人见面。在时间上，这个可能也可以成立：杨坚与百官话别是在"甲辰"，也就是七月十日；而去世是在"丁未"，七月十三日,这间隔的三天,完全可能发生误传、悔悟、囚禁事件。

一是误传事件并未发生,杨坚到死都认为自己选了最优秀、最可靠的儿子继承江山,史书上种种事件都是唐朝人为了抹黑杨广而加的。一个朝代取代前一个朝代,总要把前朝末代皇帝贬得一无是处,以强调自己篡权的合法性,史书上写杨广的种种罪恶,是有了话语权的唐朝史官记述的,有很大一部分言过其实。

杨坚临死前究竟有没有了解到杨广的真面目?也许没有,他带着对隋朝大业的期望和不舍离开了人世;也许有,他带着对杨广的愤怒死不瞑目;还有一个可能:也许他早就察觉到二儿子的老底,但是,杨广所做的事,与杨坚过去所做的事又有什么不同?也许这才是一个帝王应该具备,也必须具备的素质。比起三两下就被人搞垮的杨勇,也许心思细又有才干的杨广,更能保住得来不易的江山。

除了对死亡的恐惧,谁也不知道在临死之前,杨坚究竟还经历了什么。

身后之事

杨坚死后,杨广继承皇位,隋朝进入了另一个高速发展阶段。

杨坚刚咽气,杨广就以杨坚的名义下了诏书,赐死前太子杨勇。同时,杨坚的小儿子汉王杨谅就发动了叛乱。杨谅是杨坚夫妇最疼爱的小儿子,这对夫妻对其他儿子虽然严厉,对杨谅却到了溺爱的程度,甚至从不放心让他离开京城。直到他二十四岁,才接替三哥杨俊当了并州总管,去外地赴任。杨坚很清楚他的小儿子是个什么都不懂的草包,曾经担忧地对他说:"你这个小东西,一旦没了我的保护,你二哥想抓你就跟抓鸡笼里的小鸡一样。"以此劝告他不要有谋反之心。

杨广忌惮手握重兵的五弟,就压下父亲去世的消息,命人以父亲的名义诏令杨谅马上进京。杨谅察觉诏令有异,杨广又有害完杨勇害杨秀的"前科",就说什么也不肯进京。他知道不反抗早晚一死,索性举兵造反,找的借口是"宰相杨素有叛逆的野心",杨广知道后,笑着命杨素带兵讨伐杨谅。

杨谅手下有两个可用之材,一个叫王頍,是个对政事、军事都很有见解的老臣,一个是从前陈朝的名将萧摩诃。这二人一个胸中有韬略,一个有丰富行军经验,本来可以帮助握有重兵的杨谅撑起局面,但有这么一句话:性格决定悲剧。杨谅从小就被娇惯得目中无人,开皇十八年征辽,他连高颎的指挥都不听,还要反过来跟母亲告恶状,可见此人不知天高地厚。王頍想了很多条奇谋，进可以攻京城，退可以守一方，但杨谅偏偏要随着自己的性子，一会儿想要进军，一会儿又想割据，没个准头。王頍知道此人做不了大事，含恨自杀。

剩下一个年老体衰年过七十的萧摩诃，也没能帮杨谅打几场胜仗，被杨素俘虏斩首。杨谅本有几十万大军，被杨素带来的十万精兵打败。杨广没有杀掉这个失败的弟弟，杨谅的结局和杨秀一样：终身囚禁。杨谅的僚属大多被杨广处死。

杨坚的五个儿子死了两个，另外两个终身囚禁，这就是他曾对人夸口的"真兄弟"。

被称为"隋炀帝"的杨广在史书上的形象并不光彩：靠伪饰狡诈欺骗父母，残杀亲兄弟，穷奢极欲，好色淫逸，滥用民力，屡次下江南让国库空虚，三次征辽使民怨沸腾，不过，透过史书上这些言过其实的记载，我们能够对杨广的真面目窥探一二：

史书上说杨广不思治国，只知享乐，这种记载与污蔑无异。事实上杨广的事业心不下于他的父亲杨坚，他最大的功绩是开通了大运河，连接了长江黄河两大水系，这个浩大的工程成了后来朝代的交通大动脉，可谓利在千秋；

此外，杨广真正奠定了科举制的基础，使科举成为此后朝代选拔人才的最有效方法；杨广数次巡幸，史书说是游玩，实际上都是为了亲自了解当地的真实情况，他甚至到车马不能通行的绝塞地区了解民情，还打通了丝绸之路。对一个帝王来说，这种行为很难得。可以说，杨广在生活上比父亲杨坚奢侈，也更喜欢享乐，但他并没有耽误帝王的"正业"。

关于对杨广的一些指责也与史实有相悖之处。史书上说杨广残害忠良，但杨广杀大臣集中在两个时期，一是登基后需要处理文帝一朝遗留下来的老臣；一是晚年时他与杨坚一样听不进劝谏，杀掉了几个进谏的大臣，就连他的两个弟弟杨秀和杨谅都在监禁之中活到了很大岁数，可见他并不是个无故杀人的君王；还有人指责杨广好色无度，杨广的嫔妃的确不少，但他对他的皇后萧氏却保持了自始至终的尊重与宠爱，并非喜新厌旧之徒。

这些或真或假的记载终归折射了杨广性格的一个方面，人们对隋炀帝杨广最集中的评价是：他使一个富庶的王朝在短短十几年的时间变成了乱世和战场，开皇之治的辉煌成就被他挥霍一空，隋文帝杨坚辛辛苦苦创下的基业变为焦土。杨广统治后期，民怨沸腾，不论是统治阶级的贵族还是被压迫的农民，不约而同地举起了造反的旗帜，公元618年，杨广死在宇文述的儿子宇文化及手中。隋亡之后，经过四方混乱，杨广的表兄弟李渊一统天下，建立唐朝。

从隋文帝杨坚建立隋朝到隋炀帝杨广被杀，隋朝只有不到三十八年历史，是与秦朝并列的短命王朝，他们有很多共同之处：统一了分裂多年的中国；有一位雄才大略的开国皇帝；建立了垂范后世的制度，建造了利在千秋的公共工程；为中国最强大的两个朝代汉、唐打下了基础；都是二世而亡；开国皇帝晚年都在立嗣问题上犯了错误，废掉了忠厚的长子……不同的是，人们认为秦始皇的暴政是秦朝灭亡的根本原因，而隋朝灭亡的罪魁祸首则是隋炀帝。

但是，隋文帝杨坚难道没有责任吗？

从帝王作风上，杨坚本人喜欢猜忌，脾气暴烈，晚年更加情绪化，导致了朝廷上下充满暴戾之气，君臣之间充满猜疑之心，这种风气一旦形成就很难扭转；

从人才培养上，杨坚非但没有为他的江山留下那些忠心的肱骨之臣，还废掉了全国的学校，伤害了人才培育的根本，导致杨广一朝的朝臣素质完全不能与杨坚一朝相比；

从后代教育上，杨坚虽然给杨勇、杨广等人配了优秀的教师，但他自身却没有树立一个宽容、平和的君王形象，杨广耳濡目染，完全不知何谓"明君之道"；

从政策维护上，杨坚在开皇初年曾经制定过很多利国利民的典章、制度、政策，但越到后来，这些政策越严苛，再加上杨坚本人朝令夕改，过去坚定执行政策的人又大多被贬被害，导致政策不能一以贯之……

可以说，隋炀帝杨广既有大功又有大过，对隋朝短命而亡的确负有不可推卸的责任，但隋朝败亡的很多祸根，由杨坚亲自种下。不然，怎么会有房彦谦的担忧和房玄龄的预言？杨坚曾是个极有远见的帝王，但年老之后，他只看得到眼前，忘记了身后大业需要更加严谨细密的筹划，——若他泉下有知，恐怕要对自己的失误悔恨不已。

性格的悲剧

不论杨坚对隋朝有多大的功劳，对隋亡有多大的责任，人死万事皆空，他本人再也无法言语，只有后人在他的功劳和错误之中不断反思，既想要提取成功经验，又想要总结失败教训，历史有极大的意义，总有人不断探寻这个问题：杨坚究竟是个什么样的人？他的性格和他的成功与失败有怎样的关系？

杨坚严肃而刻板。与他的丰功伟绩相对应的，是他生活上的一成不变：他刻板、节俭、不苟言笑，是个工作狂，每天用大部分时间处理公事，极少享乐，这种钟摆似的生活几乎是他一生的写照。这种绝对刻板的性格进一步发展，就成了人格缺陷：

对他人的苛责。杨坚似乎不了解人与人有不同的个性，他总是以"一刀切"的方式要求他人。他节俭，全天下人都要节俭，否则就是不道德。这种以自我为中心的判断模式，让他很难养成宽容的习惯，也让他与大臣、儿子充满各种摩擦；

不知变通。杨坚很少认为自己的判断会出现错误，特别是在晚年，过多的成功麻痹了他的自制力和判断力，使本就不爱听谏言的他听不进一句逆耳的话，这让他越来越难以得到他人的辅佐，做出正确的判断，导致他晚年出现一连串的失误。

杨坚的刻板既是天性，也来自于他的童年经历。一个生性不活泼的人，又在清心寡欲的佛寺度过了童年期和少年期，缺少与外界的交流，只知道很小的一方天地，刻板在所难免。而他严肃的个性又使旁人难以与他沟通，让他失去了了解他人的机会。于是，在杨坚的世界，一切都如石雕木刻般严整无生气，这就造成了他的生活，他与外人的关系，他追求的朝廷风气，他想缔造的盛世，只需井然有序，无需意趣盎然，以致这盛世都蒙上了一层压抑的灰色。

猜忌，是杨坚另一个特点。杨坚很难相信他人，包括自己的亲生骨肉，包括对自己忠心耿耿二十九年的大臣。因为疑心，他遇事总是往最坏的方面想，旁人稍有挑拨，就可以与相处多年的人翻脸。这种猜忌一方面来自他的帝王身份，高处不胜寒；另一方面，来自他称帝前那些艰难的岁月，当他被宇文护猜疑，被周武帝忌惮的时候，没有人能够帮他，他只能靠着自己的忍耐度过最难捱的一天一天，那时候他几乎没有朋友，没有助手，这让他再也无法信任他人。

无情，是杨坚的第三个特点。这也造就了杨坚的功利。杨坚生性节俭，但却不贪财不吝啬，大臣有功，他动不动就大加赏赐。同样，大臣有错，他一定会依法重责，甚至过分重罚。他与身边的亲戚、大臣始终维持着这样一种赏罚分明的关系，即使有多年感情的大臣，他也可以弃之不顾。在他的世界，人与人之间似乎只有相互使用的关系。

杨坚不只对大臣无情，对家人也是如此。除了父母和独孤皇后，他根本不把亲情放在眼里。杨坚虽然也有弟弟，但亲戚间的关系并不好，大家庭的氛围很差，他的弟弟、亲戚们虽然也在他篡权时给予过帮助，但杨坚并不亲近他们，后来还因故毒死了自己的三弟杨瓒。更不要说他对为小过废掉杨勇，让杨俊死不瞑目，听谗言囚禁杨秀这些亲子悲剧。

此外，武将家庭的教育和武人出身的性格，造成他本就暴躁的脾气，一旦发作便不可控制。早年他志存高远，尚能克制，越到晚年，越不收敛脾气，动辄杖罚，话有不顺甚至亲自动手打人，不止一次要亲手杀掉朝臣。为了小事就判大臣死刑，这让大臣们对他由敬到怕，君臣之间只有威慑与臣服，而杨坚，要的却正是这种恐吓效果。这种性格进一步发展，就是严刑峻法，高气压的社会氛围。

性格不可勉强，读书不多，却是杨坚最大的缺陷。这让他虽不贪财，不好色，不放纵，但是道德感并不高，所以才能够一而再再而三地杀掉忠臣，却觉得自己问心无愧。他甚至通过贿赂来考验官员是否忠诚，对一个政治家来说，这是一种引起混乱的诈欺行为。《隋书》评价他："素无学术，好为小术，不达大体，故忠臣义士莫得尽心竭辞。"

无知并没有让他好学，也没有让他谦虚，而让他更加看不起书生，追求迷信，所以，儒家学者提倡的"道"，他根本无法施行，留下的也只能是治国典章宏伟的框架，让后世遵行，而不是一代明君贤明的形象，让后代肃然起敬。难怪王夫之会评价"隋无德而有政"。

刻板导致不通，猜忌导致不信，无情导致不道。杨坚的悲剧，在于他从来看不到自己性格上的缺陷，不懂及时调整，而是任由这些性格发展到极端。任何事过了界限，都会有危害，性格既可以是成功助力，也会变为洪水猛兽，这是每个人都要面对、解决的问题，不论任何时代，不论何种身份。